불교사 연구총서 ③

봉암사결사와 현대 한국불교

대한불교조계종 교육원 불학연구소 편

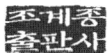
조계종 출판사

봉암사결사와 현대 한국불교

소낙비를 맞아라
-봉암사결사 60주년 기념 시

청화 스님 / 시인

길을 벗어나
검은 나비를 따라가서
진창에 빠진 발목들아

비를 맞아라
봉암사결사 60주년 법회에 쏟아지는
소낙비를 맞아라

안 된다, 안 된다
한국불교 이대로는 안 된다고
주룩주룩 쏟아지는 비

결연히 움켜쥔 죽비로
자신의 굽은 등을 치며, 치며
형형한 눈빛이 깨어나도록
그 소낙비를 맞아라

그리하여 그 빗속에 보이는
비 맞지 않는 산죽(山竹)을 만나
새 신을 신은 발의 갈 길을 물어라

— 봉암사결사 60주년 기념 법회에 부쳐

| 치사 |

대한불교조계종은 한국불교를 상징하는 종단입니다. 조계종이 이러한 위상을 갖게 된 것은 한국 역사와 문화의 주역으로서 국가와 민족의 안녕, 발전을 위한 길에 과감히 나섰기 때문입니다. 이는 대승불교의 이념인 상구보리, 하화중생의 구체적인 실천이었습니다. 그래서 한국불교는 호국 불교이자, 민족 불교였던 것입니다.

그러나 1910년 일제에 나라를 빼앗기게 되자, 불교는 식민지 불교 체제에 긴박당하는 등 전통 불교, 수행 불교의 문화에서 이탈될 지경에 처하였습니다. 그리하여 계율의 파괴, 수행 풍토 파탄, 원융 살림 소멸에서 보이는 것처럼 불교의 근본이 흔들렸던 것입니다. 그렇지만 위법망구 하였던 스님들의 헌신으로 가까스로 전통과 정통은 수호될 수 있었습니다. 선학원의 창건, 선우공제회의 조직, 대처식육 반대 건백서 제출, 조선불교 선종 창종, 유교 법회의 개최 등은 바로 그 예증이었습니다.

불교가 처한 위기를 극복하고 호국 불교, 민족 불교로서의 전통과 위상을 회복하려는 노력은 1945년 8·15 광복으로 새로운 계기를 맞았습니다. 민족과 불교를 동일하게 보고, 왜색불교에서 벗어나려는 고뇌와 실천은 더욱 성숙해지고 다양한 곳에서 자생적으로 대두되었습니다. 그중에서도 1947년 봉암사결사는 단연 주목해야 할 역사적 사실이었습니다. 봉암사결사는 결사에 나타난 이념, 사상, 수행뿐만 아니라 그에 참여한 스님들이 조계종단의 종정, 총무원장 등을 역임하였다는 것에서 그 단적인 중요성이 나옵니다. 결사에 참여한 스님들은 불교정화운동을 추동하여 오늘의 조계종단을 반듯하게 만들었던 것입니다.

이렇게 조계종단사, 현대불교사 차원에서 뜻 깊은 역사이었건만 그간 종도들의 관심과는 거리가 있었습니다. 다행히도 지난해에 봉암사결사 60주년을 기념하는 종단차원의 대법회가 봉암사에서 열려서, 그 역사와 가치가 불교계 내외에 알려졌습니다. 그때에 조계종교육원의 불학연구소에서는 학술 심포지엄을 개최하여 결사에 대한 학술적 조명을 시도하였습니다. 불학연구소에서는 학술 심포지엄에 발표된 논문을 수정, 보완하여 이렇게 알찬 책자로 만들어냈습니다. 이 책자 발간으로 봉암사 수행 결사는 더욱더 분명한 조계종단사의 중심으로 자리 잡을 것이라 봅니다.

이에 봉암사결사를 재조명하는 심포지엄을 개최하였고, 본 책자 발간에 힘쓴 교육원과 연구소 관계자들의 노고에 치하의 말씀을 드립니다.

2008년 5월
대한불교조계종 총무원장 지 관

| 발간사 |

　조계종은 한국불교를 대표하는 종단입니다. 조계종단의 이 같은 역사와 위상은 하루아침에 이루어진 것이 아니고 앞서 가신 스님들의 피와 땀에서 나온 것입니다. 이에 조계종의 정체성을 구현하고, 계승하기 위해서는 종단의 역사와 문화에 대한 조명 작업이 선행되어야 할 것으로 믿어 의심치 않습니다.
　이런 차원에서 2007년은 조계종단의 정신적 뿌리였던 봉암사결사가 일어난 지 60년이 되는 뜻 깊은 해였습니다. 봉암사결사의 사상과 정신은 조계종단을 재건시킨 불교정화운동의 이념이었습니다. 그래서 교육원 불학연구소에서는 그 결사의 이념을 기리고, 계승하면서 결사의 역사적 의의를 살피는 학술 세미나를 개최하였습니다.
　1910년부터 35년간 우리 민족은 일제에 나라를 빼앗겼습니다. 그리고 불교마저도 왜색불교에 의해 한국불교의 정체성과 불교의 법이 사라질 형편이었습니다. 그러나 불조혜명을 이으려는 스님들의 고투에 의해서 한국불교의 전통을 지킬 수 있었습니다. 1945년 8월 15일, 광복을 맞이한 우리 불교는 식민지 불교의 잔재를 극복하고, 새 시대에 걸맞은 불교를 정립할 역사적 사명을 부여 받았습니다. 그래서 교단 내외에서 역사적 사명을 해결하기 위한 다양한 방안을 논의했습니다. 그러나 미군정의 기독교 우대 정책, 불교계 분열, 대처승들의 기득권 유지책으로 인해 여법한 교단 개혁의 방안은 도출하지 못했습니다.

바로 이같이 중앙 교단에서 혼미를 거듭할 때에 불교가 나갈 노선을 고민하고, 대안을 내놓고, 그를 실천한 일단의 스님들이 있었습니다. 그 스님들은 청담, 성철, 자운, 우봉, 보문, 향곡 등이었습니다. 당시 그 스님들은 봉암사에서 결사, 정진 중이었습니다. 그때 결사에 참여한 스님들은 50여 명이 넘는 것으로 알려지고 있습니다.

봉암사결사에 참여하신 스님들은 공주규약이라는 청규를 만들어 수행 및 생활의 근간을 정하였습니다. 스님들의 정신은 '부처님 법대로만 살아보자'는 슬로건에 잘 나타나 있습니다. 공주규약의 이념은 부처님의 법, 율장, 청규에 근거한 것이었는데 그를 참여 대중의 합의에 의해 실천되었다는 것은 불교를 이 땅에 뿌리내리기 위한 행보가 아닐 수 없습니다.

그런데 봉암사 인근에 빨치산의 출몰, 6·25 전쟁으로 인하여 결사는 불가피하게 해체되었습니다. 그러나 봉암사결사는 당시 불교의 방향을 제시한 시대의 빛이었습니다. 그리고 그 결사에 참여한 대중의 대부분은 1954년부터 시작된 불교정화운동의 일선에 참여하였습니다.

그러한 스님들의 땀방울이 있었기에 오늘의 조계종단, 한국불교가 존재한다는 것은 분명한 사실입니다. 당시 그 결사에 참여하였던 스님 중에서 조계종단의 종정을 역임한 네 분의 스님(청담, 성철, 혜암, 법전)이 나왔고, 총무원장스님은 일곱 분의 스님(청담, 자운, 월산, 법전, 성수, 의현, 지관)이나 나왔다는 점에서 조계종단과 봉암사결사와의 깊은 상관관계를 알 수 있습니다.

봉암사결사의 재조명 그리고 그에 나타난 역사적 의의를 살피고, 나아가서는 종단이 실천할 것이 무엇인지를 고민한 학술 세미나의 논문을 모아 금번에 책으로 발간하게 되었습니다. 교육원에서는 종단의 역사와 이념을 조명해 종단의 정체성을 구현하는 데, 추후에도 지속적인 노력을 기울일 것이오니 많은 성원을 부탁드립니다. 감사합니다.

2008년 5월
대한불교조계종 교육원장 청 화

| 편찬사 |

　조계종교육원의 불학연구소에서는 2007년 10월 18일, 봉암사결사 60주년 기념 학술 세미나를 한국불교역사문화기념관에서 개최하였습니다. 이렇게 불학연구소가 봉암사결사에 대한 세미나를 개최한 것은 단순히 결사의 개요와 성격을 밝히려는 것에 머무는 것이 아니고, 그 결사에 담긴 정신과 사상을 이 시대 불교의 현실에 맞게 재정립하기 위한 기초 작업이라고 볼 수 있습니다. 종단의 현재와 미래의 방향을 조망하기 위해서는 온고지신의 정신으로 종단의 역사, 문화, 사상 등에 대한 전통을 가늠해야 할 것입니다. 봉암사결사의 세미나 개최도 바로 그러한 차원에서 나온 것이었습니다. 당시 그 세미나에서 발표된 논문을 수정, 보완하여 이제 반듯한 책자로 펴내게 되었습니다. 이런 의미가 있는 이 책자가 종단의 역사 보완 및 종도들의 건강한 역사의식의 증진에 활용되기를 기대하여 봅니다.

　한편 한국 현대불교사에서 기념비적인 역사를 지닌 봉암사결사가 개최된 지 어언 60년이 넘었습니다. 1947년 10월, 봉암사에는 청정 비구 스님들이 모여 참선 수행, 포살, 울력, 의례 등 각 방면에서 부처님의 법과 율에 의거하여 한국불교를 개혁하려는 수행을 하였습니다. 결사에 참여한 모든 스님들은 예불, 울력, 참선, 포살, 탁발,

제사, 공양, 청소 등 사찰의 모든 활동을 규약에 의거해 자발적으로 하였습니다. 그리고 부처님 법에 근거한 의례, 의식도 실행에 옮겼습니다. 가사 장삼의 개혁, 철 발우 사용, 반야심경의 보편화, 능엄주 암송 등은 그 실례였습니다.

요컨대 봉암사결사는 식민지불교의 잔재를 극복하고, 부처님 법대로 살아보자는 청정 비구들의 수행의 결실이었습니다. 비록 결사는 6·25 전쟁으로 인해 미완성되었지만, 결사를 주도한 스님들의 원력과 정신은 역사에 길이 남을 것입니다. 그리고 봉암사결사의 사상과 정신은 불교정화운동과 조계종단 재건의 이념적 기초가 되었으며, 한국불교를 새롭게 한 불교의 빛이었습니다. 그러나 그 정신을 후세대들이 얼마나 계승하고 실천하였는가에 대해서는 아쉬움 점이 있습니다. 바로 그를 가늠하고, 결사의 역사적 의의를 조명하는 것에는 종단의 현실적 고민의 해소 및 미래의 방향 정립에 활용될 역사 자료가 필요하다는 현실적인 고뇌가 있었습니다.

이에 대한불교조계종의 불학연구소는 불교신문사와 공동으로 학술 세미나를 개최하였던 것입니다. 당시 그 세미나에 참석하여 발제와 논평을 담당해 주시고, 귀중한 증언을 해주신 스님과 교수님에게 감사의 말씀을 드립니다. 그리고 적지 않은 후원을 해주신 백련불교문화재단, 청담문도회에게도 고마움의 말씀을 드리지 않을 수 없습니다.

불학연구소는 추후에도 종단의 역사와 문화 찾기에 진력하고자 하오니 적극적인 후원을 바라오며 이상으로 편찬사에 가름합니다.

감사합니다.

2008년 5월
대한불교조계종 교육원 불학연구소장 현 종

차 례

치 사 ·· 6

발간사 ·· 8

편찬사 ·· 11

봉암사결사의 재조명 | 김광식 ································· 15

봉암사결사의 의례적 차원 : 특징과 의의 | 송현주 ········ 59

봉암사결사의 윤리적 성격과 그 정신 | 김호성 ············· 105

봉암사결사의 정신과 퇴옹 성철의 역할 | 서재영 ·········· 161

봉암사결사와 청담 대종사 | 혜정 ······························ 205

鳳岩寺結社와 慈雲 盛祐大律師 | 목정배 ····················· 233

부록 1 | 성철 스님 법문을 통해서 본 1947년 봉암사결사 ······ 269

부록 2 | 봉암사결사 참고문헌 ··································· 286

봉암사결사의 재조명

김광식 | 부천대 초빙교수

1. 서언

2. 결사의 개요

3. 결사의 성격 및 의의

4. 결사의 계승, 유산

5. 결어

1. 서언

봉암사결사가 첫 발걸음을 내디딘 지가 어언 60년이 되었다. 지난 60여 년간 우리는 봉암사결사에 대하여 다양한 경로 즉 입소문으로, 학술적인 글로, 신문의 보도 내용으로 보고 혹은 결사에 참여한 당사자의 증언을 듣고, 참가자의 구술을 옮겨 놓은 책을 통하여, 참가자의 증언을 기억하는 후학들의 평가를 통하여 결사의 내용과 성격을 알게 되었다. 그리하여 이제는 봉암사결사가 이 시대 불교인들에게는 보편적, 공통적인 역사가 되기에 충분하다. 그 결과 봉암사결사는 한국 현대불교사 및 조계종단사의 기념비적인 결사로 확고하게 자리 잡았다고 볼 수 있다.

그러나 봉암사결사의 개요, 성격, 의의, 계승, 유산 등에 대한 객관적, 학술적인 접근은 그 명성에 비해 미약한 것이 사실이다.[1) 때문에 조계종단, 불교사학자, 후손 및 문도들은 결사에 대한 전모를 정

---

1) 봉암사결사에 대한 학술적인 논문은 졸고, 「봉암사결사의 전개와 성격」,(『한국 현대불교사 연구』불교시대사, 2006)이 참고된다. 이 논문은 청담 대종사 탄신 100주년 기념 학술대회(2002.10.12, 봉녕사)에서 발표하였고, 그 발표 논문을 모아 펴낸 학술 논문집 『청담 대종사와 현대 한국불교의 전개』(청담문화재단, 2002)에 수록되었던 글이다. 최근 김종인은 봉암사결사와 성철과 관련된 글을 발표하였다. 김종인, 「1960년대 한국불교와 성철의 활동; 봉암사결사와 해인 총림」『백련불교논총』16, 2006.

리, 분석, 계승해야 할 책무를 지닌 것이다. 본 고찰은 바로 이러한 배경에서 집필, 발표하는 것임을 밝혀두는 바이다.

돌이켜 보건대 한국 근대 불교사는 개항, 승려의 도성 출입 금지 해제, 국권 상실, 일제 침략, 식민지 불교, 불교 근대화의 추구, 불교 개혁, 민족운동에 참가, 종단 건설 운동, 조계종의 창립, 일본불교의 침투, 식민지 불교 정책에 좌절·타협, 원융살림의 파탄, 계율 및 수행 풍토의 이완 등 실로 불교계 전 분야에서 급격한 변화를 겪게 되었다. 그 변화의 성격 및 노선은 가늠하기 어려울 정도로 엄청난 것이었다. 이에 불교의 근원, 불교계가 나가야 할 길 등을 가늠함에서 적지 않은 혼미의 세월을 보냈다. 그로 말미암아 불교, 승려, 불교의 지향점 등의 정체성에 심각한 도전을 받았다.

이런 배경 하에서 1945년 8월 15일의 광복을 맞이한 불교계는 위에서 살핀 불교가 겪었던, 겪고 있었던 제반 문제에 대해 응답을 해야 하는 역사적 과제를 떠안고 있었다. 이에 불교계에서는 그 응답의 차원에서 교단 혁신, 식민지 불교의 청산, 불교와 불교인의 나갈 길 등등에 대해서 백가쟁명식의 의견이 속출하였다. 그러나 당시 교단과 재야 혁신 단체들은 해방 공간 불교의 역사적 과제에 대해 고민을 하고 그를 실행에 옮겼지만 그 지향, 성과라는 측면에는 적지 않은 문제점이 있었다.[2] 바로 그즈음 각 지방의 불교계에서는 해방 공

---

2) 이에 대해서는 아래의 졸고가 참고된다.
　김광식, 「8·15 광복과 불교계의 동향」, 『한국근대불교의 현실인식』 민족사, 1998.
　＿＿＿, 「불교혁신총연맹의 결성과 이념」, 『한국근대불교의 현실인식』 민족사, 1998.
　＿＿＿, 「전국불교도총연맹의 결성과 불교계 동향」, 『한국근대불교의 현실인식』 민족사, 1998.
　＿＿＿, 「8·15해방과 전국승려대회」, 『한국 현대불교사 연구』 불교시대사, 2006.

간의 역사적 과제를 자생적으로 해소하려는 움직임이 일어났는데 그 대표적인 것이 봉암사결사다. 그 밖에도 교단에서 추진한 해인사의 가야총림, 백양사를 거점으로 추진된 고불총림이[3] 있었거니와 이에 대해서도 최소한의 관심을 기울일 필요가 있다.

그런데 봉암사결사는 이념 및 사상, 주도 인물의 상징성, 참여자 대부분이 불교정화운동에 참여, 조계종단의 주역(종정, 총무원장)으로 성장 및 활동, 조계종단 재건의 이념, 계승 해야할 과제로 인식 등이라는 측면에서 단연 두드러진 결사체인 것은 분명하다고 본다.

이제 본 고찰은 이와 같은 전제와 배경 하에서 봉암사결사의 전모를 육하원칙이라는 기준에 따라 살피면서 봉암사결사를 재조명하고자 한다. 결사를 재조명한 바탕 하에서는 결사의 성격 및 의의를 요약하여 제시하고자 한다. 마지막으로는 결사의 계승, 유산이라는 측면에서 결사의 현재성과 미래성을 추론하고자 한다.

2. 결사의 개요

봉암사결사는 해방 공간이라는 시공간에서 식민지 불교의 극복을 지향하였지만, 정체성 정비에 혼란을 겪고 있던 승단 구성원 중에서 극히 일부의 승려(수좌, 율사, 학인 등)가 봉암사에 모여 수행을 단행한 사실을 지칭한다. 그 지향, 수행, 고뇌는 미미하였지만 그 파장, 영향은 역사적인 의의를 담보하면서 종단의 정체성을 상징하는

---

[3] 김광식, 「고불총림과 불교정화」 『한국 현대불교사 연구』 불교시대사, 2006.

결사로 승화되고, 불교사의 한 페이지로 남게 되었다. 이에 본 장에서는 봉암사결사의 전체적인 개요를 파악하려고 한다. 개요 파악은 사실, 사건 파악의 보편적인 근간으로 널리 알려진 '육하원칙'의 틀을 도입하려고 한다. 필자는 2002년에 이미「봉암사결사의 전개와 성격」이라는 제목으로 봉암사결사에 대한 기초적인 연구를 수행하였다. 이에 본 장에서는 그 연구의 내용을 저본으로 하고, 그 이후 추가로 발굴한 사료, 새로운 시각을 종합하여 결사의 개요를 정리하려고 한다.

1) 언제 : 기간

봉암사결사는 언제부터 언제까지 있었던 사실을 말하는 것인가? 필자가 이에 대한 검토를 한 결과 봉암사결사는 1947년 10월경에 시작되어 1950년 3월까지의 기간에 행해졌다. 약 2년 6개월 동안에 행해진 결사였다. 그러나 봉암사에 입주하고, 나온 정확한 일자는 확인하기 어렵다. 그 일자를 봉암사에서 수행하였던 참가자들이 정확한 기록을 남기지도 않았고, 그를 기억하는 당사자도 없기 때문이다. 그럼에도 현전하는 자료, 증언을 활용하여 그 기간에 관한 내용을 제시하고자 한다.

이에 대해서는 결사의 핵심 주체였던 이성철의 회고가 주목된다. 이성철은 1965년 김용사에서 봉암사결사의 시작에 대하여 다음과 같은 기록을 남겼다.

一九四七年(丁亥年) 가을에 나는(三十六歲) 크나큰 幻想을 안고 聞慶 鳳岩寺로 갔었다. 愚鳳 스님은 寺刹 運營의 全責任을 지고 普門 스님

은 十年間 藏經守護에 盡力하겠다는 鐵石 같은 約束이었다. 慈雲 스님과 法雄首座도 함께 왔었다. 住持로는 靑眼老長을 모시고 十如 大衆이 同居하였다.[4]

요컨대 1947년 가을에 결사 단행을 위해 봉암사로 들어갔다고 하였다. 이처럼 1947년 가을이라고 하였지 구체적인 날짜를 남기지 않았던 것이다.

그러면 봉암사결사는 언제 마감되었는가? 이에 대해서도 이성철의 증언이 주목된다. 이성철은 1982년 5월 15일(음력) 해인사 상당법문 시에 봉암사결사에 대한 전모를 소상하게 밝혔는데, 그 구술 증언을 정리한 것이 해인사 승가대 잡지인 《수다라》 열 번째에 게재되었던 것이다. 이 기록에서 봉암사를 나온 시점의 정보를 찾을 수 있다. 당시 봉암사 인근에는 지방 빨치산이 자주 출몰하였다. 그 지방 빨치산은 봉암사에도 간혹 들이닥쳐 식량을 약탈하였다. 이렇게 지방 빨치산이 등장하자, 그에 비례하여 경찰들도 진압 차원에서 출동하였다. 이렇게 봉암사 인근의 정치적 사정이 급변하자, 자연 수행 결사를 지속할 수 없게 되었다. 이에 이성철과 이청담, 즉 결사 주도자는 상의하여 수행 장소를 이전하기로 하고, 그 대상 사찰로 고성의 옥천사의 말사인 문수암으로 정해 놓았다. 그리고 이성철은 그 결정을 대중에게 알리기 이전 봉암사에 있던 책들을 포장하여 이향곡의 토굴인 부산 월내의 묘관음사로 옮겨 놓았다. 이렇게 이전 준비를 한 연후에 이성철은 대중에게 통보하였다.

---

4) 이 기록은 1965년 8월 22일, 김용사에서 월력의 종이 뒷면에 자필로 적은 것으로 그 원본은 성철의 맞상좌인 천제 스님이 보관하고 있다.

절대 비밀로 하여 고성 문수암(文殊庵)을 딱 얻어 놓았습니다. 대중은 모르게 그래 놓고 가을이 되고 보니, 뭣인가 아무래도 심상치 않아. 거기 있으면 안 되겠다 말입니다. 딴 사람은 있어도 괜찮지만 나는 거기 있으면 안 된다 말입니다. 그래서 추석 지나고 난 뒤에 대중공사를 했습니다.
"나는 여러 가지로 여기서 떠나야 되니까 그리 알고, 오늘부터는 순호 스님,(순호 스님이 입승을 보았거든) 입승스님한테 전부 맡기니 입승스님 시키는 대로 하시오."
이렇게 하고 봉암사에서 나왔습니다. 그리고 나는 월래에 와서 겨울은 거기 있었습니다.[5]

이성철은 1949년 추석을 지나고 봉암사를 나왔던 것이다. 그는 대중공사를 통하여 결사 진행의 주무를 이청담에게 맡기고 자신의 시봉이었던 황룡 행자(서의현)를 데리고 부산 묘관음사로 갔었다.
그러나 잔여 대중은 봉암사에서 겨울 결제에 들어갔다. 그런데 겨울 결제 중에 이전부터 등장하였던 지방 빨치산들이 또다시 봉암사에 들어와서 갖은 행패를 자행하였다. 그래서 잔여 대중도 더 이상 수행 결사가 어렵다고 보고 우선은 점촌 포교당으로 이전하였다. 그리고 1950년 2월 동안거 해제 직후인 3월경에 사전에 정하여 둔 고성 문수암으로 철수하였던 것이다. 여기에서도 봉암사에서 나와 점촌 포교당으로 이전한 일자, 그리고 봉암사를 완전히 철수한 구체적인 일자는 나오지 않는다.[6] 당시 봉암사결사 현장에서 행자로 있다

---

5) 〈1947년 봉암사결사〉, 《수다라》 10집, 126쪽.
6) 이 내용도 성철의 회고, 〈1947년 봉암사결사〉에서 나온 것이다.

출가한 진혜명도 그에 대하여 다음과 같은 기록을 남겼다.

> 이렇게 밤낮으로 공비와 경찰에게 시간을 빼앗기고 시달리면서 수행을 하려 해도 할 수 없다는 결정적인 상황에까지 이를 줄은 정말 몰랐다. 그래서 더 이상 머무를 수 없다고 대중 모두가 결의할 정도에 이르자 청담 스님께서 경찰서에 가셔서 강의를 하시고 군청에 가서 법문을 하시고 설득하심으로 그들의 태도가 나아졌다.
> 그러나 얼마쯤 지내고 나서는 공비의 출몰이 더 심해지자 경찰의 조사 태도가 다시 거칠어져, 대중은 더 지탱하기 어려울 지경이 되었다. 그럴 즈음 성철 스님은 본래 가지고 계신 대장경이 많았는데 기장 월례 관음사로 장경을 모시고 떠났다.
> 또 청담 스님도 봉암사를 떠나 남쪽으로 가야 한다고 하시면서 고성 옥천사(玉泉寺) 김선홍 스님을 만나러 가셨다.(중략)
> 우리는 걸망을 싸지고 진주 연화사(蓮華寺)로 가서 수일 쉬고는 곧 문수암으로 올라갔다. 이때 스님을 모시고 함께 온 일행은 정천 스님, 나, 작고한 혜연 스님 이렇게 셋이었다.[7]

진혜명의 회고록에도 성철의 퇴진, 대중 전체의 퇴진 일자가 나오지 않지만 필자와의 대담에서는 1950년 3월로 기억하였다.[8] 그리하여 필자는 봉암사결사의 기간을 1947년 10월부터 1950년 3월까지로 보고자 한다.

---

7) 진혜명, 『혜명화상회상록; 평상심시도』(혜명정사, 1996), 110~111쪽.
8) 그는 필자와의 대담에서는 문수암으로 들어간 것을 1950년 3월로 기억하였다. 『아! 청담』(화남, 2004), 170쪽.

2) 어디에서 : 장소

봉암사결사의 장소는 당연히 봉암사였음은 당연한, 상식적인 이야기이다. 여기에서는 왜, 어떤 연유로 봉암사로 결사 장소를 정했는가를 살피고자 한다. 이에 대해서는 봉암사결사에 참여하였으며, 성철과 청담이 봉암사로 정하였던 대화를 지근거리에서 들었던 이도우의 회고가 주목된다.

> 그 사이 김법룡 처사로부터 불서 기증을 약속받고 해제를 하면 봉암사로 가기로 하셨던 것입니다.[9]

즉 봉암사결사가 시작되기 직전인 1947년 여름, 서울의 김법룡 처사의 책을 인수할 때 성철과 청담이 봉암사로 정하였다는 것이다. 이에 대해서는 이도우의 추가적인 회고가 참고된다. 성철과 청담이 대승사에서 일본강점기 말에 수행하였는데, 당시 대승사 주지이었던 김낙순과 인척관계였던 김법룡은 자신이 수십 년간 보관해 온 불서를 좋은 스님, 훌륭한 스님에게 기증한다는 의사를 김낙순에게 밝혔다. 이에 김낙순은 성철, 청담을 생각하여 불서 인수자로 추천하게 되었다. 이에 그는 당시 종단의 총무부장을 하던 최범술에게 연락을 하고, 최범술은 해인사의 가야총림에 있었던 청담에게, 청담은 통도사 내원암에서 수행하였던 성철에게 연락을 하였던 것이다.

큰스님(필자 주, 성철)은 "앞으로 총림을 하려면 책이 꼭 필요하다" 하

---

9) 이도우, 〈도우스님을 찾아서〉, 《고경》 불기 2541년 여름호, 32쪽.

시고는 청담 스님과 대구에서 만나 서울 김 거사 집으로 갔지요. 김 거사는 세검정 밖에 있는 자신의 밭에 창고를 소개해 두었는데, 목록을 살펴보니 신수장경을 비롯하여 종경논문, 선종사서 등 당시로써는 구하기 힘든 책들이었습니다. 또 대나무로 된 경판들도 많았는데 그건 청담 스님이 해인사로 가져가기로 했지요. 불서는 해제를 하면 가져가기로 했는데, 그렇다면 어디로 가져가느냐가 문제였답니다. 청담 스님께서 봉암사에 살아 보니 수좌들이 살기에 적합한 곳이라 하여 해제를 하면 봉암사로 가기로 했다고 하시더군요. 외호는 당시 내원사 주지이던 우봉 스님이 맡기로 했다고 하길래 원주는 제가 맡았습니다.[10]

이청담과 이성철이 김법룡 처사의 책을 인수하면서 보관할 장소로 봉암사를 정하였는데, 그것이 바로 결사 장소가 되었다는 것이다. 즉 청담이 그 이전에 살아 보니 수좌들이 살기에 적합한 곳이라는 의견에 따라 봉암사가 결정된 것이다.

그러면 청담은 언제, 어떤 계기로 봉암사결사가 단행되기 이전에 봉암사에서 살았는가. 이에 대해서도 이도우의 회고가 참고된다.

(대승사에) 청담 스님이 계시고 성철 스님은 나왔지만 홍경, 종수, 자운 스님하고 몇이 있었어요. 그래 가지고 거기에서 조금 있으니 "우리가 여기에 있지 말고 봉암사로 가자"고 그래요. 봉암사 주지가 최성업이라는 사람인데 그이가 선방을 하겠다고 하니, 스님들이 알아서 하라고 하여.

(봉암사에 들어간) 계기는, 대승사는 이제 선방을 못하게 되니까, "가 가

---

10) 위의 자료, 32~33쪽.

지고 우리끼리 능엄주도 하고 여법(如法)히 해보자"고 하였지요. 홍경, 자운, 종수, 청담 스님하고 내하고 다섯이 거기 들어갔지요.

　1946년 가을에 청담 일행 다섯 명은 봉암사로 들어갔던 것이다. 그들은 봉암사에 가서 겨울 한철을 수행하였던 것이다. 때문에 청담은 봉암사의 수행 환경에 대하여 익히 알고 있었기에 성철과 김법룡 처사의 도서 인수 때에 결사 장소로 봉암사를 추천, 결정케 하였던 것이다.

3) 누가 : 결사의 주체, 참여자

　여기에서는 결사의 핵심 주체는 누구였으며, 단순 참여 대상자는 누구였고 그들은 몇 명이나 되는가를 설명하고자 한다. 이는 결사의 내용 중에서 비교적 중요한 주제라 하겠다. 봉암사결사가 시작되기 전에 장소 결정을 주도한 대상자는 위에서 살핀 내용에서 나오듯이 이성철과 이청담이라고 하겠다. 그러므로 결사 핵심의 주체는 당연히 이성철과 이청담이다.

　한편 이성철과 이청담은 일본강점기 1942년경 선학원에서 만나 함께 정진을 하자는 약속을 한 이력이 있었다. 이들이 공동수행의 약속을 이행한 시점과 장소는 1943년 봄 무렵 법주사 산 내 선원인 복천암이었다. 그러나 복천암에서의 공동 수행은 이청담이 독립운동가 사건에 휘말리는 바람에 중단되었다. 이에 이청담은 일제에 의해 상주경찰서에 구금되는 일을 겪게 되었다. 그 후 일제에서 풀려난 이청담과 이성철은 1944년 봄, 대승사 쌍련선원에서 재결합을 하였다. 이런 배경 하에서 일본강점기 말 대승사에는[11] 이청담, 이성철, 이도우,

이우봉, 김청안, 김자운, 송서암, 문정영 등 수좌 십여 명이 머물며 수행하였던 것이다.[12]

그리하여 일본강점기 말 이청담, 이성철 등 수좌 일행은 대승사에서 공동 수행을 하면서 미래 지향적인 공동 수행, 즉 총림에 대한 그림을 그렸던 것이다. 요컨대 봉암사결사의 단초가 여기에서 마련되었다.

　대승사에서는 두 분(필자 주, 청담과 성철)이 해인사에 가서 총림을 하면 어떻게 할 것이냐 하는 문제를 놓고 영산도를 그리는 것을 보았어요. 지금 말법시대에 부처님 당시처럼 재현을 해보자고 하셨지요. 부처님 당시처럼 짚신 신고 무명옷 입고 최대한 검소한 생활을 하도록 노력할 것, 그렇게 함으로써 풍기는 것을 남한테 보여줄 수 있는, 말 없는 가운데 풍길 수 있는 이런 중노릇 하자는 등의 이야기를 밤새도록 쌍련선원에서 앉아서 하셨어요.[13]

이성철과 이청담이[14] 이렇게 해인사에 가서 총림을 해 보자는 기

---

11) 대승사로 수좌들이 모이게 된 연유는 대승사 쌍련선원은 1935년부터 선학원에 등록된 선원이었던 것이 작용한 것으로 보인다. 이에 선원 책임자인 김청안이 선학원 회의에 자주 갔다는 이도우의 증언이 있다.
12) 이상의 내용은 졸고, 「봉암사결사의 전개와 성격」, 『한국현대불교사 연구』(불교시대사, 2006), 41~43쪽 참조.
13) 묘엄 스님 회고, 《고경》 10호, 32쪽. 이묘엄은 대승사 쌍련선원에서 총림을 계획할 적에 조실은 이효봉, 선방은 이성철, 강원은 이운허·이광수, 율원은 김자운에게 맡기기로 검토하였다는 회고를 하였다. 『회색고무신』(시공사, 2002), 150쪽.
14) 이청담은 그 무렵부터 자신의 불교 개혁의 구상을 영산도로 구체화하였다. 청담의 영산도에 대한 전모는 졸고, 〈청담의 민족불교와 영산도〉, 《마음사상》 4집 (2006) 참조.

획을 하였다 함은 단순히 자신들의 공동 수행에 머무는 것이 아니었다. 즉 당시 불교의 체질을 개혁하는 것이었기에 각 분야 전문가 승려에게 역할 분담을 하는 것까지 고려한 것이었다. 그러나 그러한 미래 지향적인 총림 차원의 기획을 주도하였던 핵심인물은 이성철과 이청담이었다. 당시 그들의 속납은 이성철은 33세의 청년 승려, 이청담은 43세의 중견 승려였다.

8·15 광복이 되자 이청담은 대승사에 있다가, 1946년 9월경 몇 명의 수좌와 함께 봉암사로 들어가게 되었다. 그러나 이성철은 대승사에서 나와 송광사를 거쳐 파계사 성전암에 가 있었다. 그런데 그즈음 교단에서 주관한 가야총림이 1946년 10월경에 출범하였다. 이에 이청담, 이성철은 교단이 주관하는 가야총림에 참여하여 이전부터 자신들이 기획, 강구한 총림에서의 수행을 접목시키기 위한 접촉을 시도하였다. 그래서 그들은 서로 연락을 하여 1947년 봄, 대구에서 만나 해인사로 들어가게 되었다.

갖가지 혁신의 물결이 몰아칠 때, 전국적으로 총림을 여는데 해인사도 효봉 스님을 방장으로 가야총림을 연다고 하더군요. 당시 청담 스님은 홍경, 종수 스님 등과 봉암사에 계셨고, 큰스님(필자 주, 성철)은 석암 스님과 성전에 계셨습니다. 봉암사 대중은 사다 놓은 큰 목간통을 걸어 보지도 못하고 짐을 싸 짊어지고는 해인사로 가려고 길을 나섰습니다. 대구 수창국민학교 앞에서 큰스님과 만나서는 트럭을 한 대 빌려 타고 해인사로 갔습니다. 총림에 관한 일을 논의하기 위해 우리 쪽 대표로는 청담 스님과 성철 스님이 나가고 해인사 측에서는 종단을 대표해서 최범술씨와 해인사 주지인 임환경 스님이 나오셨습니다. 그런데 총림을 하려면 재정이 제일 문제인데 타협이 잘 되지 않았습니다. 그러자 큰스님은 여기에 휩쓸려 봐야 공부도 잘 안되니 모든 걸 청담 스님에게 맡기기로 하고 큰스님과 나는 양산 통도사 내원암에 하안거 방부를 들였지요. 아마도 큰스님이 생각하시는 총림과는 사뭇 거리가 멀었던 것 같습니다.[15]

그러나 이청담, 이성철은 가야총림을 주관하는 최범술(종단의 총무부장), 임환경(해인사 주지)과 타협을 시도하였으나 여의치 않았다. 이에 이성철은 그에 만족하지 않고 통도사 내원암으로 가서 방부를 들였고, 이청담은 그래도 교단에서 하는 총림이니 한철이라도 나 봐야 하겠다면서 해인사에 잔류하였다. 이렇게 봉암사결사가 본격화되기 이전에도 결사에 대한 준비, 기획, 추진 등 일련의 일을 주도한 것은 이성철과 이청담이었음은 분명하다고 보겠다.

그리하여 1947년 가을, 10월경 봉암사결사를 위한 선발대가 봉암사로 들어갔던 것이다. 이에 대한 사정은 이성철의 회고가 참고된다.

봉암사에 들어간 것은 정해년(丁亥年), 내 나이 그때 36세 때입니다. 지금부터 36년 전입니다.
봉암사에 들어가게 된 근본 동기는, 죽은 청담 스님하고 자운 스님하고 또 죽은 우봉 스님하고, 그리고 내 하고 넷인데, 우리가 어떻게 근본 방침을 세웠느냐 하면, 전체적으로나 개인적으로나 임시적인 이익관계를 떠나서 오직 부처님 법대로만 한번 살아보자. 무엇이든지 잘못된 것은 고치고 해서 '부처님 법대로만 살아보자' 이것이 願이었습니다. 즉 근본 목표다, 이 말입니다.

---

15) 위의 도우 스님 회고, 31~32쪽.

> 그렇다면 처소는 어디로 정하나? 물색한 결과 봉암사에 들어가게 되었습니다.
>
> 처음에 들어갈 때에는, 우봉 스님이 살림 맡고, 보문 스님하고 자운 스님하고, 내하고 이렇게 넷이 들어갔습니다. 청담 스님은 해인사에서 가야총림(伽倻叢林)한다고 처음 시작할 때에는 못 들어오고, 서로 약속은 했었지만.[16)]

봉암사에 최초로 들어간 대상자는 이성철, 이우봉, 신보문, 김자운 등 4명이었다. 당초 결사 기획, 주도자인 이청담은 전술한 바와 같이 가야총림에 참가하였던 사정에서 초기에는 동참하지 못하였다. 요컨대 필자는 이성철, 이청담, 이우봉, 김자운, 신보문을 봉암사결사 주체자로 보고자 한다. 그러면서도 이우봉과 신보문은 결사 도중에 이탈하였기에 결사의 핵심 3인방은 이성철, 이청담, 김자운이라고 보는 것이 타당할 것이다.

그러면 결사 핵심 주체자 이외에는 누가 결사에 동참하였는가? 수십 명이었다는 구전도 있지만 구체적인 기록으로 확인하기는 간단치 않다. 우선 이성철의 회고를 주목해 보자.

> 그 뒤로 향곡(香谷), 월산(月山), 종수(宗秀), 젊은 사람으로는 도우(道雨), 보경(寶鏡), 법전(法傳), 성수(性壽), 혜암(慧菴), 종회의장 하던 의현(義玄)이는 그때 나이 열서너댓살 되었을까? 이렇게 해서 그 멤버가 한 20명 되었습니다.[17)]

---

16) 〈1947년 봉암사결사〉,《수다라》 10집, 115쪽.
17) 위와 같음.

후속 참가자를 포함하여 20명가량이었다고 한다. 이성철이 후속 참가자라고 지칭한 대상자는 김향곡, 최월산, 서종수, 이도우, 보경, 김법전, 김성수, 김혜암, 서의현 등이었다. 그런데 결사 초창기에는 10명 이내였지만 점차 증가하였다는 김혜암의 증언을 여기에서 참고할 수 있다.

오히려 방부를 못 들여서 야단이었지요. 아무나 방부를 받지 않았거든요. 처음 해인사에서 장경을 싣고 가서 얼마 동안은 한 7, 8명밖에 안 살았어요. 점점 그 수가 늘어나 20명이 30명 되고, 나중에는 많이 살았습니다. 처음에는 청안 스님, 보문 스님, 우봉 스님, 일도 스님, 자운 스님 등이 계셨지요. 보문 스님도 돌아가셨고 일도 스님도 돌아가셨는데, 모두 훌륭한 스님들이셨습니다. 그리고 중간에 향곡 스님, 청담 스님 등이 들어오셨습니다. 뒤에 월산 스님, 성수 스님, 법전 스님 등이 오셨지요.[18]

이렇게 초기에는 7~8명, 그 후 20명, 소문이 나고 방부자가 증가하여 30명으로 점점 늘어났음을 알 수 있다. 빨치산들의 출몰로 이성철이 퇴진한 이후에도 결사가 지속되고 새로운 방부자들이 오고 갔기에 봉암사결사 참가자는 계속 증가하였음을 추론할 수 있다. 1949년 가을 경에 봉암사에 입주한 이지관의 회고를 들어보자.

내가 봉암사에 간 건 1949년 가을쯤이었어요. 정확한 날짜까지는 기억이 나지 않지만, 그때는 이미 성철 스님을 포함해서 성수 스님 등 여러

---

18) 〈혜암 스님을 찾아서〉, 《고경》 2호(불기 2540년 여름호), 19쪽.

스님들이 봉암사를 떠났고, 청담 스님과 보경 스님, 응산 스님은 거기에 계셨어요. 그 밖에도 법전 스님이 계시다가 우리가 올 즈음에 나가셨어요. (중략)
혜정 스님도 계셨죠. 또 정천 스님도 계셨고, 진혜명 스님도 계셨어요. 정천 스님은 미감이었고, 혜명 스님은 원주였나 모르겠어요. 그렇게 결제를 해서 시간 지켜서 예불하고 참선하며 지냈어요.[19]

즉 1949년 가을에도 봉암사에는 오고 가는 수행자들이 적지 않았음을 알 수 있는 대목이다. 요컨대 결사에 동참한 대상자는 50여 명을 상회하였을 것이다.[20]

한편 봉암사결사에는 비구니들도 참가하였음이 주목된다. 비구니들은 계율상으로 봉암사에 주거할 수 없는 관계로 봉암사 인근의 암자인 백련암에 머물면서 결사에 동참하였다. 이에 관해서는 당시 백련암에 머물렀던 이묘엄의 회고가 주목된다.

봉암사 백련암에서는 방부를 여섯 명 이상 안 받아 주었습니다. 비좁기도 하고 식량 문제도 있고 해서 여섯 명만 살았습니다. 화두는 성철 스님이 직접 주셨는데, 만법귀일 일귀하처(萬法歸一 一歸何處)였습니다. 지금 조실스님이 계시는 방에서 열여덟 살 4월 보름에 화두를 탔죠. 스님께서는 일귀하처 할 때 "어느 곳으로 돌아간 것이 분명 있어!" 이러시면서 멱살을 잡고 등줄기를 때리면서 화두를 주셨습니다.[21]

---

19) 〈지관스님 인터뷰〉, 《승가교육》6(2006), 355쪽.
20) 1949년 하안거 결사자 명단에 등재된 인원만 27명이었다.
21) 위의 묘엄 스님, 《고경》, 35쪽.

이묘엄의 회고에 의하면 봉암사 인근 산 내 암자인 백련암에서 비구니 여섯 명이 주거하였다는 것이다. 이러한 비구니의 주거는 결사를 주도한 이성철, 이청담의 배려에서 나온 것이라는 것이 이묘엄의 주장인바, 그 내용을 다시 주목하자.

당시 봉암사에 계셨던 순호, 성철, 자운 등 큰스님들은 비구니들도 제대로 공부를 시켜서 장차 이 나라 비구니계를 제대로 키워야 한다고 뜻을 모으고, 우선 여승 몇 명을 골라 이들을 철저히 수행시켜 비구니계의 지도자로 만들자는 계획을 가지고 있었다. 그래서 묘엄, 묘찬, 지영, 재영을 봉암사 백련암에 살게 하면서 철저한 공부를 시키기로 했던 것이다.[22]

그래서 묘엄, 묘찬, 지영, 재영 등 여섯 명은 백련암에 머물며 수행을 하면서도 봉암사를 왕래하면서 성철, 청담의 지도를 받았다. 이들은 안거 수행 시, 결제 및 해제 법문은 봉암사에 와서 들었고, 봉암사결사의 규칙에 근거한 수행을 봉암사 및 백련암에서 하였다. 그런데 비구니 처소인 백련암이 비좁았지만 여기에 와서 공부하려는 비구니들이 증가하여 후에는 비구니 여섯 명의 상주 원칙이 무너지기도 하였다.

지금껏 살핀 결사 주체 및 참가자에 대한 것을 기초로 하여 봉암사결사에 참여한 대상자를 그 성격 및 유형에 의거하여 다음과 같이 제시하고자 한다.

- 결사 기획 ; 이성철, 이청담

---

[22] 『회색고무신』(시공사), 183쪽.

- 결사 주도자 ; 이성철, 이청담, 김자운, 이우봉, 신보문
- 결사 초기 참여자 ; 이도우, 김청안, 최일도, 김혜암,
- 결사 단순 참여자 ; 서웅산, 김홍경, 최월산, 김성수, 김법전, 김보경, 장보안, 영신, 이정천, 만성, 이지관, 혜안, 보일, 진혜명, 허혜정, 혜연, 혜조, 서의현
- 비구니 참여자 ; 지원, 재영, 이묘엄, 묘찬, 응민, 오선, 혜민, 재용, 혜일, 원명, 지현, 묘련(혜해), 수진, 묘각, 묘명, 청련화

이와 같은 결사 참가자의 유형이 절대적인 것은 아니지만 결사의 진행 및 성격을 가늠할 수 있는 관점이다. 결사에 참여한 대상자이지만, 위의 제시문에 빠진 것은 기록, 증언이 있으면 보완할 예정이다.

4) 무엇을 : 수행 및 개혁 내용

봉암사결사에서 행하였던 수행의 내용 및 개혁은 무엇이었을까? 다시 말하자면 봉암사에서는 어떠한 일들이 벌어졌던가. 그것을 단적으로 말하자면 '부처님 법대로 살아보자'면서 결사를 추동한 결사 동참자들의 발언에서 단적으로 드러난다.

봉암사결사를 기획, 주도한 이성철의 회고에서 그 주요 내용이 잘 나와 있다. 그 발언을 대별하여 제시하고자 한다.

처음에 들어가서 첫 대중공사(大衆公事)를 뭣을 했느냐 하면, 혹 이런 이야기 하면 지금이라도 실천하자고 하는가? 이렇게 의심할는지 모르겠지만, 산 것 그대로 이야기지 지금 당장 이대로 하자는 말은 아닙니다. 법당 정리부터 먼저 하자 이렇게 되었습니다. 세상에 법당 정리를

하다니 무슨 소리인가?[23]

칠성 탱화, 산신 탱화, 신장(神將) 탱화 할 것 없이 전부 싹싹 밀어내 버리고 부처님과 부처님 제자만 모셨습니다.(중략) 그 다음에는 불공 (佛供)인데, 불공이란 것은 자기가 뭣이든 성심껏 하는 것이지 중간에 서 스님네가 축원해 주고 목탁치고 하는 것은 본시 없는 것입니다.[24]

이제 법당은 어느 정도 정리되는데, 가사니, 장삼이니, 바릿대이니 이런 것이 또 틀렸단 말입니다. 부처님 법에 바릿대는 와철(瓦鐵)입니다. 쇠로 하든지 질그릇으로 하지 목(木)발우는 금한 것입니다. 그런데 쓰고 있습니다. 가사 장삼을 보면, 가사나 장삼(長衫)을 비단으로 못하게 했는데, 그 당시에 보면 전부 다 비단입니다. 색깔도 벌겋게 해서, 순수한 색이 아니고 괴색(壞色)을 해야 되는 것이니 그것도 비법(非法)입니다.

그래서 비단가사, 장삼, 그리고 목바릿대, 이것을 싹 다 모아 가지고 탕탕 부수고 칼로 싹싹 기리고 해서는 마당에 갖다 놓고 내손으로 불 싹다 질렀습니다.[25]

육환장도 새로 만들고, 요새는 안하지만 스님은 언제든지 육환장 짚게 되었으니까. 삿갓도 만들었습니다. (…중략…)

그리고 아침에는 꼭 죽을 먹었습니다. 공양은 사시 밖에 없으니까, 오후에는 약석(藥石)이라고 있습니다. 근본적으로는 율(律)에 보아서는

---

23) 〈1947년 봉암사결사〉, 115쪽.
24) 위의 자료, 116쪽.
25) 위의 자료, 116~118쪽.

저녁 공양은 없는데, 청규에는 약석이라고, 약(藥)이라 해서 참선하는 데에 너무 기운이 없어도 안 되므로 바릿대 펴지 말고 조금씩 먹도록 되어 있습니다. 포살(布薩)도 처음으로 거기서 했습니다.
이런 식으로 해서 제도를 완전히 바꾸었습니다.[26]

우리도 보살계 하자, 법을 세우려면 보살계(菩薩戒)를 해야 되니까. 자운 스님이 『범망경』을 익혀 가지고 처음으로 보살계를 했습니다.[27]

하나씩, 둘씩 재 해달라고 들어와요. 우리 법대로 『금강경(金剛經)』이나 『심경(心經)』을 읽어 주는데, 그만 재가 어떻게나 많이 드는지(중략) 자꾸 온다 말입니다. 자, 『금강경』은 너무 시간이 걸려서 안 된다. 『심경』을 하자, 『심경』 칠편, 그것도 안 되어서 나중에는 삼편씩 해주었습니다. 그래도 '스님네들 법대로'만 해달라는 것입니다.[28]

나무를 하는데 식구수대로 지게를 스무 남게 만들었습니다. 그래 놓고 나무를 하는데 하루 석 짐씩 했습니다. 석 짐씩 하니 좀 고된 모양입니다. 나무하다 고되니깐 몇이가 도망가버렸습니다.[29]

이러한 여러 내용이 봉암사에서 일어난 것들이었다. 당시 이러한 것들은 부처님 법대로만 살아 보자는 단순 슬로건에서 나오듯이 불교 근본적인 입장에서 추진되었음을 알 수 있다. 이러한 추진 방향

---

26) 위의 자료, 118쪽.
27) 위의 자료, 119쪽.
28) 위의 자료, 123쪽.
29) 위의 자료, 125쪽.

및 이념은 성철이 아래와 같이 회고한 바에서 단적으로 드러난다.

> 지금 보면 여러 가지 남은 것이 좀 있는데, 남고 안 남고 그것이 문제가 아닙니다. 우리가 법을 세워서 전국적으로 펼려고 한 것도 아니었고, 그 당시 우리가 살면서 부처님 법 그대로 한다고 하면 너무 외람된 소리지만, 부처님 법에 가깝게는 살아야 안 되겠나 그것이었습니다.[30]

부처님 법대로, 부처님 법에 가깝게 모든 것을 행하려고 하였다. 그래서 부처님 법에 어긋난다고 보았던 기존 제도는 과감하게 개혁하였던 것이다. 그를 요약하면 다음과 같다.

- 칠성 탱화, 산신 탱화 —— 제거
- 승려가 불공하는 관행, 축원 —— 금지
- 천도재 —— 금지
- 목발우 금지 —— 철, 와 발우로 전환
- 비단으로 된 가사, 장삼 금지 —— 괴색 가사, 보조 장삼
- 공양주, 부목 추방 —— 대중들이 직접 시행
- 육환장, 삿갓 —— 착용
- 아침 —— 죽
- 포살 —— 실시
- 보살계 —— 실시
- 신도가 승려에게 공경 —— 삼배 시행
- 평등 공양 —— 승려들에게 평등하게 분배

---

30) 위의 자료, 127쪽.

- 천도재 ── 금강경, 반야심경 전경
- 신중단 의식 ── 반야심경의 독경으로
- 울력 ── 모든 대중, 균일하게
- 능엄주 ── 대중 전체가 암송

이렇게 봉암사에서는 당시의 관행을 과감히 깨뜨리는 실험을 하였던 것이다. 이러한 시도의 당위성은 부처님 법과 율에서 그 연원을 찾았지만, 구체적으로는 총림의 재현이었다. 그러나 일반적인 총림이라기보다는 중국 선종의 수행 상황을 모방한 것이었다. 때문에 그 구체적인 근거는 청규, 율장 등이라고 하겠다.

봉암사에서는 이렇게 부처님 법을 실천하기 위한 다양한 실험, 개혁을 시도하면서 동시에 치열한 참선 수행을 하였다. 그 당시 생활과 수행의 특성을 간명하게 전하고 있는 김법전의 회고를 들어 보자.

봉암사의 생활은 그 전에는 전혀 해보지 않은 판이하게 다른 생활이었어요. 그것은 우리 선종사(禪宗史)에만 있는 일로서, 보통 일반적으로는 이해하기 힘이 들 것입니다. 그때 노장님(성철-필자 주)께서 공부하는 제자들 다루는 것도 앉아서 존다든가 방일하는 태도가 보이면 지나가도 소리를 지르고 그렇지 않으면 몽둥이로 내리치셨지요. 그리고 일은 일대로 해야 하니까 도저히 딴 생각을 할 수가 없었어요. 주위 환경이 화두일념 안 하면 배길 수가 없었지요. 그런 환경을 배겨나지 못하면 다 가버렸어요. 밭 매고, 산에 가서 나무하고, 동냥하고, 공부하고 …… 그렇게 힘들고 어렵게 살았어요. 그래도 그때는 그렇게 살 사람이 있었는데, 요새 그리한다면 아무도 살 사람이 없을 겁니다.[31]

이렇게 봉암사 생활, 수행은 처절한 것이었다. 더욱이 결사를 이끌었던 이성철이 대중의 공부를 위해서 가혹한 꾸지람, 채찍질은 상상을 뛰어 넘는 것이었다. 특히 이성철, 김향곡, 이청담 간에 있었던 공부를 위한 가열찬 탁마는 지독스러울 정도였다.[32]

그리하여 봉암사에서의 수행은 당시 불교계에 서서히 파급되어 갔다. 그래서 봉암사에서 한철 나면 다 가르킬 것이 없다는 말도 나왔고,[33] 봉암사에 가야 수행을 제대로 한다는 소문도 났던[34] 것이다. 이렇듯이 봉암사결사는 서서히 불교계의 신화로 파급되어 갔다.

5) 어떻게 : 추진 방법

그러면 위에서 살핀 봉암사에서의 생활과 수행, 부처님 법대로 살아 보려는 개혁적, 혁명적인 시도는 어떻게 추진되었을까? 이를 이해하기 위해 결사를 진두지휘하였던 이성철의 회고의 글을 먼저 살펴보자.

나는 下記의 共住規約을 草案하여 大衆에 提示 詳細한 說明을 가하였다. 古佛古祖의 遺勅을 完全 實行한다 함은 □□過度한 너무나 猥濫된 말이지만은 敎團의 現況은 佛祖敎法이 全然 泯滅되었으니 多少間이나마 復舊시켜 보자는 것이 注眼이었다. 「共住規約」 그리고 敎法 復

---

31) 〈법전스님을 찾아서〉, 《고경》 3호(불기 2540년 가을호), 20쪽.
32) 이에 대해서는 도림 법전, 『백척간두에서 한 걸음 더』(조계종출판사, 2003), 48~55쪽 참조.
33) 진혜명이 필자에게 한 증언.
34) 이지관의 증언, 〈지관스님 인터뷰〉, 《승가교육》 6집(2006), 356쪽.

舊의 原則下에서 나의 隨時 提案이 있을 것인바 그 提案에 汚點이 發見되지 않는 限 大衆은 無條件 追從할 것을 再三 다짐하고 □□ 實踐에 옮기게 되었다.

그리하여 佛前 禮拜부터 練習하게 되니 그 勞苦는 말할 수 없엇으나 大衆 全體의 果敢한 努力으로 그 成果는 日就月將하였다.[35]

즉 이성철이 작성한 공주규약을 결사 대중이 지키겠다는 다짐이 있었다. 그리고 이성철의 수시 제안도 무조건 추종하겠다는 다짐도 뒤따랐던 것이다. 그러면 여기에서 이성철이 강구, 제안한 공주규약의 전모를 제시한다.[36]

1. 森嚴한 佛戒와 崇高한 祖訓을 勤修力行하야 究竟大果의 圓滿 速成을 期함
2. 如何한 思想과 制度를 莫論하고 佛祖 敎則 以外의 各自 私見은 絶對 排除함
3. 日常 需供은 自主自治의 標幟下에 運水 搬柴 種田 托鉢 等 如何한 苦役도 不辭함
4. 作人의 稅租와 檀徒의 特施에 依한 生計는 此를 斷然 淸算함
5. 壇信의 佛前 獻供은 齋來의 現品과 至誠의 拜禮에 止함
6. 大小 二便 普請 及 就寢 時를 除하고는 恒常 五條 直裰을 着用함
7. 出院 遊方의 際는 戴笠 振錫하고 必히 團體를 要함

---

[35] 이 자료는 성철 스님이 일력 뒷면에 자필로 회고한 내용이다. 이 원본은 천제 스님이 보관하고 있다.
[36] 이 규약은 최근 원본을 공개한 원택 스님 후의에 의해 기존에 알려진 것을 수정한 것이다. 이 공개는 봉암사결사 60주년 학술 세미나의 발제 자료집에 부록으로 첨부되었다.

8. 袈裟는 麻綿에 限하고 此를 壞色함

  9. 鉢盂는 瓦鉢 以外의 使用을 禁함

 10. 日 一次 楞嚴大呪을 課誦함

 11. 每日 二時間 以上의 勞務에 就함

 12. 黑月 白月 布薩大戒를 講誦함

 13. 佛前 進供은 過午를 不得하며 朝食은 粥으로 定함

 14. 座次는 戒臘에 依함

 15. 堂內는 座必面壁하야 互相 雜談을 嚴禁함

 16. 定刻 以外는 睡臥를 不許함

 17. 法般 物資 所當은 各自 辦備함

 18. 餘外의 各則은 淸規 及 大小 律制에 準함

 右記 條章의 實踐躬行을 拒否하는 者는 連單共住를 不得함

知事 白

이와 같은 공주규약에서 주목되는 것은 다음과 같다. 즉 공주규약에 나온 주된 이념은 추상적으로는 '부처님 법'이었지만 규약에서는 佛戒, 祖訓, 佛祖 規則, 淸規, 律藏으로 나타나고 있다는 것이다. 한편 규약의 저변에는 선종 총림의 모방, 재현이라는 흐름이 있다고 보인다. 여기에서 결사 주체자들의 이념적 성향을 가늠할 수 있다.

그런데 결사의 성사 여부는 결사에 동참한 대중의 수희 동참, 자발적 참여가 관건이었다. 혁명적인 제도 개선에는 응당 희생, 고행이 따르는 것이다. 이에 봉암사결사에 동참하려고 왔지만 그냥 가버린 경우도 있었고, 몰래 도주하는 경우도 왕왕 발생하였던 것이다. 이에 대해서는 이성철과 진혜명의 회고가 주목된다.

이런 식으로 해서 제도를 완전히 바꾸었습니다. 일종의 혁명인 셈이지요. 이런 중에서 제일 어려운 것은 무엇이냐 하면 무엇이든지 우리 손으로 한다는 것입니다.

밥해 먹는 것도 우리 손으로 한다. 나무하는 것도 우리 손으로 한다. 밭 매는 것도 우리 손으로 한다. 일체 삯군, 일꾼은 안 된다 말입니다. 이것이 一日不作, 一日不食의 청규, 근본정신이니까 그래서 부목(負木)도 나가라, 공양주도 나가라, 전부 다 내보내고, 우리가 전부 다 했습니다. 쉬운 것 같지만 실제는 이것이 가장 어렵습니다.

곡식도 전부 다 우리 손으로 찧고, 나무도 우리 손으로 하고, 밭도 전부 우리가 매고, 이것이 실제 어려운 것입니다. 이런 식으로 살았습니다.[37]

일단 여기에서 방부를 받는데는 이제 능엄주를 읽어야 한다. 그리고 나무 한 짐을 해야 한다. 그래 갖고 그야말로 얼마나 백장청규를 그걸로써 해가지고 우리가 이 불교를 바로 잡아야 되겠다.

그래 이제 백장청규를 놓고 우리 규칙을 전부 바꾸자 이거야. 전부다 여지껏 살아나온 그런 방식을 전부다 바꾸자. 그래 가지고 발우 공양을 하는 데에도 성철 스님은 생식을 하셨지만 대중 큰방 복판에 앉아 가지고 다른 사람 다 잘하는가 보다 감독하며 보면서 당신은 자시고. 그 생식은 쌀가루거든. 그 쌀가루를 물에 타가지고 자시면서 그래. 그 감독을 이제 그렇게 한 게지. 그래서 이 불교를 참 다시 살리자. 우리 절에 일본 사람이 와 가지고 불교를 영 망쳤는데 전부 다 왜색 불교야. 참 중을 다 내보내 버리고 그랬는데 그래 이제 그랬기 때문에 그것을 바꾸자고 한 거지.[38]

---

37) 위의 〈1947년 봉암사결사〉, 119쪽.

요컨대 결사 규약을 지키겠다는 결심, 그리고 그에 부수적으로 나오는 규약의 이행을 준수함의 고초가 만만치 않았다는 것이다. 그런데 현전하는 기록, 증언을 종합해 볼 경우 결사가 진행되면서 대체적으로 규약은 극히 일부 내용은 제외하고 대부분은 실천에 옮겨지고, 동참한 대중들의 약속 이행에 의해 준수되었다고 볼 수 있다.[39] 특히 결사를 주도한 청담, 성철은 모든 것을 솔선수범하였다. 참선 수행을 주로 하였던 선방이었지만 결사 동참자들은 예불, 울력, 나무하기,[40] 천도재, 청소 등 사소한 일에도 결사 규약에 의거하여 준수하였다.[41] 그야말로 참가 대중 전체가 결사 이념과 원융살림을 실천하였다.

6) 왜 : 배경, 목적

이제, 결사를 한 배경, 목적이 무엇이었는지 살펴보고자 한다. 이는 결사를 설명하는 최종 단계에 들어갔음을 의미하는 것이다. 결사의 핵심 주체인 이성철, 이청담은 어떤 연고로 결사를 추진하였고,

---

38) 진혜명의 증언. 필자는 2007년 7월 11일 도선사에서 봉암사결사 인터뷰를 하였다.
39) 이에 대해서는 그렇지 않다고 반론을 제기할 수도 있다. 즉 결사가 진행되기 전 기간에 계속하여 있었던 대중 숫자가 적고, 대중의 잦은 왕래가 있었다는 측면이 바로 그것이다. 그러나 그런 측면에도 불구하고 결사의 정체성, 순수성이 유지되었다는 측면을 더욱더 강조할 수 있다고 본다.
40) 진혜명의 회고에 의하면 지게가 20여 개가 있었는데, 각 지게마다 번호가 부여되어 있었다고 한다. 그리고 이묘엄은 비구니들도 나무 한 짐을 하여 큰 절인 봉암사에 갖다 놓고, 백련암으로 올라갔다고 필자에게 증언(2007.8.6)하였다.
41) 사소한 모든 일을 할 때에도 가사 장삼을 입었다고 한다.

다수 수좌들은 왜 결사에 기꺼이 동참하였는가? 봉암사에 입주하여 갖은 고생을 하면서 수행한 근본 요인은 무엇인가. 이에 대해서는 두 가지 측면에서 접근이 가능하다.

첫째는 '부처님 법대로 살아보자'가 결사의 목표인데, 역설적으로 말하면 부처님 법대로가 당시 불교계의 핵심 중추부인 교단에서 지켜지지 않았던 현실을 고치려는 의식에서 나온 것이다. 일제강점기 시대나, 해방 공간 불교계에서 부처님 법대로가 구현되지 않았기에 결사를 기획하고, 결사에 동참한 것이다. 결사 주역인 이성철이 다음과 같이 회고한 바에 잘 나와 있다.

> 교단의 현황은 불조 교법이 전연 泯滅되었으니 다소간이나마 복구시켜 보자는 '것이 주안점이었다.[42]

> 봉암사에 들어가게 된 근본 동기는, 죽은 청담 스님하고 자운 스님하고 또 죽은 우봉 스님하고, 그리고 내 하고 넷인데, 우리가 어떻게 근본 방침을 세웠느냐 하면, 전체적으로나 개인적으로나 임시적인 이익 관계를 떠나서 오직 부처님 법대로만 한번 살아보자. 무엇이든지 잘못된 것은 고치고 해서 '부처님 법대로만 살아보자' 이것이 願이었습니다. 즉 근본 목표다 이말입니다.[43]

둘째는 부처님 법, 즉 불조교법이 지켜지지 않으면서도 여타의 승려들이 그를 인식하여, 개혁할 움직임이 전혀 없었다는 것을 지적

---

42) 《고경》 9호, 6쪽.
43) 위의 《수다라》와 같음.

할 수 있다. 해방 공간 불교에서 선학원 계열 수좌들은 중앙 교단에 교무회의(종회)에 대의원 3인 청구, 모범 총림을 불조청규에 의하여 건설, 중앙선원 자치제, 지방선원 자치제, 도제를 양성하여 선원에 3년 안거 뒤에 출신케 하도록 건의하였지만 대부분 수용되지 않았다.[44] 이러한 수좌의 건의가 수용되지 않은 것은 당시 교단에서 수좌들의 주장에 귀를 기울지 않았음을 반영하는 것이다. 더욱이 교단 차원에서 1946년 가을에 출범시킨 가야총림에 이성철, 이청담이 동참하려고 하였지만 이것도 여의치 않았다.[45] 그리고 전라도 백양사를 거점으로 전개된 고불총림은[46] 고불 고조의 유칙을 철저히 지키려는 근본주의적인 사고를 갖고 있는 봉암사결사를 기획하였던 당사자들의 구상과는 일정한 거리가 있는 것이었다.

이렇듯이 일제강점기 말, 해방 공간 교단, 불교계에서 부처님 법(불조교법)이 사라지고, 퇴색되고, 변질되는 것을 좌시할 수 없었던 일단의 수좌들의 고뇌가 봉암사결사를 잉태케 하였던 것이다. 그래서 우리는 봉암사결사가 왜 일어나게 되었는가에 대해서 보편적인 이해를 할 수 있게 되었다. 불조교법의 복원, 부처님 법에 의거한 수행, 운용이 그에 대한 응답인 것이다.

---

44) 『삼소굴일지』(극락선원, 1992), 249쪽. 졸고 「불교혁신총연맹의 결성과 이념」, 『한국근대불교의 현실인식』 1998, 293~294쪽.
45) 그러나 이청담은 교단에서 추진한 총림에 동참은 해 보아야 하겠다면서 1947년 여름부터 1949년 2월까지는 해인사 가야총림에 주석하였다. 그러나 이청담은 1949년 3월경에는 봉암사로 오게 되었다.
46) 고불총림은 1947년 2월경에 본격화되었는데 이 총림에 대한 전모와 성격은 졸고, 「고불총림과 불교정화」,(『한국 현대불교사 연구』 불교시대사, 2006)를 참고할 것.

3. 결사의 성격 및 의의

　본 장에서는 위에서 분석한 결사의 육하원칙에서 나온 전모에 유의하여 결사의 성격을 추출하고자 한다. 그리고 그 연후에는 결사가 갖고 있는 역사적 의의를 피력하고자 한다.[47] 우선 결사의 성격을 정리하면 다음과 같다.
　첫째, 결사를 추동한 요인은 결사 이전의 불교계, 교단 현실을 극복하려는 수좌들의 투철한 현실 인식이었다. 결사가 태동하고, 결사가 구체화되기 이전의 불교계 현실 즉 교단내의 상황이 불조교법이 파괴된 상황에 직면하였지만 그를 극복하려는 수좌들의 현실 인식이 결사 태동의 본질이었다. 불교의 근본이 위태로우며, 한국불교의 전통이 피폐되었던 일제강점기 불교와 해방 공간 교단의 혁신이 좌절되었던 당시 현실을 냉철히 인식하고 그를 극복하려는 의식을 말하는 것이다. 불조교법이 민멸되어 부처님 법대로 살아 보겠다는 의식은 바로 그를 말하는 것이다.
　둘째, 결사의 성립과 전개에서 수좌들의 자생성, 원융살림을 주목할 수 있다. 결사 주역이었던 이청담과 이성철의 공동 수행의 약속, 일제강점기의 대승사 시절의 고뇌와 실행, 해방 공간 봉암사에서의 결사 추진 등 일련의 전개는 이청담과 이성철 등 수좌들 스스로가 모든 것을 결정하였음을 유의하고자 한다. 그 결정에는 교단, 선학원, 수좌들의 스승 등 그 누구도 직접적인 영향을 끼친 것을 찾을

---

[47] 이는 필자가 수년 전에 발표한 고찰, 「봉암사결사의 전개와 성격」에서 제시한 것을 그대로 원용하면서 부연한 것임을 밝힌다.

수 없다.

셋째, 결사의 성립, 추진, 전개에는 당시 교단 및 선학원이 있었던 중앙과는 무관한 독자적인 성향이 두드러진다. 요컨대 지방적인 성격이 나타난다. 교단 및 불교 행정의 중심이었던 중앙과는 일체 개별화된 상태에서 결사는 진행되었다. 이청담의 경우 일제강점기의 수좌들의 중앙 기관이었던 선학원과 일정한 연계를 갖고 있었지만 결사의 성립과 진행에 그 연계는 거의 없었다.[48] 또한 8·15 해방 공간에서도 선학원은 당시 교단과 일정한 대응을 하면서 수좌 중심의 교단 혁신에 진력하였지만 봉암사결사를 주도한 수좌들이 당시 선학원측과 연계되었던 사례도 아직까지는 찾을 수 없다.

넷째, 결사의 내용은 공주규약으로 요약되었는데, 이는 결사 이행에 대한 원칙성과 규율성이 뚜렷함을 말해 준다. 이는 공주규약의 내용을 지키겠다는 굳건한 정신을 의미한다. 이는 결사의 생명력을 좌우하는 것으로, 결사가 일관성 있게 유지되었는가 혹은 결사에서 표방한 규칙이 보편성을 띠었는가 하는 점과 연결되는 것이다.

다섯째, 결사로 나타난 봉암사 생활은 청정한 수행성을 강조하였다. 이는 일제강점기 불교를 거치면서 나타난 원융살림 파탄, 승풍의 타락을 극복하려는 의식에서 나온 것이었다. 승려로서의 자부심을 고양하기 위해 신도들에게 의존하는 행태에서 탈피하고자 하였다. 이에 생활 자체를 자급자족하여 영위하고, 갖은 고역을 불사하며, 탁발을 통해 최소한 생존을 지키겠다는 열의는 이를 반영한다. 계율을 준수하겠다는 것도 이 성격과 무관한 것은 아니었다. 요컨대 생활 자체가 청정한 수행이었던 것이다.

---

48) 오히려 그는 교단에서 운영하였던 가야총림을 박차고 나와, 결사에 동참하였다.

여섯째, 수행의 중심은 禪이었다. 결사에 동참한 승려 대부분이 수좌였기에 선종 중심이었음은 당연하였다. 특히 간화선 위주의 수행 풍토가 주류를 이루었다. 그러나 그 저변에는 청규와 율장이 자리 잡고 있었다. 즉 편협한 선 수행이 아니었다. 수좌들은 예불, 청소, 운력, 나무하기, 천도재 등등의 사찰의 모든 일에 동참하였다. 요컨대 건강한 참선 수행이었다.

일곱째, 봉암사결사에는 개방성이 유지되었다. 즉 결사의 정신과 원칙을 준수한다는 의사만 있으면 봉암사에서 수행을 할 수 있었다. 그러나 이 개방은 주로 수좌(비구)에게만 해당되는 것이다. 봉암사에 거주할 수 있는 여건과 계율의 문제로 비구니나 재가자에게는 수용될 형편이 아니었다. 그러나 비구니들은 산내 암자인 백련암에 머물면서 결사 정신을 체득하였다.

여덟째, 봉암사 생활은 불교 대중화에도 새로운 바람을 일으켰다. 불교 대중화는 당시 보편화된 이념이었지만 그 실행에 있어서는 구체성이 박약하였다. 그러나 봉암사에서 실행된 것은 불교 이념에 근거하면서도 승풍을 진작시킨 것이었다. 보살계 법회, 승려에게 삼배, 공양물의 평등성 등은 그 단적인 사례였다. 그리고 그 실행은 신도들의 동의, 합의하에 진행되었다.

아홉째, 봉암사결사는 미완성의 결사였다. 1947~50년, 궁벽한 사찰인 봉암사에서 전개된 결사는 자체 내의 모순 및 문제에서 중도 퇴진하지 않고, 외부의 요인에 의하여 좌절되었다. 그는 좌우익 갈등, 6·25전쟁 등 민족적 비극이었다. 결사 성립의 근원에 민족의 비극(국권상실, 식민지 불교)이 자리 잡고 있었는데, 결사의 중단도 역시 민족의 비극(6·25전쟁)이었다. 좌익의 출몰로 결사가 위태로워 문수암으로 이전하였으나, 6·25전쟁으로 인하여 문수암에서의 결사는 전개 자체가 불가능하였다. 이에 봉암사결사는 미완성의 결사로 한국 현대불교사에 그 역사적 성격을 남겼다. 거시적으로 보면 이 결사는 준비 단계에서 1차의 실천 단계까지는 나아갔다. 그러나 새로운 2, 3차의 단계 즉, 여타 산중 및 선방에 영향, 교단 차원으로 진일보하기 전에 빨치산, 전쟁의 등장으로 중단되었다.

이제부터는 이 같은 봉암사결사의 성격을 참고하면서 이 결사가 한국 현대불교사에서 갖고 있는 위상 및 역사적인 의의 등을 조명하겠다.

첫째, 결사가 대두된 배경과 결사가 지향하는 성격에서 일제강점기 불교 잔재의 극복이라는 측면이 두드러진다. 즉 식민지 불교 극복의 실천 운동이었다. 불조교법이 파탄되었고, 승풍이 타락되었으며, 승려의 위신이 추락하였던 제반 현실을 야기한 근본 요인은 일제 식민지 불교였다. 이에 결사는 자연 식민지 불교의 잔재 청산과 무관할 수는 없는 것이었다. 이에 이 결사는 해방 공간 불교계의 역사적 과제였던 일본불교의 청산, 식민지 예속성의 단절, 한국 전통 불교의 복원을 충실히 실천하였다.

둘째, 결사의 규칙, 정신, 지향이라는 측면에서는 근본 불교적인 불교개혁운동이었다. 당시 해방 공간에서는 식민지 불교의 극복이라는 명분을 실행함에 있어서도 다양한 노선이 제기되었다. 그러나 이 결사에서는 근본 불교적인 방향이 분명하게 드러났다. 불조의 교법을 준수하고, 계율을 준수한다는 것은 그 예증인바, 이 점은 한국불교의 전통을 재해석, 계승케 할 수 있는 여건을 마련해준 것을 의미한다. 나아가서 이 결사가 성공한 것이라고 본다면 이 결사는 불교개혁운동의 전범의 의의를 갖게 되었다.

셋째, 결사의 정신은 불교정화운동의 이념적 모태가 되었다. 이 결사에서 고민, 검토, 이행하였던 정신과 대안은 곧 1954년부터 본격화된 불교정화운동 추진의 정신적인 기반이 되었다. 더욱이 이 결사에 동참한 수좌들 대부분이 정화운동의 주체로 활동하였다. 따라서 봉암사결사 정신은 자연 정화운동의 대의명분 내에 자리 잡게 되었다. 그러나 결사의 정신이 정화운동이 진행되었던 수년간 정화운동을 추진한 중심부에 있었다고 말하기는 어려운 실정이었다. 그럼에도 불구하고 조계종단은 정화운동으로부터 재출발하였기에 정화운동의 이념을 제공한 봉암사결사는 자연 조계종단 내부에서는 중요한 역사성을 갖게 되었다. 요컨대 결사의 정신은 조계종단 재건, 운용과 정신사의 기초를 마련해주었던 것이다.

넷째, 결사에서 실행되었던 의식, 의례 등은 이후 조계종단에서 관행화되었다. 장삼, 가사, 반야심경 독송, 승려에게 3배 등의 보편화는 그 실례이다. 이는 의식의 측면에서도 조계종단 재건의 기초가 되었음을 말하는 것이다. 더욱이 이 결사에 동참한 수좌들이 조계종단의 종정, 총무원장 등 종단을 이끌었던 승려로 활동하여 그 결사에서 실행하였던 제반 내용이 자연 종단 전체로 쉽게 파급될 수 있는 환경을 조성케 하였다.

다섯째, 결사의 전개에서 나타난 규약, 이념, 실천 등은 조계종단 승가의 정신사에 있어서 하나의 '신화'로 자리 잡고 있다. 현재 조계종단을 비롯한 한국 현대불교의 승가는 결과적으로 일제강점기 불교의 영향과 그 극복이라는 구도에서 자유스러울 수는 없다. 이 구도를 질적, 양적인 면에서 확대 발전시켜 가는 것이 현대불교사의 본질이었다. 특히 조계종단에서는 이 결사에서 추구한 것을 인식, 계승, 재생산하려는 일련의 의식이 보편화되어 있다는 것이다.

지금껏 봉암사결사의 성격과 의의를 정리하여 보았다. 앞선 분석에서 제시되었지만 이 결사는 식민지 불교의 극복을 위한, 즉 근대 불교의 모순을 청산하려는 강렬한 정신과 실천에서 대두되었다. 그러나 그 결사는 미완성의 결사로 남아 있다. 한편 그 정신은 이후 불교정화운동의 추진 및 조계종단 재건과 운용에 있어서 기본적인 준칙으로 인식되었다고 하겠다. 그러나 봉암사결사의 정신과 성격은 추후 다각도로 분석하고, 재고할 측면이 있는 것도 사실이다.[49]

4. 결사의 계승, 유산

봉암사결사가 조계종단 및 한국 현대불교에 끼친 영향은 적지 않다. 그러나 지금의 관점에서 보면 결사의 정신이 계승되고, 확대 재생산되었다고 보기는 어렵다. 이에 여기에서는 결사의 정신, 사상을 현재 시점에서 그에 대한 가늠을 시도해 보고자 한다.

결사가 구현되었던 봉암사는 결사가 종료된 이후에는 6·25전쟁으로 인하여 사찰이 황폐화되어 갔다. 6·25전쟁 직후 입주한 대처승들의 사찰 재산 망실, 왈패로 불린 다혈질적인 과격 수좌들의 무분별한 행위가 있었다. 1960년대 중후반 봉암사에는 거주하는 승려도 없는 황무지의 정황이었다.[50] 그러다가 1970년대 초반부터 서서히 공

---

49) 최근 조성택은 〈권두언, 봉암사결사를 생각한다〉, 《불교평론》 30호(2007년, 봄)에서 봉암사결사에 대하여 필자가 제시한 긍정성(성격, 의의)은 인정하면서도 봉암사결사가 근대불교의 절반의 과제인 불교 대중화를 신경 쓰지 않은 것에 대하여 비판적인 아쉬움을 피력하였다.
50) 〈스님들 오십시오 신도들 호소, 문경 봉암사 스님없어〉, 《대한불교》 1966.6.6.

부하는 수좌들이 모여들면서[51] 사찰로서의 위상을 갖추게 되었다. 1972년부터 1978년까지 조실로 김향곡이 추대되면서[52] 수행 가람의 역할을 하였다.[53] 그러나 이 같은 봉암사 안정의 이면에는 수좌인 송서암의 헌신이 상당하였다.[54]

이런 배경 하에서 1982년 6월 조계종단은 봉암사를 조계종 특별수도원으로 지정하였다. 이는 당시 거세게 불어오던 개발의 바람을 근원에서 차단하고 봉암사 선풍을 회복하려는 의도에서 나온 것이다. 이에 문경군에서도 사찰 경내지를 확정 고시하였다. 이에 봉암사 지역은 특별 수도원으로 일반인, 등산객, 관광객 출입을 막게 되었다. 나만 부처님오신날만 사찰이 개방되면서 수행 도량의 분위기를 유지하였다.

그런데 여기에는 다음과 같은 정황이 있었음을 유의해야 한다. 즉 1982년 1월경, 건설부가 봉암사 지역을 국립공원에 편입시킨다는 계획이 알려지게 되었다. 이에 당시 수좌 대중은 결제중임에도 불구하고 그를 저지하는 운동에 나섰다.[55] 이 운동에는 전국 선원 대표자들도 모임을 갖고 동참하였다.[56] 당시 선원 대표자들이 봉암사를 수

〈위기에 놓인 봉암사, 구산문중 한 禪寺가 주지 잃고 債傀에 쫓겨 3직까지 공석 중〉, 《대한불교》 1966.8.28.
51) 〈어려움 속 복원 추진- 옛 선풍 되찾으려는 봉암사〉, 《대한불교》 1974.4.7. 그런데 1968년부터 고우, 법련 등의 수좌들이 수행하려고 봉암사에 오게 되었다.
52) 1974년에는 일시적으로 이서옹이 조실로 추대되었다고 한다.
53) 이상의 내용은 『선원총람』(조계종, 2000) 467쪽의 「봉암사 태고선원」편 참조.
54) 이청, 『서암스님 회고록, 도가 본시 없는데 내가 무엇을 깨쳤겠나』(둥지, 1995), 99~120쪽.
55) 〈禪家의 마지막 堡壘 위기 직면, 희양산 봉암사 국립공원 편입으로〉, 《불교신문》 1984.2.8.
56) 〈전국선원 대표자 회의 개최, 종립선원이 시급〉, 《불교신문》 1984.3.7.

호하겠다는 강력한 뜻은 종단에 전달되어 1984년 6월 12일 비상 종단 상임 위원회에서는 봉암사를 종립선원으로 지정하였다.[57] 조계종단과 수좌들의 결연한 반대로 희양산 봉암사의 국립공원 계획은 자연 취소케 되었다.

이렇게 봉암사는 조계종단 종립특별선원으로 지정되면서 봉암사가 갖고 있는 선찰로서의 사격은 고양되었다. 그리하여 봉암사가 과거의 전통을 계승하면서 수행에 임할 수 있는 외부적인 조건은 대략 구비되었다고 하겠다. 문제는 봉암사결사를 명실상부하게 계승하고, 나아가서는 현대에 맞는 새로운 결사 정신을 구현하고 있느냐이다. 이는 현재도 진행형의 수행을 봉암사에서 하고 있기에 단언하여 말을 하기에는 난점이 제기된다. 최근 봉암사는 조계종단의 기초 선원의 수행 도량으로도 이용되며, 결제와 산철이 따로 없이 일 년 내내 수행 정진하는 도량으로 그 명성을 이어 가고 있다.

그런데 봉암사결사가 일어난 지 60년을 맞이하는 오늘 이 시점에서 봉암사 특별 수도원에 대한 평가는 자못 조심스러운 것이다. 그는 무엇보다도 봉암사에 대한 60년간의 평가를 할 수 있는 기초 자료의 부실이다. 봉암사 소임자, 선방의 소임자 및 수행자, 봉암사 청규, 봉암사에서 수행한 대상자들의 활동 내용 등 다방면에서 근거 자료를 확보해야 하기 때문이다. 일반적으로 봉암사 가풍은 다음과 같이 지적한다.

개인의 이익이나 문중 개념이 없다. 오로지 대중 스님의 뜻에 따라 절

---

57) 〈봉암사, 종립선원 지정〉, 《불교신문》 1984.6.20. 현재 조계종 종법인 선원법에는 특별선원으로 분류하고 있다.

살림이 운영되는 대중 공의 제도가 완벽하게 실행되는 도량이다. 또한 매월 음력 보름과 그믐날에 포살을 하며 정진에 방해되는 외부통신을 일절 금지하고 있다. 또한 묵언을 원칙으로 하고 산문 출입을 금해 방해되는 행위는 봉암청규로 정해 모든 대중이 한 치의 어김도 없이 이를 따른다.[58]

그러나 이는 기자의 취재에 의한 평가이다. 봉암사 가풍에 대한 냉정한 평가는 시간을 갖고, 충분한 자료에 의거하여, 객관적 시각에서 조명되어야 할 것이다. 2003년 2월, 봉암사 대중이 봉암사 청규를 개정하여 차담을 자제하고, 해제비를 반납하였다는 보도 내용이 있었다.[59] 그런데 이 보도에는 기존 청규가[60] 어떠하였는데, 어떻게 개정되었다는 구체적인 내용의 취재 내용이 부재하였다. 때문에 이를 분석의 자료로 삼기에는 부적절하다. 그리고 최근 조계종 전국 선원 수좌회에서 청규 개정을 하기 위한 사업을 추진하면서 여러 준비 작업을 하고 있다. 그렇다면 이에 대한 봉암사 수좌 대중의 의사는 어떠한지도 알 수 없는 형편이다. 한발 더 나아가서 봉암사는 과거에 종정을 역임한 서암이 장기간 조실로 근무하였으나, 이후에는 일시적으로 법룡을, 그 다음에는 진제를 조실로 추대하였다. 현재에는 조실이 어떤 선지식인지 전해지지 않고 있다. 간화선을 수행 지침으로 하는 봉암사 및 조계종단이 간화선 수행의 생명인 선지식의 문제를 어떻게 극복할 것인가도 자못 궁금한 대목이다.

---

58) 〈종립선원 봉암사를 찾아서〉, 《불교신문》 1997.1.1.
59) 〈종립선원 봉암사 청규 개정〉, 〈봉암사 청규 개정의 의미〉, 《불교신문》 2003.2.18.
60) 조계종이 편찬한 『선원총람』 봉암사 편에도 청규는 소개되어 있지 않다.

그 밖에 봉암사결사에 참여하였던 당사자들이 봉암사결사 정신을 어떻게 이어갔는가에 대한 개별적인 분석도 빼놓을 수 없는 연구과제이다. 필자는 이성철, 이청담을 연구하면서 그에 대한 관점을 갖고 개별 논문을 발표한 바가 있다.[61] 그 밖에 봉암사결사에 참가한 수좌들의 전체 혹은 개별적으로 계승한 문제는 추후 더욱 천착할 문제로 남겨 두고자 한다.

다만 여기에서는 봉암사결사가 비구니계에 일정한 영향을 미쳤다는 것을 문제의식 환기 차원에서 부연하고자 한다. 봉암사 산내 암자인 백련암에 비구니도 수행케 하여 미래의 비구니 지도자를 육성하려고 하였음은 앞서 서술한 바와 같다. 이렇게 비구니들도 봉암사결사 정신으로 수행하였음을 가늠할 수 있다. 그 첫 번째 사례로 인홍의 경우이다. 인홍이 봉암사결사 핵심인 성철을 만난 것은 1949년 겨울이었다. 이때 성철은 봉암사에서 빨치산의 출몰로 수행 환경이 파탄에 이르자 우선 그 자신이 부산 묘관음사로 내려 왔었다. 묘관음사에서 인연을 맺은 인홍은 성철이 안정사로 이주한 이후에도 자주 왕래하면서 가르침을 받게 되었다. 바로 그때 인홍은 마산 성주사에서 40여 비구니 대중을 이끌고 수행을 하였다. 인홍은 성주사 대중을 이끌고 해제 때면 찾아서 법을 구하였는데, 성주사 대중이 수행의 요체로 삼은 것은 봉암사결사 시절의 공주규약이었다. 성주사, 홍제사에서의 비구니 수행이 봉암사에서 행하여졌던 규약대로 대부분 지켜졌음이 이채로운 것이다.[62]

---

61) 졸고, 「이청담과 불교정화운동」, 『한국 현대불교사 연구』, 불교시대사, 2006.
    졸고, 「이성철의 불교개혁론」, 『한국 현대불교사 연구』, 불교시대사, 2006.
62) 최근 발간된 인홍 스님의 일대기인 『길 찾아 길 떠나다』 108~111쪽에는 그 내용이 잘 정리되어 있다. 그 내용은 108참회, 능엄주 독송, 울력 등이다. 또한 『한국

1957년 성주사 대중은 석남사에 이주해서도 성철의 친견을 통한 수행을 하였는데,[63] 이도 은연중 봉암사결사의 계승이라고 볼 수 있다.

이와 같은 비구니계에서의 계승은 봉암사 현장에 있었던 묘엄에게서도 찾을 수 있다. 묘엄은 봉암사에서 수행한 이후 각처의 강백을 찾아다니면서 부처님 가르침을 배워 비구니계의 대강백이 되었다. 그리고 그는 봉녕사에 입주하여 봉녕사 가람을 일대 혁신시키며 승가대학을 세우고, 최근에는 금강율원을 세워 비구니계의 수행가풍을 진작시키고 있다. 다만 그의 수행, 봉녕사 가풍 등이 봉암사결사를 계승한 것으로 볼 수 있지만[64] 아직 그에 관련된 자료 수집 및 정리, 분석 등이 미진하여 여기에서는 문제의 제기로 그치고자 한다. 최근 묘엄은 필자에게 당시 성철은 자신에게 비구니들도 장차 독립해서 살아야 한다고 하면서, 그러기 위해서는 비구니들이 배워야 한다는 점을 강조하였고, 그래서 봉암사 인근 백련암에 비구니들을 머물게 하면서 교육을 시켰다고 하였다.[65]

그러면 지금까지 분석한 제반 내용을 유의하면서, 이제 결사의 계승 및 유산에 대한 필자의 의견을 개진하고자 한다.

비구니 수행담록, 上』(한국비구니연구소, 2007) 501쪽, 「인홍 스님」편에는 성철은 그 규약을 붓을 직접 들어 써주었으며, 한 가지라도 지키지 않을 경우 상대를 가리지 않고 사정없이 몽둥이를 휘둘렀다고 한다.

63) 〈불면석, 비구니계의 큰 대들보이셨던 원허당 인홍 스님을 그리며〉, 《고경》 8(2541년 겨울호),
64) 〈봉암사결사 60주년 기획 3, 봉암사결사 무엇을 남겼나〉, 《불교신문》 2007년 2월 28일의 기사에는 묘엄 스님의 인터뷰 기사가 함께 게재되었다. 그 내용에 의하면 묘엄 스님은 봉암사결사 정신이 많이 사라진 것을 아쉬워하면서 초발심으로 돌아가, 수행의 청정함과 엄격함을 되살렸으면 하는 바람을 피력하였다.
65) 2007년 8월 6일, 봉녕사 대담.

첫째는 결사 계승에 대한 객관화가 절실하다는 것이다. 이는 무엇보다도 결사 장소에서 수행하고 있는 봉암사 종립특별선원에 대한 이해가 매우 부진하다는 것이다. 결사 계승의 본체에 대한 설명 없이 여타의 것만을 취급하는 것은 균형을 잃은 접근이라 하겠다.

둘째는 결사 계승은 21세기를 지향하는 현대불교에 조응하는 새로운 결사체의 등장이 매우 아쉽다는 것이다. 봉암사결사는 당시 불교가 안고 있었던 모순, 문제를 해결하려는 고투였다. 이제 60여 년이 지난 이 시점에서는 제2, 제3의 봉암사결사가 이어져야 할 것이다.

셋째는 이렇게 새로운 결사체의 등장을 갈망하는 현시점에서, 현재 불교계의 모순, 문제를 성찰의 자세로 분석해야 할 필요성을 역설하고자 한다. 봉암사결사는 조계종단 재건의 기틀인 정화운동으로 이어졌다. 그런데 현재 조계종단은 정화운동, 불교 개혁을 거치면서 새로운 역사적 과제를 떠안고 있다. 그렇지만 비판의 자세에서 보면 현재 종단 구성원을 비롯한 대다수 불자는 불교계의 문제를 냉정하게 객관화할 수 있는 자세가 절대 필요함을 역설하고자 한다.

5. 결어

맺는말은 추후에 봉암사 연구의 심화, 재인식을 기함에 있어 필자가 고려하고 있는 측면을 제시하는 것으로 대신하고자 한다.

첫째, 봉암사결사의 성격, 위상 등을 이제는 근현대 불교사의 차원에서 벗어나 한국 불교사 혹은 동아시아 불교사의 관점으로 확대시켜야 한다. 한국 불교사, 동아시아 불교사에서 나타난 여타 결사와의 비교 고찰이 바로 그 실례이다. 그리고 수좌들의 결사 이후의 행보, 현실 인식, 수행을 함께 고찰해야 한다. 한국 근현대불교에서 봉암사결사에 참여하지 않은 오대산, 덕숭산 계열의 수좌들은 이 결사를 어떻게 인식하였으며, 그 수좌들에게 미친 영향은 어떠하였는지도 궁금한 대목이다. 나아가서 당시 교단에서 설립, 운용하였던 해인사의 가야총림과의 비교도 흥미로운 것이다. 그리고 교단의 주류인 대처승들이 결사를 어떻게 인식하였는가도 필히 분석되어야 할 것이다.

셋째, 근대 불교의 이원적인 노선 즉, 전통 불교 수호 노선과 불교 대중화 및 불교 사회화 노선의 구도에서의 재평가도 간과할 수 없는 문제이다. 봉암사결사는 전통 불교 수호의 측면에서는 긍정성을 갖게 되겠지만, 그 반대의 측면인 불교 사회화와 불교 대중화의 노선에서는 어떤 관점, 모순, 인식이 대두될 것인가.

넷째, 결사의 계승, 유산과 관련하여 다양한 관점에서 검토할 측면이 있다. 결사의 영향은 무엇이며, 결사가 계승되지 않았다면 어떠한 연유를 갖고 설명할 것인가이다.

지금까지 봉암사결사의 연구 활성화를 위한 필자의 의견을 개진하였다. 추후에는 불교학, 사회학, 종교학 등의 분야에서도 봉암사결사에 대한 다양한 접근이 이루어지길 기대한다.

봉암사결사의 의례적 차원 : 특징과 의의

송현주 | 순천향대 교수

1. 서론

2. 의례의 의미와 기능

3. 봉암사결사에서 의례의 개혁 및 정비

4. 봉암사결사의 종교 의례적 성격과 의미

5. 봉암사결사의 특징과 의의 : 의례의 힘

1. 서론

이 글은 봉암사결사가 해방 후 약 3년에 걸친 짧은 기간(1947~1950)의 수행 공동체로서 존재했음에도 불구하고 현대 한국불교의 정체성을 형성하는 데 지대한 영향을 미칠 수 있었던 이유를 종교 의례의 차원에서 규명하는 것을 목적으로 한다. 봉암사결사는 소수의 승려를 중심으로 한 소규모 종교운동(religious movement)의 성격을 지닌 것이었다. 그런데 그것은 불교 이외의 종교나 새로운 종파로의 분파를 목표로 했던 것이 아니라 순수하게 불교 내적 갱신을 지향하는 운동이었다. 그 결과는 가히 성공적이었다고 할 수 있을 만큼 봉암사결사는 현대 한국불교의 틀을 잡는 데 중요한 공헌을 하였다. 이 글은 봉암사결사의 성공요인이 일정 부분 종교 의례의 차원에서 설명될 수 있다고 보며, 봉암사결사의 의례적 차원의 특징과 그 의의를 찾아보고자 한다.

봉암사결사는 한국 현대불교사에서 승가의 생활양식 및 의례의 정비 면에서 독특한 위치를 차지한다. 부처님 당시의 법대로 한다는 목표 아래 법당을 정리하여 부처와 부처의 제자들을 제외한 나머지 숭배 대상들 즉 칠성단, 산신각, 법당 안의 칠성 탱화, 산신 탱화, 신장 탱화 등을 모두 철폐하였다. 또 천도재 등 불공에서도 개혁을 시도하여 전통적으로 신도들을 위해 승려가 목탁을 치고 축원을 해주던 관행을 금지하였다. 대신 『금강경』과 반야심경 독송으로 신도의 불공을 도와주는 것으로 승려의 역할이 축소·정비되었다. 승가의 생활양식에서도 다양한 변화가 시도되었다. 의제(衣制)를 정비하여 기존의 비단 가사, 장삼을 괴색 가사와 보조 장삼으로 바꾸었다. 목발우는 철발우나 흙발우로 바꾸었다. 승려와 신도의 관계도 역전시켜 봉암사에 보살계를 받으러 온 신도들은 누구나 승려에게 삼배를 하는 예경의 관행을 정착시켰다. 당시 봉암사결사에서 구상된 18개 항목의 「공주규약(共住規約)」은 봉암사결사에서 행해진 다양한 일상의 행위 예법 및 규칙들을 보여준다.

이와 같은 봉암사결사의 의례 및 의식, 생활양식의 변화에 대해서는 그 내용이 대략 알려져 왔다.[1] 그러나 그것이 가진 의미와 특징, 의의는 충분히 조명되지 못했다고 생각된다. 봉암사 의례의 혁신 내용에는 단지 불교적 의미의 규명만으로 다 설명되지 못하는 부분이 있기 때문이다. 따라서 본 논문은 크게 두 부분으로 구성되었다. 먼저 봉암사결사에서 행해진 의례의 개혁 및 정비의 구체적 내용과 의의를 불교의 맥락 속에서 고찰해 볼 것이다. 그 다음 종교학과 인류학에서의 의례 이론, 특히 미르세아 엘리아데(M. Eliade)와 빅터 터너(Victor W. Turner)의 이론을 통해 봉암사결사의 의례적 특징과 의

---

1) 대부분 성철, 청담, 자운 등 봉암사결사에 참여했던 고승들의 행장 등을 통해 알려져 있으며, 또 몇 편의 논문에서 봉암사결사의 의례 부분이 언급되고 있다. 이에 대해 김광식, 「봉암사결사의 전개와 성격」, 『청담대종사와 현대 한국불교의 전개』, 2002, 288~289쪽. 이 글은 김광식, 『한국현대불교사연구』, 불교시대사, 2006년에 재수록 되었다. 김경집, 〈퇴옹 성철의 개혁사상 연구〉, 《불교학연구》 제11호 (2005.8), 244~246쪽; 김종인, 「1960년대 한국불교와 성철의 활동: 봉암사결사와 해인총림」, 『1960년대 전후 상황과 성철 스님의 역할』, 성철 스님 열반 13주기 추모 학술회의 발표 자료집, 2006, 104~137쪽 참조할 것.

의를 종교 일반의 관점에서 찾아보고자 한다. 이와 같이 불교적 관점과 종교 일반의 관점이라는 이중적 작업을 통해 이 결사의 의례적 특징과 의의가 보다 풍부하게 밝혀지기를 기대한다.

결과적으로 봉암사결사의 의례 개혁 및 정비는 현행 한국불교 의례의 정립 과정에 중요한 영향을 미쳤음을 알 수 있다. 또한 봉암사결사의 「공주규약」은 이 결사가 따라야 할 행위의 모델이자 부처님 법 시대를 상징하는 신화(Myth)적 대체물이었으며, 제반 의례 및 행위 양식은 이 신화를 실현함과 동시에 부처님 당시의 법과 공동체의 세계로 인도하는 일련의 의례 과정(ritual process)이었다고 할 수 있다. 이러한 신화적 기제와 의례를 통해 봉암사결사는 불교의 세속화에 저항하며 수행 공동체의 성화(聖化)를 이루는 데 성공했다고 할 수 있다. 이런 의미에서 해방 후 전개된 한국 불교사 내지 종교사에서 봉암사결사는 매우 중요한 위상과 의의를 지닌 역사적 사건이었다.

2. 의례의 의미와 기능

종교를 이루는 한 부분으로서 의례(儀禮, ritual)[2]는 매우 중요한

---

[2] 일반적으로 儀禮는 영어 ritual의 역어이며, rite는 흔히 祭儀로, worship은 흔히 禮拜로 번역되며, ceremony는 儀式, cult는 崇拜, 祭禮로 사용된다. 그러나 동양의 전통에서 이들을 굳이 구별하여 사용하기는 어색하다. 이 글에서는 이들 가운데 가장 일반적으로 통용되며 폭넓은 개념으로서 '의례'로 용어를 통일하였으나, 그것은 종종 다른 연구자들에 의해 '제의'라고도 번역되는 말이다. 그리고 의례와 의식,

의미를 지닌다. 대부분의 종교는 종교 경험의 표현으로서 이론적 표현(theoretical expression), 실천적 표현(practical expression), 사회적 표현(sociological expression)이라는 세 가지 표현 양태를 지니고 있다.[3] 바흐(Wach)에 의하면 이 가운데 실천적 표현의 대표적 형태인 의례는 공동체의 구성원이 느끼는 종교적 체험을 표현하는 상징적 행위로써, 다른 어떤 수단들로도 표현할 수 없는 고유한 경험의 영역을 구성하고 있다.[4] 그것은 종교의 내용에 깊은 의미와 활력을 주며, 종교가 목적하는 바를 완성하는 가장 중요한 행위이다.[5] 그리고 그것은 종교적 경험의 외형적 표현에 그치는 것이 아니라 신앙을 창조하고 또 주기적으로 재창조하는 수단이다.[6]

그러나 이렇듯 종교에서 의례가 중요한 경험의 영역이라고 강조하더라도 그것이 어떤 것이라고 한마디로 정의하기는 쉽지 않다. 일반적으로 통용되고 있는 종교 의례 성립의 두 조건은 '반복성(反復性, repetition)'과 '정형성(定型性, pattern)'이다. 만일 어떤 행위가 주기적으로 반복되고 또 그 반복이 정형화된 형태로 실행된다면 그것은 일단 가장 기본적인 의례의 성립 요건을 만족시킨다고 할 수 있을 것이다.

제의가 특별히 구별되어 사용되지는 않을 것이다.
[3] J. Wach, 『*Types of Religious Experience*』(Univ. of Chicago Press, 1972), 30~47쪽. 이론적 표현이란 신화나 상징으로부터 체계화된 교리에 이르는 지적 표현을, 실천적 표현이란 종교 경험이 행동으로 표현될 때 생겨나는 예배, 의례, 기도, 봉사 등을, 사회적 표현이란 종교 경험을 공유하고 소통하고자 하는 인간의 보편적 욕구에 의해 공동체가 형성되어 나타남을 말한다.
[4] 위의 책, 41쪽.
[5] W. R. Comstock, 『종교학』, 윤원철 역, 전망사, 1986, 62~63쪽.
[6] E. Durkheim, 『*The Elementary Forms of the Religious Life*』(New York: Free Press, 1965), 463~464쪽.

그런데 의례 학자 필그림(Pilgrim)은 여기서 한 발 더 나아가 일반적인 '의례(ritual)'와 '종교 의례(religious ritual)'를 구별하고 종교 의례에 특별한 의미를 부여하고 있다. 그에 의하면 일반적 의례란 어떤 고정된 형식(pattern)을 가지고 반복(repeat)되는 행위를 일컫는다. 이런 의미에서 보면 반드시 종교적 범주에 들지는 않는 것들, 즉 사회적, 문화적 행사(event)나 음악회, 빈번한 모임(party) 등도 의례의 범주에 들 수 있게 된다. 따라서 우리가 종교적 의례라고 부를 수 있으려면 그것이 그 해당 종교인에게 궁극적인 의미에서 가치, 의미, 신성성, 중요성 등을 지니고 있어야 한다고 말한다. 즉 종교 의례란 우주의 본질적 구조(essential structures of the universe)와 존재의 모범적 양태(paradigmatic modes of being)에 관계된 것이어야 한다는 것이다. 종교 의례란 참된 실재(實在), 참으로 성스러운 것과 관계되어 반복되는 행위라는 것이다.[7]

필그림의 정의에 따르면 "(종교)의례란 보통 반복되는 어떤 특정한 모범적 말과 몸짓(paradigmatic word and gesture)으로 이루어진 복합적 언어(complex language)이다"[8] 특정하고도 반복되는 행위라는 의미에서 의례는 다른 종류의 활동들과 구별된다. 또 일종의 상징체계로서 복합적, 다의적 의미를 지닌다는 면에서 '복합적 언어'이다. '모범적'이란 말은 의례의 핵심적 종교적 의도를 드러내는 것으로서, 의례의 목적이 우리 행위의 규범, 원형, 또는 모범(paradigm, 전형)을 반영하며 수립한다는 것을 의미한다. 즉 의례의 의도는 우리의 삶을

---

7) Richard B. Pilgrim, "Ritual", T. William Hall, general edt., 『Introduction to the study of Religion』(Harper & Row, Publishers, 1978) 65쪽 참조.
8) 위의 글, 70쪽.

성화하며 성스럽게 하는 것이다. 바로 그 점에 의례가 힘과 효력, 창조성을 지닌 행위, 참된 것, 의미 있는 것, 필수적인 것이 되는 이유가 있다.[9]

따라서 종교 의례[10]의 특징은 다음과 같이 말할 수 있다. 첫째, 의례는 일정한 형식 혹은 유형을 가진 행위이다. 의례는 개인이 아무렇게나 즉흥적으로 할 수 있는 행동이 아니다. 의례에는 자기가 따라야 할 신성한 모델, 역사적으로 권위가 인정된 행동 양식이 주어져 있다. 이 모델에 부합된 행동을 해야만 바른 의례 행위이고, 따라서 의미 있는 행위이며 의례의 힘과 효과가 보장된다.

둘째, 의례는 반복되는 것이다. 의례는 계속 반복하여 행함으로써 퇴락해가는 성스러움을 갱신하려는 노력이다. 역사가 진행될수록 일상의 시간은 종교의 원형에 대한 기억을 소멸시키며, 최초의 종교적 감동, 성스러운 힘을 퇴색시킨다. 의례가 반복되어야 한다는 것은 이 성스러운 힘의 회복이 단 일회성으로 끝나는 것이 아니라 지속되어야 함을 보여준다.

셋째, 의례는 '몸'을 통한 정신의 표현과 구현이다. 의례에서는 몸이 중요하다. 우리는 흔히 종교를 인간 내면의 정신, 사상의 문제로 생각하지만 종교에는 몸으로 나타내는 많은 외적 형태가 있다. 전형적인 종교 의례는 몸짓(gesture)을 필요로 하며, 그 행위를 통해

---

9) 물론 필그림은 이렇게 의례를 이해하는 것은 이상적 조건에 근거한 일반화임을 강조하고 있다. 즉 의례가 참으로 종교적으로 행해진다는 조건 하에서임을 강조하고 있다. 그리고 그것은 의례에 참여하는 종교인에게 미치는 기능, 즉 그들에게 미친 종교적 의미를 말한 것이다. 위의 글, 70쪽.
10) 이하의 글에서는 특별한 예외가 아니라면 '종교 의례'를 줄여서 '의례'라는 말로 표현할 것이다.

종교적 감정을 표현하고 또 강화시킨다. 그것은 경우에 따라 보이지 않는 실재를 하나의 영역에서 다른 영역으로 전이시키기도 하는 강력한 몸짓이다.[11] 유명한 성당이나 사원 등을 방문해보면 종교인들은 모두 일정한 정형화된 행위를 수행하고 있음을 볼 수 있다. 그것은 일종의 퍼포먼스(performance)이다. 의례는 기도, 절, 식사, 암송, 몸을 씻는 행위, 땅에 엎드리기, 손뼉치기 등을 모두 포괄하는 용어로서, 이러한 일련의 행위 과정으로 이루어진 종교적 표현 양식을 말한다.[12]

본 논문에서는 이상과 같은 의례의 정의와 특징을 참고하면서, 종교 의례의 의미를 종교 현상학적 의미에서 가치 평가 없이[13] 객관적으로 관찰 가능한 특징을 따라 폭넓게 사용하기로 한다. 마찬가지로 이 글에서 다루는 불교 의례의 범주와 내용[14]도 이와 같은 정의에 의해 보다 포괄적이고도 유연하게 다루기로 한다.[15]

---

11) 예를 들어 가톨릭 교회의 미사에서 빵과 포도주는 그리스도의 몸과 피가 된다. N. Smart, 『현대종교학』, 강돈구 역, 청년사, 1986, 172~173쪽.
12) Richard B. Pilgrim, 앞의 글, 33~34쪽.
13) 가치 평가(value judgement)란 흔히 종교심리학이나 종교사회학에서 종교에 대한 어떤 암묵적 전제를 하고 접근하는 경우를 일컫는다. 종교현상학자들은 이들을 종교환원론자들이라고 비판한다. 즉 종교를 종교 아닌 다른 것, 즉 심리적 현상이나 사회적 현상으로 설명해 버린다는 것이다.
14) 대한불교조계종 포교원에서 펴낸 1998년도 刊 『통일법요집』에서는 불교 의식을 그 내용과 형식에 따라 다음의 다섯 개 분야로 나누고 있다. 「(1) 일반법회의식분야 (2) 불전의식분야 ① 일용의식 ② 상용의식 ③ 제반의식 (3) 전문의식분야 (4) 명절의례분야 (5) 평생의례분야」, 대한불교조계종 포교원, 『통일법요집』, 조계종출판사, 1998, 13~16쪽.
15) '의례적 차원'이라는 용어에 대해서도 설명이 필요할 것 같다. 이 말은 니니안 스마트가 종교를 구조적으로 파악하기 위해서 고안해낸 것으로, 종교를 여섯 차원 혹은 일곱 개의 차원으로 나누어 구분하는 것이다. 예컨대 교리적 차원, 신화적 차원, 윤리적 차원, 의례적 차원, 경험적 차원, 사회적 차원으로 보는 것이다.

3. 봉암사결사에서 의례의 개혁 및 정비

1947년, 성철(性徹)과 청담(靑潭), 자운(慈雲), 월산(月山) 등은 경북 문경 봉암사에서 결사를 맺고 선법의 중흥을 모색하였다. 이 봉암사결사는 일본불교인 대처불교(帶妻佛敎)를 밀어내고 한국불교를 재흥시키는 초석이 된 것으로 평가된다. 그 이유는 이 결사의 중심 표어가 '부처님의 법대로 살자'였으며, 그 중의 첫째가 비구승(比丘僧)으로 살자는 것이었기 때문이다.[16] 그리고 이 '부처님의 법대로 살자'는 표어 속에는 부처의 법이 아닌 일체의 잘못은 고치겠다는 뜻도 담겨있었다.[17] 바로 이런 의미에서 봉암사결사는 광복 직후 한국불교사에 중요한 의미가 있다.

봉암사결사는 1947~50년에 걸쳐 일어났으며, 그때는 일제의 식민통치에서 벗어나 한국이 자주 독립국가를 수립할 수 있는 계기를 맞았던 8·15 광복 공간이었다. 광복 공간에서의 불교계는 일제강점기 불교의 잔재를 청산하면서 불교 및 교단의 개혁을 추진할 역사적 과제에 직면하였다. 봉암사결사에 참여했던 승려들은 중앙차원의 불교 혁신 활동과 직접적 관련 없이 자율적인 불교 혁신을 추구하였다. 따라서 봉암사결사는 그 결사의 지향, 결사의 성격과 의의라는 측면에서 독특한 성격을 갖고 있었다. 중앙에서의 개혁은 교단 및 제도의 개혁, 불교 대중화 추구, 해방 공간의 정치·사회 현실과 매개된 성

N. Smart, 앞의 책, 14~17쪽 참조. 스마트는 이후에 물질적 차원을 추가함으로써 종교의 일곱 가지 차원이라는 모델을 제시하였다.
16) 圓澤, 「성철 스님의 행장」, 『白蓮佛敎論集』 4, 白蓮佛敎文化財團, 1994, 19쪽 참조.
17) 문일석, 『성철 스님 세상살이』, 도서출판 신라원, 1994, 130쪽 참조.

향에서 배태된 것이었다. 그러나 봉암사결사는 근본 불교의 지향, 계율 수호, 수좌 중심의 운영, 선 위주의 수행 등이 두드러진 수행 중심의 움직임이었다.[18]

봉암사결사의 한국 현대불교사에서의 위상 및 역사적 의의는 다음과 같이 몇 가지로 정리된다. 첫째, 결사의 배경과 성격이 일제강점기 불교 잔재의 극복이다. 불조교법의 파탄, 승풍의 타락, 승려의 위신이 추락되었던 일제강점기 불교를 청산하고 한국 전통 불교의 복원을 추구하였다.

둘째, 결사의 규칙, 정신, 지향에서 근본 불교적인 불교 개혁운동을 지향하였다. 식민지 불교의 극복에 대한 다양한 노선이 제기되었으나, 이 결사에서는 근본 불교적 방향이 분명하게 드러났다. 불조의 교법을 준수하고, 계율을 준수한다는 것을 기치로 내걸었다. 그리고 그것은 현대 불교 개혁운동의 발판의 의의를 갖게 되었다.

셋째, 결사의 정신은 불교정화운동의 이념적 모태가 되었다. 1954년부터 본격화된 불교정화운동 추진의 정신적 기반이 되었다. 이 결사에 동참한 수좌들 대부분이 정화운동을 주도하거나 합류하였다. 정화운동의 이념을 제공한 봉암사결사는 자연 조계종단 내부에서는 중요한 역사성을 지닌다.

넷째, 결사에서 실행되었던 의식, 의례, 규칙 등은 이후 조계종단에서 관행화되었다. 장삼, 가사, 반야심경 독송, 승려에게 삼배 등의 보편화는 그 실례이다. 이는 조계종단 재건의 기초가 되었다.

다섯째, 결사의 규약, 이념, 실천 등은 조계종단 승가의 정신사에

---

18) 김광식, 앞의 글, 288~289쪽. 봉암사결사의 배경과 개요, 결사의 성격과 의의에 대한 자세한 내용은 이 글을 참고하면 될 것이다.

있어서 하나의 '신화'로 자리 잡고 있다. 조계종단에서는 이 결사에서 추구한 것을 인식, 계승, 재생산하려는 일련의 의식이 보편화되어 있다.[19]

한국불교 의례사에서 봉암사결사가 중요한 것은 이와 같이 봉암사결사에서 실행한 의식과 의례, 규칙이 이후 조계종단에서 관행으로 정착되었기 때문이다. 예컨대 이 결사의 기간 동안 성철과 청담의 주도 하에 신중단 예경의식(神衆壇 禮敬儀式)이 반야심경(般若心經) 독송의례(讀誦儀禮)로 바뀌게 된 사실은 현대 불교 의례의 성립사에서 매우 중요한 부분이다.[20] 그리고 보조 장삼의 착용, 괴색 가사, 승려에게 삼배의 관행 등 역시 봉암사결사의 유산이다.

이와 관련하여 광복 후 한국불교의 중앙 교단이 외부의 힘에 의해 개혁과 정화를 하는 동안, 성철과 청담 등을 중심으로 한 봉암사결사는 수행자 자신의 내부의 힘에 의한 개혁과 정화를 우선시했다는 점에 주목할 필요가 있다. 특히 성철은 한국불교의 내적 정화의 하나로서 한국불교 전래의 의식 개혁이 중요하다는 점을 분명히 의식했던 것으로 보인다. 봉암사 시절 성철이 한국불교의 전통적 의례, 의식에 대해 비판적이었음을 알려주는 일화들이 많다. 예컨대 그는 칠성, 산신, 신중에 대한 예경 의식을 비판하고 폐지했으며,[21] 전래의 제사, 불공 의식에 대해 매우 비판적이었다.[22] 신중단 예경 의식

---

19) 위의 글, 318~319쪽.
20) 월운(月雲)의 증언. 1998. 10. 27, 봉선사에서. 이에 대해서는 필자의 학위논문, 『현대 한국불교 예불의 성격에 관한 연구』, 서울대학교 대학원(종교학 전공), 1999, 134~136쪽에서 다루었다.
21) 문일석, 앞의 책, 129쪽.
22) 위의 책, 102쪽, 131쪽 참조; 이에 대해 필자의 학위논문,『현대 한국불교 예불의 성격에 관한 연구』, 앞의 책, 130쪽 참조.

이 반야심경 독송으로 바뀌게 된 것도 바로 이런 맥락에서 이해할 수 있다. 현대 한국불교 예불의 한 특징인 반야심경 독송의례가 이런 의식 개혁의 차원에서 시작되었던 것이다.

봉암사에서 행했던 중요한 의례의 정비 및 개혁, 실행된 내용 등은 단편적이긴 해도 여러 논문과 글을 통해 대략 알려져 있다. 따라서 이 글에서는 이미 잘 알려진 내용의 소개는 간략히 하면서 지금까지 잘 알려지지 않은 부분, 혹은 잘못 알려져 있는 부분들을 중심으로 그 중요 내용을 정리해보기로 하겠다.

첫째, 법당에 있는 신앙의 대상들을 정리하였다. 초기 봉암사에서 수행한 십여 명의 승려는 부처님 당시의 법대로 하자는 기치 하에 가장 먼저 법당 정리를 하였다. 그것은 칠성각, 산신각 등 불교 이외의 민속 신앙적 요소인 여러 신앙 대상을 정리하는 것이었다. 이른바 '부처님과 부처님의 제자들만 두고 여타의 잡신은 전부 정리한다'고 하였다. 이 같은 취지에서 칠성 탱화, 산신 탱화, 신장 탱화를 제거하였다.[23)]

둘째, 불공을 정비하였다. 이는 일반 불공의 거부와 영혼 천도재 거부로 귀결되었다. 그 취지는 불공은 신도 자신이 성심성의껏 하는 것이지 승려가 축원을 대신해줄 수 없다는 것이었다. 영혼 천도를 위한 승려의 역할은 『금강경』과 반야심경을 읽어주는 것으로 한정되

---

23) 묘엄의 증언에 의하면 성철의 주관 하에 목발우, 칠성 탱화, 산신 탱화를 수거하여 봉암사 마당에 모아놓고 불을 질러버렸다고 한다. 묘엄의 증언, 『종단사 연구 인터뷰 녹취록』, 대한불교조계종교육원 불학연구소, 2007. 8. 6, 수원 봉녕사에서, 130쪽(이하 묘엄 스님의 증언은 '묘엄'으로 약칭); 또 성철의 회고를 통해서도 이 사실을 알 수 있다. 〈성철스님 법문을 통해서 본 1947년 봉암사결사〉, 《수다라》 10집, 1995, 115~116쪽(이하 「1947년 봉암사결사」로 약칭).

었다.[24] 범패나 춤 등도 신도를 끌어 모으는 수단에 불과하다고 하여 금지하였으며,[25] 시주자에게 감사의 인사도 하지 말라는 엄명이 내려졌다.[26] 물론 사월초파일, 성도일, 관음재일, 일요법회 등 재가 신도들을 위한 기념 법회도 열리지 않았다. 그것은 당시 신도가 없었기에 당연한 것이기도 했으나, 다른 한편으로는 봉암사 승려들이 그 모든 법회와 행사들이 결국 신도를 끌어 모으기 위한 방편에 불과하다고 보았기 때문이었다.[27]

셋째, 능엄주(楞嚴呪), 반야심경,『금강경』,「이산혜연(怡山慧然) 선사 발원문」이 염송되었지만,『천수경(千手經)』염송은 제외되었다. 봉암사에서는「이산혜연 선사 발원문」이 예불 때 염송되었다.[28] 능엄주는 대승사에서부터 외우기 시작한 것으로,[29] 봉암사에서는 그것을 외지 않고는 지낼 수 없을 정도로 능엄주 암송을 강조하는 특유의 가풍이 있었다.[30] 봉암사에서는 새벽예불 때 꼭 능엄주를 이어서 암송했다.[31] 그것은 성철이 중국총림을 모방하여 108참회와 능엄신

---

24) 천도재에서 처음에는『금강경』이나『심경』을 읽어주었는데, 재가 너무 많이 들어오자『금강경』은 너무 시간이 걸려서 반야심경으로 바꾸었다고 한다. 그것도 처음에는『심경』 칠편, 나중에는 삼편씩 해주었다.「1947년 봉암사결사」, 123쪽.
25) 묘엄, 142쪽.
26) 이런 입장을 내세운 사람이 성철이며, 그것을 욕을 먹어가며 실천한 사람이 청담이라고 한다.〈불면석-일타스님을 찾아서〉,《고경》제4호(1996년 겨울호), 26쪽.
27) 묘엄, 145쪽; 혜명의 증언,『종단사 연구 인터뷰 녹취록』, 대한불교조계종교육원 불학연구소, 2007. 7.11, 도선사에서, 117~118쪽(이하 혜명의 증언은 '혜명'으로 약칭).
28) 묘엄 스님 구술, 윤청광 엮음,『회색 고무신』, 시공사, 2002, 205쪽(이하『회색고무신』으로 표기).
29) 묘엄, 138쪽.
30) 〈불면석-혜암 스님을 찾아서〉,《고경(古鏡)》제2호(1996년 여름호), 19쪽.
31) 혜명, 99쪽.

주를 외우라고 한데서 기인한 것이다. 성철은 중국총림의 일과를 그대로 따라 하는 것을 표방하였고, 한국불교에 널리 퍼진 관음신앙은 기복적이며 의타적 신앙으로서 수행에 맞지 않다고 비판했다. 그는 관세음보살의 구원의 불교보다 보현행원의 실천의 불교가 옳다고 강조하였다.[32]

관음신앙에 대한 부정적 인식 때문인지, 관음신앙의 성격을 지닌 천수경이 봉암사에서는 염송되지 않았다는 점이 주목된다.[33] 예컨대 봉암사로 오기 이전 대승사 윤필암에서 출가한 묘엄은 윤필암에서 처음에 '입측오주'를 외웠으며, 다음에는 『천수경』을 외웠다. 염불연습이 익숙해지자 이번에는 삼성각에 가서 산신, 칠성, 독성에게 불공 올리는 연습을 했다.[34] 그러나 성철이 묘엄에게 그 공덕이 무한하다고 가르치며 반드시 외우게 한 것은 능엄주였다.[35] 이렇게 볼 때 대승사 윤필암에서의 생활과 봉암사에서의 생활 규범은 상당히 달라졌음을 알 수 있다. 따라서 봉암사에서 왜 『천수경』 염송이 제외되었는지에 대해 조금 더 천착해보는 것도 이후의 과제로 보인다.

넷째, 봉암사결사는 기존 예불의 형식과 내용을 정비하여 오늘날 예불의 모형을 세우는 데 큰 영향을 미쳤다. 신중단 예불의 경우, 기존에 전통적으로 행해오던 중단(中壇, 神衆壇)예불이 폐지되고 그것이 반야심경 독송의례로 바뀌게 되는 계기가 봉암사결사에서 시작

---

32) 천제의 증언, 『종단사 연구 인터뷰 녹취록』, 대한불교조계종교육원 불학연구소, 2007, 5.8. 부산 해월정사에서, 15~16쪽.
33) 혜명, 106쪽.
34) 『회색 고무신』 81~85쪽.
35) 성철은 능엄주가 여래의 정수리라고 하는 주문으로, 이 주문을 외우면 그 공덕이 한량없다고 하였다. 또한 매일 하루에 백여덟 번씩 '능엄주'를 외워 백팔 능엄 기도를 올리면 만사형통이라고 가르쳤다. 『회색 고무신』 141~145쪽.

되었다. 당시 성철과 청담은 신중단 예경 의례를 폐지할 것을 주장하고, 그것을 반야심경의 독송으로 대신할 것을 주장하였다.[36] 현대 많은 사찰의 대웅전에서 행해지는 중단예불의 변화는 바로 여기에서 시작되었던 것으로 보인다.

그렇다면 중단예불의 변화는 왜 일어난 것일까? 그 원인을 밝혀주는 자료는 월운(月雲)의 증언과 다수의 고승 평전들에서 찾을 수 있다. 성철의 생전 일화를 전해주는 한 책에 따르면 성철이 문경 봉암사에 있을 때 자운의 법문에 크게 감동하여 그 설법을 실천했다고 한다. 이에 의하면 자운은 "출가한 사람은 국왕, 부모에게 절하지 않는 법이며, 귀신을 공경하지 않는 법이다. 출가한 사람은 일체 사람의 공경을 받아야 할 존재이다"라고 하였다.[37] 성철과 청담이 신중단에 대한 예경을 반대하고, 오히려 신중에게 반야심경의 법문을 들려주기로 한 것은 바로 이러한 정신에 기초한 것이 아닐까 생각된다.

그것을 증명하는 예화가 또 있다. 신중단 예불을 폐하고 반야심경 독송으로 대체하자 많은 승려가 그 급격한 변화에 적응하기 힘들었다고 한다. 그래서 다음과 같은 논쟁이 오갔다고 한다.

우리가 신장만큼 오신통이 있는 것도 아니고…아무 실력도 없으면서 어찌 절을 안 할 수 있느냐고들 했지요. 그러니까 청담 스님이 노스님께 들은 얘기인즉 아무리 왕자가 나이가 어리더라도 장차 왕이 되어서 만조백관의 절을 받기에 신하에게 절하는 법이 없고, 사자 새끼가 어리

---

36) 월운의 증언, 1998. 10.27, 봉선사에서. 이에 대해 필자의 학위논문, 앞의 책, 134~136쪽 참고.
37) 문일석, 앞의 책, 138쪽 참고.

더라도 세 살만 지나면 그 포효 소리에 백 가지 짐승의 머리가 깨지기에, 눈도 못 뜨는 어린 사자 새끼라도 뭇짐승들에 허리를 굽히는 일이 없다는 이야기로 스님들을 설득해서 신장단에 절하지 않는 규율을 세우고…³⁸⁾

또 과거에는 신중단에 사판승 의식에 따라 「정법계진언」을 하기도 했는데 성철이 "반야심경만 하지 딴 거는 할 필요 없다", 또 "그것은 재를 받아먹기 위해 만들어진 것이니 하지 않아도 되고, 마음을 깨치는 거니까 반야심경 한 번만 하자"고 주장하여 오직 반야심경 독송만으로 중단예불을 마치게 했다고도 한다.³⁹⁾

이렇듯 봉암사결사에서 반야심경 독송으로 신중단 예불을 대체하기 시작한 것은 분명한 사실이다. 그리고 그 취지는 승려가 신중에게 절을 해서는 안 되며 오히려 그들을 깨우치는 스승이라는 자각의 선양에 있었다. 당시 중단에 대한 반야심경 독송의례는 다음과 같이 행해졌다.

큰 방에서 칠정례하고 신장단이 바깥 마루에 있었는데, 거기 나가서 부전 혼자서 반야심경을 목탁을 치고 한 번만 하고 들어와서 큰 방에서 다 같이 절을 하고 헤어졌다.⁴⁰⁾

상단예불의 경우, 지금까지 알려져 왔던 것과는 다른 증언들이

---

38) 「불면석-일타스님을 찾아서」, 앞의 글, 27~28쪽.
39) 묘엄, 127쪽.
40) 묘엄, 138쪽.

입수되어 우리의 주의를 요한다. 그것은 두 가지 면에서 그러하다. 첫째, 일각의 오해와는 달리 성철을 중심으로 한 봉암사결사는 불보살에게 행하는 상단예불을 경시하지 않았다. 오히려 매우 강조하였다. 다음의 증언들을 보자.

> 봉암사 대중은 누구나 예불에 빠지면 안 되었고, 누구나 참선 수행을 하지 않으면 안 되었으며, 병자가 아니면 누구나 반드시 울력에 나서야 했다.[41]

> 20명, 30명 대중이 아침 점심 저녁에 예불할 때는 다 동참하였다. 봉암사에서는 전부 가사 장삼 입고 법당에서 다 서서 다 동참했다.[42]

불공 및 산신신앙 등에 대해서는 비판적이었던 성철이지만 부처에 대한 절은 신앙의식으로 간주하였고, 이후 해인사에서 생활할 때도 하루도 빠짐없이 새벽예불과 108배를 꼭 지켰다.[43] 또 봉암사에서 나온 후이긴 하지만, 그를 찾아온 많은 학생과 신도들에게 매일의 예불, 그것도 새벽예불, 사시예불, 저녁예불을 빠지지 말고 할 것을 당부했다.[44] 이런 사실을 종합해볼 때, 성철은 상단예불에 대해 비판

---

41) 『회색고무신』, 197쪽.
42) 혜명, 105쪽.
43) 성철, 『자기를 바로 봅시다』, 장경각, 2007, 268쪽.
44) 성철은 서울법대 출신 및 재학생 불자들이 주축을 이루고 있는 '룸비니' 대학생들을 친견할 때면 늘 물질적, 정신적, 육체적으로 남을 도울 것과 매일 예불할 것, 화두를 탐구할 것 등을 당부했다고 한다. 성철, 앞의 책, 270쪽; 또 다음과 같은 증언이 있다. "1969년. 나는 스님에게 두 가지 명을 받은 것이다. 그 하나는 스님과 똑같이 생활할 것, 다시 말하면 새벽예불, 사시예불, 저녁예불을 빠지지 말 것.

적이지 않았고, 오히려 현행 상단예불의 정착과정에 지대한 영향을 미쳤다고 할 수 있다.[45] 왜냐하면 봉암사에서 성철은 새로운 예불문을 만들고 시행하는 데 주도적 역할을 했기 때문이다.

봉암사결사는 상단예불의 형식과 내용에도 새로운 변화를 가져왔다. 기존 선가(禪家)에서는 간단한 죽비와 절로 예불을 대신해온 관행이 있었는데, 봉암사에서는 염불을 겸비한 의례문을 작성하여 함께 연습하기 시작했다. 그리고 이때 연습한 예불문이 바로 현행의 칠정례(七頂禮)의 효시라고 많은 봉암사결사의 증인들이 증언하고 있다.

묘엄은 다음과 같이 말하고 있다.

그때 당시 선방에서는 염불을 하지 않았다. 염불은 안 하고 죽비만 딱 딱 치고 아침, 저녁은 부처님께 세 번 절하고, 사시 때는 여섯 번 죽비를 치고 여섯 번 절을 하고… 온종일 앉아 있으니까 몸을 좀 움직이고 울리고 그래야 하니까 죽비 치고만 절하지 말고 부처님 명호를 부르면서 절을 해야 한다 해서 칠정례가 『석문의범』에 있다. 그래서 칠정례를 하기로 시작을 했다. 그런 법이… 중국 책에도 있어서 그것을 간략히 뽑아서 아침, 저녁에도 칠정례를 하고 사시마지에도 칠정례를 하고, 축

또 하나는 대적광전 옆 지장전에서 예불 후 1000배씩 3000배를 할 것 등이다." 송석구, 〈부처님과 하나가 된 나의 삼천배〉, 《고경》 창간호(1996년 봄호), 47~48쪽.

45) 이런 의미에서 성철이 불공이나 산신각 등의 불교의례에 비판적이었던 사실과 그의 예불관과는 분명히 구별하여 인식해야 할 것이다. 자칫 그러한 명확한 구별 없이 성철의 의례관을 서술하면 혼란을 줄 수 있기 때문이다. 김종명, 〈현대 한국의 승려 예불 : 구조와 의미〉, 《불교학연구》 14호(2006.8), 2쪽, 146쪽에서도 그런 문제가 발견된다.

원은 하지 말자, 부처님께서는 다 아시니까 축원을 안 하기로 했다.[46]

성철의 회고에서도 새로운 형식의 예불을 만들었으나 대중이 아직 익숙하지 않아 어려움을 겪었던 당시 상황을 살펴 볼 수 있다.

그리하여 불전 예배부터 연습하게 되니, 그 노고는 이루 말할 수 없었으나 대중 전체의 과감한 노력으로 그 성과는 일취월장하였다.[47]

묘엄의 증언에 따른다면 봉암사에서 하루 예불의 일과는 아침·새벽예불, 사시예불, 저녁 예불 모두 칠정례로 거행했다.[48] 그리고 새벽예불 끝에는 능엄주를 반드시 따라 했고, 저녁예불에는 반드시 백팔참회를 했다. 따라서 아침예불에는 칠정례와 능엄주, 저녁예불에는 칠정례와 백팔참회가 수행되었다고 볼 수 있다.[49]

그런데 묘엄의 증언에서 주목할 것은 현행의 칠정례가 『석문의범』에 있었던 것이며 그것을 모범으로 하여 칠정례를 만들었다고 회고한 것이다. 봉암사결사에 참여하였던 혜명도 봉암사에서 지금

---

46) 묘엄, 128쪽.
47) 〈이성철의 회고〉, 천제, 〈중생의 허망한 꿈을 깨우고 수행자의 길을 밝히신 큰스님〉, 《고경》 9호(1998년 봄호), 6쪽
48) 묘엄, 138쪽.
49) 묘엄, 138~139쪽. 백팔참회에 대해서는 다음과 같은 증언도 있다. "저녁으로 백팔참회를 했다. 저녁예불 끝에 대중 전체가 백팔참회를 함으로써 육체에 운동도 되고, …그때 수덕사 비구니들이 칠팔명 있었는데, 그 사람들이 능엄주를 외워서 아침에 도량석할 때 목탁내리고 종송만 하고 절 세 번 죽비치고 하지 말고 음성을 내서 염불을 함으로써 육체에 활동을 하게 되면 건강 유지가 된다 해서 성철 큰스님이 직접 오셔서 이렇게 가르쳐줘서 우리가 그대로 다했다…서서히 그렇게 생활 분위기가 바뀌어 갔다." 묘엄, 128쪽.

것과 거의 똑같은 칠정례를 행했다고 증언하였다.[50] 이처럼 봉암사 결사에서 행했던 예불의 내용에 대한 여러 증언이 있어 주목을 끄는데, 다만 이들이 주장하는 「칠정례」는 『석문의범』[51]에는 없는 것이라는 점에 주목해야 할 것이다. 아마도 『석문의범』에서 '지심귀명례'로 시작하는 다른 예불문들과 그 구절이 비슷하기 때문에 「칠정례」가 석문의범에 있었던 것으로 오해한 듯하다. 또는 『석문의범』으로부터 여러 예불문을 조합하여 새롭게 재구성한 것을 '『석문의범』에 있는 것'이라고 표현했던 것으로 보이기도 한다.

그런데 이보다 더 우리의 주의를 요하는 것은 월운이 현재 한국불교조계종의 대표적 예불문인 「칠정례」가 자신과 몇몇 승려들에 의해 1955년 처음으로 정리, 시행한 것이라고 주장한 바 있다는 사실이다. 물론 월운은 「칠정례」가 자신이 처음 만들었다기보다는 이미 몇몇 사찰에서 통용되고 있던 예불문들의 내용을 취합하여 정리한 것이었다고 하였다.[52] 그는 『일용의식수문기(日用儀式隨聞記)』에서 자신을 중심으로 몇 사람에 의해 「칠정례」가 만들어졌던 경위를 다음과 같이 말하고 있다.

현행 七頂禮는 1955년 筆者가 通度寺에 있으면서 淨化紛糾의 소용돌

---

50) "세시에 예불하고,…예불하면 능엄주도 꼭 하거든… 칠정례대로 하고 능엄주 꼭 한 번씩 걸치는 기라. 5시 즈음 저녁(냉화-칼국수) 먹고, 저녁에 다시 저녁예불, 봉암사에서도 저녁예불을 꼭 하지. 큰 방에 다 모여서. 인법당이지. 대웅전. 이 예식은 뭐 그저 칠정례… 지심정례고양 뭐 똑같지. 그거 하고 말기에 능엄주만…" (혜명, 98~103쪽)
51) 안진호 편, 『석문의범』, 법륜사, 1935.
52) 月雲의 증언, 1998, 10, 27, 봉선사에서. 이에 대해 필자의 학위논문, 앞의 책, 131~133쪽에서 칠정례의 성립과정에 대해 다루었다.

이 속에 入山한 僧尼가 많음을 보고 紛糾가 끝난 뒤 高低가 순탄하여 어느 宗派나 누구나 쉽게 唱和할 수 있도록 構想하여 몇몇 同志와 뜻을 모아 諸方의 예불문을 參酌해서 作成頒布한 것(이다).[53]

따라서 월운이 주장하듯 당시의 여러 예불문을 모아 작성했다는 칠정례가 1955년 정리, 완성된 것이라면, 그것은 묘엄과 혜명이 주장하는 봉암사의 것(1947~1950)과 어떻게 다른 지, 혹은 어떤 관계인지 밝혀져야 할 것이다. 전자가 후자의 것을 모태로 했는지, 아니면 후자와 상관없이 독자적으로 작성된 것인지 그 두 예불문의 연관 관계에 대해 이후의 연구를 통해 규명해야 할 과제가 남는다.

다섯째, 봉암사결사로부터 삼배, 일천배, 삼천배의 관행이 시작되었다. 이것은 예배와 수행이 결합된 것으로, 몸의 규제를 통한 정신의 변화를 유도하는 의례의 일부라고 할 수 있다.

봉암사에서는 보살계를 받으러 온 신도들에게 스님에게 삼배를 시킴으로써, 오늘날 재가신도가 승려에게 삼배를 하는 관행을 시작했다.[54] 삼배는 성철, 청담, 자운, 세 사람이 합의를 한 것이라고 한다. 삼배는 승려의 위상을 높여주었고, 봉암사 승려들은 그것을 매우 기뻐했다.[55] 그 후 봉암사에 오는 신도들은 스님들에게 삼배를 올리

---

53) 金月雲, 『日用儀式隨聞記』, 중앙승가대학 출판국, 1991, 36쪽.
54) 「1947년 봉암사결사」, 119~121쪽.
55) 삼배를 하게 된 경위에 대해 묘엄은 다음과 같이 회고하였다. 봉암사 시절 어느 보살계 때 신도들이 100여 명 넘게 봉암사에 왔는데, 이날 계를 설한 종수 수좌가 계를 설하고 나서 "앞으로 신도들은 스님을 만나면 절을 삼배 올리도록 하라!"고 당부해서 모두들 깜짝 놀랐다고 한다. 그때까지는 절에서 스님들께 삼배 올리는 일이 없었고, 절은 한 번만 올리는 게 관습이었는데, 그것도 봉암사 결의에 따른 조치였다. 묘엄, 132쪽.

기 시작했고, 그것이 널리 전파되어 봉암사가 오늘날 '삼배 예절'의 발상지라고 부를 수 있게 된 원인이 되었다.[56]

묘엄의 증언에 의하면 보살계는 3일 동안 진행되었다. 그것은 계율에 밝은 자운의 주도하에, 주로 4월 보름 결제 때에 행해졌다. 신도들은 대략 백 명 정도 왔다고 한다. 따라서 보살계는 일 년에 한번 열린 셈이었다.[57]

보살계와 더불어 천배의 관행도 생겨났다. 보살계를 받으려면 천화불(千化佛)이라 해서 천 번은 절을 해야 되는데, 밤새도록 절을 시킨 후에 보살계를 주었다고 한다.[58] 이 천배의 수행은 묘엄이 참회의 수행으로써 아버지 청담의 지시로 하게 된 것이 시초라고 하며,[59] 삼천배는 비구니 묘찬의 동생이 중이 됐을 때에 계를 받고 나서 삼천배를 했던 것이 처음이라고 한다.[60] 이렇게 봉암사에서 시작된 삼배, 천배, 삼천배의 관행이 오늘날까지 내려오는 것이다.

여섯째, 승가의 일상생활의 의례화가 엄격히 시행되었다. 봉암사에서는 일상생활에서 사용되는 일상용품과 의복 등이 규칙에 맞게 재제정 되었다. 1947년 봉암사결사를 추진할 때 "부처님 법답게 살자"라는 기치 아래 그 행동 지침으로 작성한 「공주규약」을 보면 이와 같은 내용이 잘 드러난다.[61]

---

56) 『회색고무신』 333쪽.
57) 묘엄, 131쪽.
58) 「1947년 봉암사결사」 121쪽. 그런데 과연 모든 신도들에게 천배를 시켰는지에 대해서는 이후 조사가 더 필요할 것 같다.
59) 묘엄, 132쪽; 『회색고무신』, 173쪽.
60) 묘엄, 132쪽.
61) 『성철스님 생가 겁외사』, 75~78쪽.

1. 엄중한 부처님의 계율과 숭고한 조사들의 가르침을 온 힘을 다하여 수행하여 우리가 바라는 궁극의 목적을 빨리 이룰 수 있기 바란다.
2. 어떠한 사상과 제도를 막론하고 부처님과 조사의 가르침 이외의 개인적인 이견은 절대 배제한다.
3. 일상에 필요한 물품은 스스로 해결한다는 목표 아래 물 긷고(運水), 나무하고(搬柴), 밭일 하고(種田), 탁발(托鉢)하는 등 어떠한 힘든 일도 마다하지 않는다.
4. 소작인의 세금과 신도의 보시에 의존하는 생활은 완전히 청산한다.
5. 신도가 불전에 공양하는 일은 재를 지낼 때의 현물과 지성으로 드리는 예배에 그친다.
6. 용변 볼 때와 잠 잘 때를 제외하고는 늘 오조 가사(五條直綴)를 입는다.
7. 사찰을 벗어날 때는 삿갓을 쓰고 죽장을 짚으며〔戴笠振錫〕반드시 함께 다닌다.
8. 가사는 마(麻)나 면(綿)으로 한정하고 이것을 괴색한다.
9. 발우는 와발우(瓦鉢) 이외의 사용을 금한다.
10. 매일 한 번 능엄대주를 독송한다.
11. 매일 두 시간 이상의 노동을 한다.
12. 초하루와 보름에 보살대계(菩薩大戒)[62]를 읽고 외운다.
13. 공양은 정오가 넘으면 할 수 없으며 아침은 죽으로 한다.
14. 앉는 순서는 법랍에 따른다.
15. 방사〔堂內〕안에서는 반드시 벽을 보고 앉으며〔坐必面壁〕서로 잡담은 절대 금한다.

---

62) 이 보살대계는 布薩大戒라고 주장되기도 한다. 김광식, 앞의 글, 306쪽.

16. 정해진 시각 이외에 누워 자는 일은 허용되지 않는다.
17. 필요한 모든 물건은 스스로 해결한다.
18. 그 밖에 규칙은 선원의 청규(淸規)와 대소승의 계율 체제에 의거한다.

* 이상과 같은 일의 실천궁행을 거부하는 사람은 함께 살 수 없다.

봉암사에서는 의제의 개혁을 시도하여 오조 가사와 보조 장삼을 항시 착용하게 하였다. 가사 괴색(壞色)의 시초는 대승사에서부터인데,[63] 괴색 가사 이전의 스님들은 하얀 동정을 단 검은 장삼에 빨간 비단 가사를 입고 있었다. 선객은 회색 장삼을 입고, 처음 사미니 때는 까만 장삼을 입었다.[64] 그러나 봉암사 대중은 누구나 율법에 정해진 대로 가사를 입어야 했다. 사실 그동안 승려들의 옷차림은 가지각색이었다.[65] 그러나 이제 송광사에 있는 보조선사의 장삼을 모델로 하여 보조 장삼을 만들어 입고, 가사는 기존의 것을 폐하고 색을 무너뜨린 괴색 가사를 입었다. 지금 전해지고 있는 보조 장삼이 바로 이때 봉암사에서 나온 것이다. 삿갓과 석장도 새로 제작하여 사용했고, 목발우는 모두 흙발우나 철발우로 바꾸었다.[66]

봉암사에서는 이 밖에도 율장과 청규에 따른 엄격하고도 규칙적인 생활을 하였다. 청규에 따라 아침에는 죽을 먹고, 식사는 사시(巳時)에만 하였고, 오후에는 약석(藥石)을 먹었다. 약석이란 오후불식(午後不食)에 따라 식사를 하지 않는 대신, 참선하는 데에 너무 기운

---

63) 묘엄, 123쪽.
64) 묘엄, 138쪽.
65) 『회색고무신』, 197쪽.
66) 「1947년 봉암사결사」, 117~118쪽; 김광식, 앞의 글, 308~309쪽 참고.

이 없으면 안 되므로 약이라 하여 발우를 펴지 않고 조금씩 먹도록 한 것이다.[67] 포살도 보름마다 했다.[68] 당시 포살을 규칙적으로 시행한 것도 봉암사에서 처음이었다.[69] 묘엄이 열여덟 살에 받았던 식차마나니계(式叉摩那尼戒)는 당시 한국불교에서 행해지지 않았던 것으로 묘엄이 한국 최초로 받은 것이다.[70]

이렇게 법규를 지키며 사는 승려들의 모습은 기존의 한국불교에서 보지 못하던 매우 '특이한 방식'이었다고 한다. 그리고 그것은 매우 바르게 보여서 매력적인 반면, 규칙이 까다로워 어렵게 보이기도 했다.[71]

그렇다면 가사와 장삼, 삿갓과 같은 세밀한 생활 용품의 규정과 규칙이 어떻게 의례의 영역에서 다루어질 수 있을까? 흔히 불교에는 깨달음을 이루기 위한 명상 수행만이 중요할 뿐 다른 실천 행위들은 있다하여도 중요한 의미가 없다는 일부의 오해가 있다. 버스웰(Buswell)에 의하면 이러한 견해는 종종 다음과 같은 주장으로 나타난다.

누가 진정으로 사원의 사소한 훈련 과정 즉, 승려들이 아침 몇 시에 일

---

67) 「1947년 봉암사결사」, 118쪽.
68) 자운은 율장 때문에 서울을 자주 다녀왔기 때문에 종수, 도우, 법전이 자운과 더불어 자주 포살을 주관하여 법상 위에 올라가서 경전을 한문 그대로 놓고 줄줄 읽었다고 한다. 묘엄, 131쪽.
69) 성철은 이런 식으로 해서 제도를 완전히 바꾸었다고 하며, 그것이 일종의 혁명이라고 하였다. 「1947년 봉암사결사」, 118쪽.
70) 『회색고무신』, 169~170쪽.
71) 〈불면석-법전스님을 찾아서〉, 《고경》 제3호, 1996, 18~19쪽.; 김광식, 앞의 글, 309쪽.

어나고 또 그들에게 어떤 규칙이 있는가 등에 관심을 가지겠는가? 불교 —특히 禪佛敎— 에서 중요한 것은 깨달음(Enlightenment)이다. 그리고 그 깨달음이란 사원의 조직, 매일의 일상 규범(daily routines), 종교의 다른 문화적 요소들과는 아무 상관이 없는 것이다.[72]

이러한 주장은 특히 서구의 선 수행자들이 주로 내세운다고 한다. 버스웰은 이러한 견해가 매우 위험한 것임을 지적하면서, 깨달음이란 사원의 일상적 규범과 질서 안에서 성취되는 것이라고 비판한다. 불교는 교리, 실천, 일상의 삶이 밀접히 연결되어 짜여 있는 하나의 통합적 직물(intricate tapestry)로서, 이 전체적 틀을 벗어난 별개의 수행이 존재할 수는 없다는 것이다.[73] 사원의 조직 체계와 일상의 규범은 참선과 같은 수행이나 계율 등과 맞물려 하나의 유기적 통일체이므로 따로 떼어 생각할 수 없다는 것이다.

이렇게 볼 때 봉암사결사에서 행한 세밀한 규범과 규칙은 깨달음으로 연결되는 수행의 일부이자 일상의 의례화였다고 볼 수 있다. 사실 봉암사결사의 의례적 차원에서 가장 핵심 부분이 바로 이 점에 있다고 할 수 있을 정도로 이 일상의 의례화는 중요하다. 우리가 제2장에서 살펴본 것처럼, 진정한 종교 의례란 '그 해당 종교인에게 궁극적인 의미에서 가치, 의미, 신성성, 중요성 등을 지니는 것'이며, '우주의 본질적 구조와 존재의 모범적 양태에 관계된 것, 참된 실재, 참으로 성스러운 것과 관계되어 반복되는 행위'이다.[74] 봉암사결사

---

72) Robert E. Buswell, Jr., *THe Zen Monastic Experience: Buddhist practice in contemporary Korea*(Princeton Uuniv. Press, 1992) 9쪽.
73) 위의 글.
74) Richard B. Pilgrim, "Ritual", T. William Hall, general edt., *Introduction to the study*

의 수행자들에게 이 세밀한 일상의 규범이 불교의 깨달음과 불가분리의 관계에 있었다는 의미에서 이들 일상생활의 세칙은 종교 의례의 본질적 의미를 지닌 것이었다. 또 모범적으로 구성된 특정하고도 반복되는 행위를 통해 삶의 성화를 이루고 삶을 의미 있게 만들어 나갔다는 의미에서 이들 하나하나의 의상과 몸짓은 모두 종교 의례의 한 요소들이며 성실한 실행으로 보기에 부족하지 않다. 의례가 기도, 절, 식사, 암송, 몸을 씻는 행위, 땅에 엎드리기, 손뼉 치기 등을 모두 포괄하는 용어로서 이러한 일련의 행위 과정으로 이루어진 종교적 표현양식이라면[75] 봉암사결사의 『공주규약』의 지침은 모두 종교 의례의 한 부분들로 해석될 수 있다.

결국 봉암사에서의 의례 내용들은 봉암사결사의 이념을 집대성 해놓은 공주규약을 통해 나타난다. 그런데 필자는 이 공주규약의 18항 가운데에서 특히 1, 2의 원칙이 봉암사결사 의례의 중요한 특징을 상징적으로 표현하고 있다고 본다. 고불고조의 유칙에 따른다는 것은 이 결사에 하나의 과거의 모델, 행위의 전범이 존재했다는 것을 말하기 때문이다. 그리고 나머지 3~18항에 이르는 일상생활의 의례와 규칙은 봉암사결사의 출가공동체 성격을 명확히 보여준다. 다음 장에서는 이러한 봉암사결사의 두 가지 성격 즉 과거의 모델을 모범으로 삼았다는 것과 출가공동체 성격을 분명하게 표방하고 있다는 두 특징이 종교 의례의 보편적 맥락에서 어떤 의미를 지닌 것인지 살펴보기로 하겠다.

---

of Religion(Harper & Row, Publishers, 1978) 65쪽 참조.
[75] T. Wiliam Hall, general edt., Introduction to the Study of Religion(Harper & Row, Publishers, 1978), 33~34쪽.

4. 봉암사결사의 종교 의례적 성격과 의미

필그림에 의하면, 종교 의례의 전형적 성격은 다음 세 가지 요소를 내포한다. 첫째, 의례는 아무 때나, 어느 곳에서나 행해지지 않으며, 특별히 성스러운 시간과 공간에서 행해진다. 그리고 교리나 제도 등의 성스러운 전통과 승려나 샤먼, 랍비 등의 성스러운 전문가들에 의해 행해질 때 의례의 성스러움과 의미, 힘을 완성한다. 둘째, 종교 의례에는 의례의 핵심적 의미를 표현하는 초월적 힘(transcendent power)이 존재한다. 셋째, 의례에는 의례의 효과를 증명해주는 변형의 힘(transformative power)이 존재한다.[76]

이 가운데 이 글에서 주목하고자 하는 것은 의례를 통해 드러나는 초월적 힘의 작동 방식이다. 종교 의례가 지닌 종교적 의미와 힘은 두 가지 차원 또는 두 가지 방향으로 나타난다. 첫째, 가장 성스럽고 실재적인 것, 가장 힘이 있는 것으로 간주되는 것이 의례를 통해 이 세상에 재현, 또는 현재화하는 능력이다. 둘째, 의례를 통해 우리 또는 한 사회가 일상의 세속적 시간과 공간을 정지, 또는 초월하면서 넘어서는 능력이다. 그리고 그렇게 함으로써 현실에서 잃어버렸던 인간의 전체적이고 참되며 질서 있고 성스러운 한 세계를 다시 창조할 수 있게 된다. 필그림은 이와 같은 종교 의례의 초월적 힘의 작동 방식을 각각 "초월적 현존(transcendent Presence)", 그리고 "현재의 초월(transecnding Present)"이라고 불렀다.[77]

---

76) Richard B. Pilgrim, 앞의 글, 70~72쪽.
77) 위의 글, 72쪽.

필자의 관점에 의하면 이 종교 의례에서의 초월적 힘의 두 가지 작동방식이 봉암사결사에서 모두 발견된다. 그리고 바로 이것이 봉암사결사가 그 짧은 기간 동안 결사를 통해 현대 한국불교의 역사에 지대한 영향을 미칠 수 있었던 이유 중의 하나가 될 수 있다고 생각한다. 그 두 가지 측면에서 봉암사결사의 의례적 차원을 조명해보기로 한다.

1) 「공주규약」: 신화적 원형의 반복을 통한 성스러운 시간과 공간의 창조

의례의 힘의 '초월적 현존(transcendent Presence)'에 대해 살펴보자. 이 초월적 현존이란 개념은 엘리아데(Eliade)에 의해 잘 설명되었다. 엘리아데는 '시간의 가역성(可逆性, reversal)으로서의 의례'를 강조하였다. 그는 의례에서 신화를 음송하는 행위를 통해 신들의 원초적 창조 행위가 재생되며 현재화된다고 보았다. 그는 고대 바빌론에서의 우주 창조 신화인 '에누마 엘리쉬'가 매해 신년제에서 12일 동안 낭송되며 그 신화 속의 신들의 싸움이 배우들에 의해 재현되는 것을 한 예로 들었다.[78] 그에 의하면 신화(즉 신들의 행위)는 의례가 행해지는 신성한, 모범적 모델들이며, 의례를 통해서 신 또는 초월적 실재의 성스러움이 현재화되고 재생된다. 의례가 힘을 갖게 되는 것은 바로 이러한 모델들의 반복적 낭송과 환기에 기인한다.

엘리아데는 "모든 의례는 신성한 모델, 즉 원형(archetype)을 갖고 있다"고 말한다. 그것은 힌두 경전에서 "우리는 신들이 태초에 했던 것을 행해야 한다. 신들이 그렇게 했기 때문에 인간도 그렇게 한다"

---

78) M. 엘리아데, 『우주와 역사』, 현대사상사, 1984, 83~93쪽.

라는 문구가 잘 설명하고 있다고 한다. 따라서 엘리아데에게 신화는 의례의 힘의 일차적 장소를 드러낸다. 왜냐하면 참된 힘, 실재, 존재, 창조력이 있는 곳은 신들, 특히 태초 신들의 창조적 행위에 있기 때문이다. 엘리아데는 이렇게 말한다.

> 창조 신화의 의례적 낭송은 원초적 사건의 현재화를 의미한다. 즉 그는 마술적으로(magically) 바로 저 때(illo tempore)로 투사된다. 즉 '세계의 창조'로. 따라서 그는 우주 창조시대와 동시대인이 된다. 이것의 의미는 본래적 시간(the original time)으로 회귀하는 것(return)이며, 이것의 치유적 목적은 삶을 다시 한번 시작하게 하는 것, 즉 상징적 재생(a symbolic rebirth)이다.[79]

사실 엘리아데는 모든 의례에 있어서의 우주 창조 신화의 중요성을 과장한 감이 있다. 그러나 의례에 있어서 신화의 중요성이나 기능, 의례와 신화의 관계에 대해 우리에게 시사하는 바는 크다. 만일 그가 말한 '신화'나 '신들의 행위'를 확대 해석하여, 전설이나 성스러운 역사 또는 역사 그 자체의 신화적이고 창조적이었던 사건들까지도 포괄하는 개념으로 해석한다면, 이러한 의례와 신화의 관계는 많은 경우에 적용 가능할 것이다. 즉 엘리아데의 신화 개념을 보다 광의의 신화, '원형과 모범적 모델로서의 신화'로 본다면, 모세로부터 마오쩌둥에 이르는 역사적으로 의미 있는 수많은 행위와 사건은 신화적 성격을 지닐 것이며, 의례 속에서 반복되고 재현될 것이다.[80]

---

79) M. Eliade, *The Sacred and the Profane*(New York: Harper & Row, 1961) 82쪽.
80) Richard B. Pilgrim, 앞의 글, 73쪽.

사실 대다수의 의례에서 초월적 힘의 궁극적 장소는 "신들의 행위" 안에 있다. 신들의 행위가 참으로 실재적인 무엇을 이루는 창조적 사건과 행위였고, 그리고 만일 엘리아데가 말한 신화라는 말을 모든 이러한 모범적 모델(paradigmatic models)에 적용할 수 있는 것이라고 한다면, 신화는 참으로 의례에 중요한 요소이며, 의례의 초월적 힘에 핵심적인 것이라고 할 수 있다. 그리고 초월적 힘이 의례 속에서 현존(Presence)하게 되는 것은 바로 이러한 신화를 통해서이다.[81]

봉암사결사는 바로 이러한 의례와 신화의 구조를 가지고 있다고 보인다. 봉암사결사는 그 수행 공동체가 따라야 할 원초적 행위의 모범, 가장 의미 있고 힘이 있었던 과거의 원형을 '고불고조(古佛古祖)의 유칙'으로 설정하고 있다. 그런데 중요한 것은 그것을 단지 추상적 관념이나 개념으로 표현하는데 그친 것이 아니라 구체적으로 지금 여기에서 몸을 통해, 또는 의례를 통해 모방 가능한 것으로 구체화해놓았다는 점이다. 그 좋은 예는 「공주규약」이다.

이 결사가 지향했던 과거의 모범은 역사 속에 실존했던 부처님 당시 승가 공동체와 중국의 총림이었다. 그것이 구체적 이미지로 묘사될 때 그것은 태초의 신화만큼 강렬한 힘을 지닐 수 있었다. 「공주규약」을 살펴볼 때, 봉암사결사의 닮아야 할 모범은 '깨달음'이라거나 '자비'와 같은 막연한 관념적 용어, 즉 철학이나 사상적 체계로만 제시되지 않았음을 알 수 있다. 그것은 이야기(story)[82]의 구조와 요소를 지닌 것이었다. 구체적으로 부처님 당시의 영산회상이었고, 청규가 살아있던 중국의 총림이었고, 영산회상과 총림에서 살았던 부

---

81) 위의 글, 73쪽.
82) 신화(Myth)란 본래 '이야기', 즉 '말해진 것'이란 뜻을 지닌다.

처와 그 공동체, 중국의 선사들의 행장으로 가득찬 한 편의 공동체 신화를 전제하고 있었다. 그런 의미에서 「공주규약」은 과거에 존재했던 신화적 조상들의 행위를 모방하여 그 공동체를 지금 이 자리에 재현시키기 위한 의례적 규범이었다고 볼 수 있다. 과거 존재했던 신화적 공동체를 이 땅에 현실화하기 위해, 과거 신화적 조상들이 했던 것처럼 그들이 입고, 먹고, 짚고 다니고, 머리에 쓰고 다닌 것들에 이르기까지 매우 구체적인 이미지와 상징적 내용들로 가득찬 한 편의 의례서였던 것이다.

엘리아데에 의하면 초인적 모델의 모방, 모범적 시나리오의 반복, 대(大)시간으로 통하는 속된 시간으로부터의 일순간의 이탈은 신화적 행위, 즉 신화에서 자기 존재의 원천을 발견하는 고대사회 인간들 행위의 본질적 특징이다.[83] 그리고 그것은 매우 구체적으로 모방된다. 어느 뉴기니아 부족의 경우, 바다에 나갈 때 선장은 스스로 신화적 영웅인 아오리(Aori)의 화신이 된다. 그는 아오리가 입었으리라고 짐작되는 옷을 입고, 얼굴에 검정을 칠하고, 아오리가 착용했었던 것과 똑같은 종류의 아름다운 것을 자기의 머리에 꽂는다. 그리고 연단 위에서 춤을 추면서 양팔을 아오리의 날개처럼 뻗는다. 그는 스스로 신화적 영웅과 동일시한 것이다.[84]

비슷한 방식으로 모든 그리스도교파에서 종교 생활의 중심은 예

---

[83] 미르세아 엘리아데, 『신화와 현실』, 성균관대학교 출판부, 1985, 199~200쪽 고대인들의 이러한 세계관을 이른바 고대존재론(古代存在論, archaic ontology)이라 부른다. 엘리아데의 고대존재론과 신화와 의례 이해에 대해서는 정진홍, 〈고대존재론과 역사-엘리아데의 史觀〉, 《사목》 제49집, 한국천주교중앙협의회, 1977, 76~83쪽; 김현자, 〈잃어버린 낙원을 찾아서-엘리아데와 레비스트로스의 신화〉, 《종교학연구》 제20호, 2001, 41~67쪽 참조.
[84] M. 엘리아데, 『우주와 역사』, 57쪽.

수그리스도의 드라마로 구성되어 있다. 이 드라마는 태초의 신화적 시대의 사건이 아니라 역사 속에서 일어난 사건이었지만 기독교인들에게는 구원의 가능성을 확립한 원형적 사건이다. 따라서 후대의 인간들이 구원에 이르는 유일한 길은 이 모범적인 드라마를 의례를 통해 반복하고, 예수의 생애와 가르침으로 계시된 지고한 모델을 모방하는 것에 있을 뿐이다.[85] 사실 모든 종교인들은 과거의 창시자를 모방함으로써 힘을 갱신한다. 그리고 모든 개혁은 시원으로의 복귀로 생각된다. 종교개혁은 성서로의 복귀를 시도하고, 원시교회 혹은 최초의 그리스도교 공동체의 경험 회복을 꿈꾸었다. 왜냐하면 그들은 거기서 삶의 범례(모범)를 보았기 때문이다.[86]

봉암사결사의 특징은 앞에서 언급한 바와 같이 「공주규약」과 같은 규칙을 통해 수행자들의 몸의 동작 하나하나까지 따라야 할 모범을 구체화했다는 데 있다. 이것은 마치 배우의 복장과 동작을 지시하는 각본과도 같으며, 따라서 수행자 본인은 물론이고 관찰자들까지도 그들이 수행하고 있는 행위가 바로 어떤 지점을 향하고 있는지 구체적으로 알게 하는 힘이 있었다. 다음의 증언들이 이 점을 보여준다.

"대승사에서는 두 분이 해인사에 가서 총림을 하면 어떻게 할 것이냐 하는 문제를 놓고 영산도를 그리는 것을 보았어요. 지금 말법시대에 부처님 당시처럼 재현을 해보자고 하셨지요. 부처님 당시처럼 짚신 신고 무명옷 입고 최대한 검소한 생활을 하도록 노력할 것, 그렇게 함으

---

85) 위의 글.
86) 미르세아 엘리아데, 『신화와 현실』, 215쪽.

로써 풍기는 것을 남한테 보여줄 수 있는, 말 없는 가운데 풍길 수 있는 이런 중노릇 하자는 등의 이야기를 밤새도록 쌍련선원에서 앉아서 하셨어요."[87]

따라서 봉암사결사는 이 이상적 불교 공동체의 신화, 본래적 원형, 행위의 모범을 설정해서 구체적으로, 형상적으로 제시했다는 것에 의미가 있다. 삿갓을 쓰고 육환장을 짚고, 지게를 지고 나무를 하는 노동이 의미 있고 성스러운 것은 그것이 청규에 그려진 "하루 일 하지 않으면 하루 먹지 않는다〔一日不作 一日不食〕"는 신화와 맞아떨어졌기 때문이다. 종교인에게 자기가 모방해야 할 모범적 원형이 있어 그것을 따라하는 것은 무의미한 행동이 아니다. 그것은 의미와, 실재, 힘으로 가득찬 성스러운 행위이다. 봉암사결사에서는 그러한 모방을 통해 지금 현재 여기 있는 수행자들이 과거 부처님 시대의 영산회상이나 중국의 총림으로 투사되었으며, 마찬가지로 과거의 이상적 공동체가 지금 '여기'에 구현될 수 있었던 것이다. 바로 이런 점에서 현실을 변화시키는 의례의 초월적 힘이 작동했다고 볼 수 있다.

2) 전이의례(transition rites)의 영구화 : 이상적 출가 공동체의 구현

의례에서 초월적 힘이 작동하는 또 하나의 방식은 '현재의 초월(transcending Present)'과 관련된 능력이다. 이것은 의례를 수행하는 공동체가 의례를 통해 현재의 세속 사회로부터 이탈하는, 혹은 현실

---

[87] 김광식, 앞의 글, 194쪽; 묘엄 스님 회고, 〈불면석-묘엄 스님을 찾아서〉, 《古鏡》 제10호, 1998, 32쪽.

의 일정한 구조적 제약으로부터 초월할 수 있게 된다는 것을 말한다. 따라서 이것은 첫 번째 초월적 힘의 작동과 유사하면서도 좀 다르다. 여기서 초점은 성스러움이나 실재적인 것을 현실 안에 구성하는 측면에 있기보다는 의례가 지닌 종교 경험의 독특한 성격에 대해 말하는 것이다. 이 경우 종교 의례는 일상적이고 세속적인 삶, 시간과 공간, 사회적 질서 등의 성격을 초월하는 힘을 작동하게 하는 장치이다. 그렇게 함으로써 지금까지 있던 모든 것들을 새롭고 전체적인 것으로 만든다. 이렇게 의례를 보는 관점을 이동하면, 의례의 경험적·실존적 성격을 더 잘 이해할 수 있으며, 종교적이고도 모범적인 것으로서의 의례의 의미를 더 잘 이해할 수 있다.[88]

의례를 통해서 우리는 초월적 힘의 현존을 느낄 수도 있지만, 다른 한편으로는 우리 자신이 자기의 자아와 세계를 초월하는 구원의 경험을 할 수 있다. 그것은 구원의 시간으로 들어간다는 의미에서, 또는 시간을 벗어나는 순간이라는 의미에서 '현재의 초월'이다. 그럼으로써 현실적이든 관념적이든 일상의 파편성에서 벗어나 세상을 하나의 통일체(unity)로 실현하는 구원의 경험이 될 수 있다.[89] 이와 같이 의례에서의 초월적 힘의 두 번째 작동 방식은 일상의 시간과 공간을 초월하는 능력이며, 일상의 시간과 공간으로부터 들어 올려지는 감정을 말하는 것이다.

이러한 경험은 빅터 터너(Victor Turner)가 의례에서의 전이현상(transition, 과도기 liminality로도 표현된다)이라고 언급한 것에서 잘 표현된다. 이 '전이(과도기)' 현상이란 종교 의례 과정 속에서 한 영역

---

88) Richard B. Pilgrim, 앞의 글, 74쪽.
89) 위의 글, 74~75쪽.

에서 다른 영역으로 넘어가기 위해 문턱을 넘는 상태, 혹은 두 세계 사이를 왔다 갔다 하는 영역이 불분명한 중간 단계가 존재한다는 것을 말한다. 이 '전이(과도기)'라는 개념은 일찍이 반 게넵(Arnold Van Gennep)의 통과의례(rites of passage) 이론에서 발전된 것이다.[90] 터너는 반 게넵이 제시한 통과의례의 '통과(전이)'의 성질이 모든 의례의 본질이라고 보아 그 의미를 확장하였다.

터너에게 의례에서의 전이성(liminality)은 그것이 일상의 사회질서를 초월한다는 의미에서 중요하다. 왜냐하면 한 상태에서 다른 한 상태로 전이되기 위해서는 일상적 사회 질서나 권위의 계급으로부터 벗어나야 하기 때문이며, 의례는 이러한 초월의 경험을 가능하게 하는 중요한 기제이기 때문이다. 예컨대 순례(pilgrimage)는 하나의 긴 종교 의례이며, 그 과정에서 사람들은 신들의 시공간을 밟아감으로써 일상의 시간과 공간을 초월하며, 자기들의 기존의 사회적 질서가 전복되는 매우 특이한 현상을 겪는다.[91]

중요한 것은 터너가 순례와 같은 종교 의례를 거치며 형성되는 과도적 전이 상태에서 인간은 사회적 질서를 초월하며, 서로의 인격을 대면하는 참된 공동체의 느낌을 갖게 된다고 지적한 점이다. 그것

---

[90] 반 게넵에 의하면 인간의 일생은 장소와 상태, 위치, 연령의 변화에 따라 다음 단계로 이행하게 되어 있으며, 이 단계의 이행을 도와주는 의례가 수반된다. 그는 이러한 의례를 통과의례라고 불렀다. 그런데 이 통과의례는 또 다시 세 단계로 구성된다. 즉 분리의례(rites of seperation), 과도의례(過渡儀禮, rites of transition), 통합의례(rites of incorporation)로 구성된다. 그런데 그는 그 중간 단계의 의례를 liminal rites라고도 불렀다. 이 때 중간 단계란 이것도 저것도 아닌 중간 상태라는 의미에서 리미널리티(liminality)라고 부르는데, 그것은 두 영역 사이에 있는 모호한 경계, 문지방, 문턱 등을 의미한다. A. Van Gennep, 『통과의례』, 서영대 역, 인하대학교출판부, 1986, 13~32쪽 참조.

[91] Richard B. Pilgrim, 앞의 글, 75쪽.

은 지금까지 세속의 사회구조 속에서는 느껴보지 못했던 새로운 경험이다. 이때 인간은 비로소 과거의 계급이나 제도 속의 파편적 인간이 아닌 전체로서의 자신의 인격을 느끼게 된다고 한다. 그것은 때때로 많은 종교들이 지향하는 아름다운 공동체이며, 그 속의 인간관계가 매우 인격적인 이상적 공동체이다. 마치 부버(Martin Buber)의 "나와 너"의 관계를 연상시킨다. 그런데 이러한 통일성과 전체성의 경험은 의례의 과정에서 다양하게 나타나지만, 동시에 의례 밖에서도 그 생생한 느낌이 남아 지속적 영향을 미친다고 한다. 그 통일성의 생생한 느낌은 (의례가 끝난 후에도) 초월적 성격을 지니면서, 하나의 세계, 질서, 실재에 대한 의미 있는 방향성을 수립하며, 역으로 다시 우리의 세계를 성화하고 기념한다.[92]

터너에 의하면 이러한 전이현상을 가능케 하는 종교 의례적 장치가 영구히 제도화된 것이 바로 탁발승의 공동체와 같은 기독교와 불교의 수도 공동체이다.[93] 수도자들은 자신들의 삶을 통해 하늘나라, 열반 또는 유토피아 등의 궁극적 경지에 도달하려고 하는 것이기 때문에 그들에게 있어 수도 공동체는 하나의 영구화, 제도화된 종교 의례로서 전이의례적 특성을 고스란히 지닌다. 왜냐하면 그들의 현재의 삶은 다음 단계로의 준비적 성격을 갖기 때문이다. 즉 그들의 삶의 양식은 그 자체로서 궁극적 의미를 가지는 것이 아니고, 최종적이

---

92) 위의 글, 75~76쪽.
93) Victor Turner, *The Ritual Process: Structure and Anti-Structure*, New York: Aldine de Gruyter, 1995, 107쪽. 이에 대한 번역서로 다음을 참고할 수 있다. 빅터 터너, 『의례의 과정』, 박근원 옮김, 한국심리치료연구소, 2005, 163쪽; 한편, 이러한 안목을 적용한 다음의 논문은 우리의 논의에 매우 유익한 참고가 된다. 류제동, 『초기 불교의 출가에 대한 종교학적 이해-상좌부 불교의 경전을 중심으로』, 서강대학교 대학원 종교학과(종교학 전공), 1991.

고 절대적인 경지에로의 전이적 과정일 뿐이다. 그런 의미에서 빅터 터너는 수도 공동체의 삶을 '보다 나은 상태로의 도약을 위한 물러섬'이라는 표현을 쓰고 있다.[94]

이와 같은 터너의 이론에 비춰 볼 때 봉암사결사는 전형적인 수도 공동체로서 바로 터너가 말한 전이 단계에 있는 공동체라고 할 수 있다. 그리고 터너가 지적한 바의 전이 과정으로서의 수도 공동체가 지닌 대표적 속성들을 잘 보여주고 있다. 그 속성들을 열거하면 다음과 같다.

전이 / 안정, 전체성 / 부분성, 동질성 / 이질성, 탈구조공동체(communitas) / 구조공동체(structure), 평등 / 불평등, 익명성 / 명명성, 무소유 / 소유, 지위의 구별 없음 / 지위의 구별, 나체 또는 동일한 의복 / 다양한 복장, 성욕의 절제 / 성욕 인정, 성별의 극소화 / 성별의 극대화, 서열의 결여 / 서열의 식별, 겸손 / 자존심, 외모의 무신경 / 외모의 치중, 부에 대한 무관심 / 부에 대한 관심, 비이기적 삶 / 이기적 삶, 전적인 복종 / 상사에만 복종, 성스러움 / 세속성, 거룩한 교훈 / 기술적 지식, 침묵 / 말, 친족 관계의 권리와 의무의 포기 / 유지, 신비적 힘에 지속적 의존 / 간헐적 의존, 어리석음 / 기민함, 단순성 / 복잡성, 아픔과 고통의 수용 / 회피, 타율성 / 자율성 등이다.[95]

예컨대 위의 전이 과정의 여러 특징의 열람표에서, 후자는 인간관계를 통해 본 사회의 두 가지 양식 중 인간을 정치-법률-경제적 지

---

94) Victor Turner, 앞의 책, 195쪽.
95) 위의 책, 106~107쪽.

위의 높낮이로 구조화하고 분화하여 보는 계급적 구조로서의 사회 양식을 표현한다. 반면에 전자는 의례의 전환기에 인식되는 것으로서, 의례 집례자들의 일반적 권위에 복종하는 평등한 개인들로 구성되며, 아직 조직이 완전하지 않은, 상대적으로 미분화된 단체나 공동체, 혹은 동료 집단으로서의 사회 양식을 의미한다. 터너는 이 후자의 사회 양식을 라틴어의 탈구조공동체, 즉 코뮤니타스(communitas)로 표현하였다.[96]

이와 같은 시각을 전제하고 봉암사결사의 의례적 양상과 수행의 방식, 수행자들의 현실인식과 지향성 등을 검토해보면, 봉암사결사는 전이 단계로서의 여러 특징을 드러내 준다. 즉 이 공동체 구성원들의 평등성과 동질성, 겸손, 무소유, 고행, 규율에의 복종, 단순성, 비이기적 삶, 성욕의 절제 등이 봉암사결사에서 나타나고 있는 것이다.

예컨대 결사 당시 봉암사에서 출가한 혜명은 그 자신이 출가 전 목격했던 봉암사 승려들의 생활을 이렇게 묘사한다.

> 도인 스님네들은 푸르둥둥한 누더기 옷을 입고 언행이 단정하고 때가 하나도 안 묻어 보였고 일견 거룩해 보였다.[97]

다음과 같은 성철의 회고도 봉암사결사의 전이과정적 성격, 즉

---

96) 위의 책, 147쪽; 터너의 반구조, 리미널티리, 코뮤니타스 개념에 대해서는 위의 책, 94~130쪽과 안선희, 〈빅터 터너(Victor Turner)의 의례 이론의 예배 연구에의 적용: 사회극이론과 예배갱신의 사회문화적 함의를 중심으로〉, 《한국기독교신학논총》 32집, 2004, 260~264쪽 참조.
97) 『혜명화상회상록』, 75쪽; 김광식, 앞의 글, 304쪽.

코뮤니타스적 성격을 보여준다.

> 바늘 한 개, 양말 한 짝, 뭣이든지 대중으로 들여놓아야지 개인을 지정해서는 쫓겨가는 판입니다. 그래가지고, 약도 들어오고, 蔘도 들어오고, 삼은 전부 다 삼차를 해서 한 컵씩 쭈욱 둘러 먹고 하였습니다. 잘 살던가 못 살던가 똑같이 평등하게 살자 이것입니다. 이렇게 하며 살다 보니 스님네 같다는 생각이 들었던 모양입니다.[98]

이러한 표현들은 봉암사 수행자들이 세속을 떠나 깨달음을 추구하는 전이 과정의 공동체로서, 세속적 지위나 재산, 성욕, 친족 관계를 포기하고 겸손, 고행, 가난, 그리고 공동체 구성원간의 평등성을 지향했다는 것을 보여준다. 그리고 그것이 거룩함을 드러내고 있음도 시사한다(스님 같이 보였다는 말에서).

사실 터너는 이러한 전이 상태에 있는 공동체인 코뮤니타스가 종종 거룩한 것, 신성한 것으로 인식된다고 지적하였다. 탈구조공동체는 사회구조의 갈라진 틈을 통해서 비롯되거나, 주변적이며 사회의 보다 열등한 집단인 하부구조로부터 시작되는데, 그럼에도 불구하고 신성하게 여겨진다고 한다. 그 이유는 아마도 그것이 구조화되고 제도화된 사회의 여러 지배적 규범을 초월하거나 해체시키기 때문이며, 또 그것에는 전무후무한 경험의 가능성이 뒤따르기 때문일 것이라고 보았다. 터너에 의하면 이 전이단계로서의 공동체가 지닌 사회의 평등화와 해체 과정은 거기에 참여한 주체들을 감동으로 넘쳐흐르게 한다. 이 본능적 에너지는 인간 능력의 특유한 소산으로서 탈구

---

[98] 「1947년 봉암사결사」, 122~123쪽.

조공동체 안에서 분출된다.[99]

그럼으로 인간사회는 탈구조공동체로부터 활력을 얻고 갱신된다. 왜냐하면 통과의례적 의미에서 인간은 구조적 사회로부터 탈구조공동체로 해방되고, 그리고 그들의 탈구조공동체의 경험에 의해 활력을 얻은 구조적 사회(현실 사회)로 되돌아가기 때문이다. 거기에는 일종의 변증법이 존재한다.[100] 따라서 종교 의례를 통한 현재의 초월은 자신의 초월로부터 얻은 힘을 통해 다시 구성된 세계를 성화하며 찬양한다. 의례를 통해 세계는 파편성을 벗어나 전체성을 획득할 뿐만 아니라 성스러우며 선한 것으로 재구성되는 것이다.[101]

따라서 이런 시각에서 볼 때 전이 의례의 영구화 형태로서의 봉암사결사는 바로 그들의 전이적 성격으로 인하여 이 세계에 거룩함을 부여하고, 또 이 세계를 완전하게 만드는 역할을 했다고 볼 수 있다. 왜냐하면 이 사회의 세속적 구조 또는 삶의 양식은 그것에 대립하는 것으로서의 전이적 공동체의 보완이 없다면 그 사회구조가 가진 파편성과 부분성을 벗어날 수 없기 때문이다. 즉 이 전이적 공동체의 신성성과 거룩함으로 인해서 세속적, 구조적 사회는 자신의 한계를 직감하고, 비로소 이 코뮤니타스와 더불어 완전하게 된다.

따라서 의례가 참으로 옳다면, 의례는 매우 근본적 방법으로 사물들을 바르게 위치 지우고 그들을 의미 있게 만든다. 그리고 이 두 요소(초월의 현존과 현재의 초월)는 함께 의례의 "초월적 힘"을 구성하면서, 의례의 종교적 의미와 힘의 핵심을 표현한다. 이 초월적 힘

---

99) Victor Turner, 위의 책, 125~129쪽.
100) 위의 책, 129쪽.
101) Richard B. Pilgrim, 앞의 글. 76쪽.

이 바로 참된 의례의 필수조건이라 해도 좋을 것이다. 왜냐하면 그것이 없다면 의례는 "단지 의례적인 것", 공허한 몸짓(empty gesture)과 의미 없는 형식에 불과하게 될 것이기 때문이다.[102]

그러므로 봉암사결사의 성공 요인은 바로 이 두 측면에서 의례의 전형성 또는 진실성을 확보했기 때문이라고 할 수 있다. 그리고 바로 그런 이유에서 일련의 종교 의례와 행위 규범을 통해 공동체의 성스러움을 회복시키는 데 기여할 수 있었다고 결론지을 수 있을 것이다.

5. 봉암사결사의 특징과 의의 : 의례의 힘

이상에서 살펴본 바에 따르면 봉암사결사의 성공 요인의 하나는 의례에 있다. 봉암사결사 당시 한국불교계에는 다른 많은 불교 공동체가 있었고, 현대에도 많은 수행 공동체가 있을 것이다. 그러나 그 가운데에서도 봉암사가 유독 신화적 위치를 차지하고 있는 것은 그것이 바로 출가 공동체의 신화적 원형 또는 진실한 모범적 형태에 가장 닮았기 때문일 것이다.

과거를 모방한다는 것, 과거에 존재했던 이상 사회의 모델을 모방한다는 것은 오늘날 현대인들의 의식 속에서는 자칫 폄하될 수 있는 행동이다. 현대사회에서 우리는 개성과 혁신, 창조성을 숭상하는 문화 속에 살고 있다. 따라서 늘 새로운 것, 자기만의 것을 추구하고 가치 있는 것으로 생각한다. 일제강점기 한국불교가 지향했던 불교

---

102) 위의 글, 76쪽.

근대화 정책도 전통을 벗어나 새로운 것, 서구적인 것, 일본적인 것을 불교의 발전, 근대화라고 착각했던 것은 아닌가 반성해볼 필요가 있다. 즉 그렇게 해서 한국불교의 권위와 힘, 성스러움이 회복되었던가? 오히려 한국불교의 정체성만 혼미해지고, 일제의 권력에 결탁하며 종교 공동체로서의 순수성을 잃어버렸던 것은 아닐까?

봉암사결사가 해방 후 한국사회에서 출가와 재가를 아우른 불교계에 미친 영향력을 볼 때, 그들이 지향한 과거 완벽했던 공동체와 가르침, 그 생활양식을 재현하고자 했던 이상과 실천은 일정부분 성공적인 것이었다고 평가할 수 있다. 그들은 불교가 세속화되는 것을 막았을 뿐만 아니라, 현대 한국불교의 정체성을 형성하는 중요한 몇 가지 기본 틀을 만들어놓았던 것이다.

그러나 그렇다고 해서 봉암사결사 때 구상되었던 이상과 실천이 모두 완벽했다고 주장할 수는 없을 것이다. 그것은 그 후 전개된 한국 불교사가 증명한다. 예를 들면 봉암사결사 당시 철폐되었던 칠성, 산신 신앙 등은 다시 부활하였으며, 천도재 등 많은 불공 의식도 봉암사결사와 달리 과거의 전통 양식으로 시행된다. 사실 칠성신앙과 산신신앙은 한국의 오랜 역사 속에서 무불습합의 전통을 형성하며 내려온 우리 역사의 한 부분이다. 그것은 생각하기에 따라 미신적일 수도, 또는 우리 민족의 고유문화의 일부일 수도 있다. 더욱이 그것은 재가 신도들의 오랜 정신적 귀의처로 기능해온 것이다. 이들을 고려하지 않았다는 것은 봉암사결사가 엘리트 출가 수행승들의 수도 공동체로서 의미는 있었지만, 모든 한국의 사찰 공동체의 전형이 될 수는 없음을 보여준다.

따라서 과거 이상 사회로의 회귀를 지향한 봉암사결사는 의례적 차원에서 다양한 모범적 선례를 남긴 것만큼이나 그 정신적 지향과 방향성에서 한계도 보여준다. 봉암사가 지향한 신화적 이상 세계가 과거 고불고조의 유칙을 중심으로 구성되어 있는 만큼, 그들 유칙은 현대의 삶과 정신세계를 반영하는 것과는 거리가 있다고 할 수 있다.[103] 그리고 「공주규약」에서 보이듯 그 고불고조의 유칙의 세계에는 재가 신도와 현실 사회의 자리가 거의 존재하지 않는다.

하지만 그러한 한계에도 불구하고 봉암사결사는 불교의 정체성과 방향이 불분명하던 해방 후 공간에서 나름대로 의의를 지닌 불교 공동체 운동이었다고 평가할 수 있다.[104] 중요한 것은 봉암사결사가

---

103) 이 점에서 은둔적 불교, 사회에 무관심한 불교라는 지적을 받게 된 과거 성철 스님에 대한 비판을 상기해보자. 이에 대해 허우성, 「간디와 성철」, 조성택 편, 『퇴옹 성철의 깨달음과 수행-성철의 선 사상과 불교사적 위치』, 예문서원, 2006, 187~215쪽 참조. 그것은 엘리아데에 대한 비판과도 맥락을 같이한다. 엘리아데는 과거 이상 사회, 태초의 사건, 신화시대로의 회귀만을 강조함으로써 사회와 역사의 구체적 현실과 전개의 중요성을 사상시켰다고 비판받는다. 그 결과 전체주의 국가의 이데올로기로 이용당할 수 있었다고 한다. 예컨대 엘리아데가 역사발전을 무시함에 따라 종교의 사회변혁 기능을 전면 무시했다고 비판되기도 한다. 박노자, 『하얀 가면의 제국』, 한겨레출판, 2006, 212~217쪽. 이러한 논의들이 전적으로 옳다고 할 수 없을지라도 과거 고대의 황금시대 지향적 사고방식이 지닐 수 있는 일반적 문제를 지적하고 있다고 할 수 있을 것이다. 이런 논의들은 2006년 한일 양국의 엘리아데 연구자들이 모여 개최한 한 학술회의에서도 찾아볼 수 있다. 한국종교문화연구소, 『동아시아의 관점에서 본 엘리아데 재고』, 한국종교문화연구소 2006년 상반기 정기 심포지엄(한일 종교학 공동세미나) 자료집, 2006 참고.
104) 여기에서 터너의 코뮤니타스 이론에 대해 다시 살펴보는 것도 필요할 듯하다. 터너는 초기의 순수하고 영적인 어떤 코뮤니타스도 계속 그 상태를 유지할 수는 없다고 말한다. 코뮤니타스는 사회구조 안에서 존재하기 위해서 변질될 수밖에 없는 운명이라는 것이다. 따라서 사회와 문화가 변화함에 따라 새로운 상징을 지닌 코뮤니타스가 나타나야 한다고 한다. 일정 정도 물질적 요구나 조직화의 욕구가 충족되면 탈구조공동체는 독립적으로 있을 수 없다. 따라서 새로운 탈구조공동체를 위한 혁명적 노력이 요청된다고 한다. 빅터 터너, 앞의 글, 129쪽.

관념적으로만 진행되지 않았다는 사실이다. 당시 이 결사에서는 구체적으로 몸과 행동, 의례를 통해 그 이상을 철저하게 실천했다. 여기서 드러나는 중요한 특징은 몸을 통해 정신이 변화할 수 있다는 사실을 이 결사의 수행자들은 예리하게 인식했다는 것이다. 따라서 승려를 존경해야 한다는 관념을 가르친 것이 아니라 삼배를 하도록 구체적 실천 규범을 제시했다. 천배, 삼천배의 실천도 관념이 아니라 몸을 통해 수행할 때 그 효과가 큼을 강조한 것이다. 봉암사결사가 일상의 행위 양식을 세밀히 규정하고 실천한 것도 일상의 의례화를 통해 삶 전체의 거룩화를 목표했다고 보인다.

    오늘날 한국불교의 위상과 성격, 영향력에 대해 우려의 목소리가 있는 듯하다. 다방면에서 그 원인을 생각해보는 것이 필요하겠지만, 봉암사결사를 통해 도움을 받을 수 있을 것이다. 현재 한국불교가 뚜렷한 정체성과 신성성의 권위, 또는 종교적 힘의 원천을 찾기에 어려움이 있다면, 그것은 자신이 모방할 이상적 모델을 과거의 어디에서도 분명히 찾지 못해서가 아닐까? 그리고 그 모델의 구현은 단지 관념을 통한 깨달음의 추구, 경전에 대한 지식을 통해서가 아니라 의례와 수행, 행위 양식을 통해 보다 구체화될 때 가능함을 봉암사결사는 보여주고 있다.

봉암사결사의 윤리적 성격과 그 정신

김호성 | 동국대 교수

1. 머리말

2. 「共住規約」의 윤리적 성격 분석

3. 비교를 통한 윤리적 성격의 재확인

4. 退翁의 精神史에서 본 봉암사결사의 정신

5. 맺음말

1. 머리말

지난 2007년에 한국의 불교도들은 退翁性徹(1912~93), 青潭淳浩(1902~70), 慈雲盛祐(1911~92)가 중심이 되었던 鳳巖寺결사 60주년을 맞이하였다. 그동안의 무관심을 일거에 만회하려는 듯 조계종 차원에서 여러 가지 행사가 기획되었다. 교육원 불학연구소가 중심이 된 봉암사결사 60주년 기념세미나 역시 그 일환이다. 교단 차원에서는 처음으로 봉암사결사 60주년을 기리는 자리였다.

생각해 보면, 봉암사결사가 우리의 현대불교사에 주는 의미는 관심 있는 사람이라면 누구나 共感할 것으로 생각한다. 그것은 다음과 같은 조성택의 글에서 분명히 드러나 있다.

> 봉암사결사는 한국 근현대 불교사 기술에 있어 그 이전과 이후를 구분할 만큼 한국불교의 역사적 전기를 이루는 사건으로 평가된다. 오늘날 조계종이 한국 최대의 종단이 되는 역사적 계기도 어떤 의미에서는 봉암사결사에서 마련된 것이라 할 수 있다. 오늘날 오랜 전통일 것이라고 막연하게 생각하는 신행 문화나 사찰에서의 생활양식과 예불의식 등 소위 불교문화라 일컬어지는 대부분이 봉암사결사를 통해 정리되고 확립된 것이다. 오늘날 조계종, 크게는 한국 현대불교의 원류가 봉암사결사에서 출발한다고 해도 과히 틀린 말이 아니다.[1]

이러한 평가에 이의를 제기할 사람은 거의 없을 것이다. 그러나 우리는 좀 더 봉암사결사의 내면으로 침잠해 들어가서 그 내면 풍경을 재확인할 필요가 있다. 그래서 그 결사의 성격을 어떻게 이해할 수 있는지, 또 어떤 점들을 적극적으로 계승해야 할 것인지를 차분하게 짚어보아야 할 것이다. 그런 맥락에서, 나는 봉암사의 성격론에 초점을 두고서 조명해 보기로 한 것이다.

그런데 불행하게도, 이 봉암사결사의 세미나가 기획되어서 준비되고 또 행해지던 2007년 후반기는 '신정아 사태'라고 할 일이 조계종 종립 동국대에서 일어나면서, 동국대뿐만 아니라 조계종을 중심으로 한 불교계 전체에 대한 사회적 신뢰가 실추되던 때였다. 그러한 시절인연이 우리로 하여금 더욱더 깊이 봉암사결사의 의미가 무엇인지를 묻게 하였으며, "봉암사결사의 정신으로 돌아가자", 혹은 "부처님 법대로 살자"라고 외치게 하였다. 2007년 10월 19일 결사현장 봉암사에는 많은 僧俗이 운집하여, 다시 봉암사결사 정신으로 되돌아가서 미래 불교를 새롭게 일으키자고 결의하게 되었다.

교단으로서는 당연히 그렇게 해야 할 것이다. "봉암사결사의 정신으로 다시 돌아가자", 혹은 "부처님 법대로 살자!" 그렇게 과거의 아름다운 전통으로 돌아가는 것은 단순한 復古일 수는 없다. 복고에 의해서 새로운 기운을 불러일으키려는 進就에 다름없다. 바로 그렇기에 여기서 우리는 다시금 되물어야 하는 것이다.

과연 봉암사결사의 정신은 무엇이었던가? 혹은 부처님 법대로 산다는

---

1) 조성택,〈봉암사결사를 다시 생각한다〉,《불교평론》30집(서울: 만해사상실천선양회, 2007), 2쪽.

것은 어떤 삶을 의미하는가?

내가 봉암사결사의 성격론과 함께 그 정신을 탐구해 보려는 까닭이다. 이를 위해서 우리가 의지할 수 있는 가장 일차적인 문헌 자료인 당시의 「共住規約」과 退翁을 비롯한 동참 대중의 구술 증언이다. 물론, 이들을 분석한 선행 연구들 역시 그 뒤를 따르는 후발 주자인 나로서는 적지 않게 참조할 수밖에 없다. 특히, 폭넓게 증언을 수집한 金光植의 논문[2]은 거의 1차 자료로서의 가치를 갖는 것으로 평가하여 의지하였다. 이들을 분석할 때, 나는 봉암사결사는 윤리적 성격을 강하게 갖는 계율중심(律>禪)의 결사 운동으로 평가하고자 한다. 본론의 2장은 바로 이 점을 「공주규약」의 분석을 통하여 共時的으로 드러내고, 3장에서는 普照知訥(1158~1210)의 정혜결사와 龍城의 참선만일결사와의 通時的 對比를 통해서도 다시 한번 그러한 점을 재확인코자 한다.

그렇다고 해서 우리의 현대불교계가 모두 「공주규약」에 드러나 있는 바를 계승할 수 있을까? 봉암사결사의 정신이 「공주규약」에 드러나 있다고 할 때, "봉암사결사로 돌아가자"라고 하는 말은 "봉암사결사의 「공주규약」으로 돌아가자"는 의미가 된다. 과연 그것이 가능한지도 따져보아야 할 것이다. 내 입장을 결론부터 말한다면, 「공

---

2) 김광식, 「봉암사결사의 전개와 성격」, 『한국 현대불교사 연구』(서울: 불교시대사, 2006), 36~76쪽 참조.
봉암사결사를 비롯하여, 이 글을 씀에 있어서 읽어보게 된 김광식 선생의 글은 전부 '발로 쓰인 글'로서 해당 분야에서 1차적 텍스트로서의 의미 역시 갖고 있는 것으로 평가된다. 그러한 선학의 연구가 없었다고 한다면, 결코 이 글은 쓰일 수 없었다.

주규약」에 드러나 있는 봉암사결사의 정신은 表層의 차원에서는 현대의 교단 상황에서 반드시 계승해야 할 부분도 있을 것이고, 재해석이 필요한 부분도 있으리라 생각된다. 그렇게 「공주규약」의 모든 조항들을 金科玉條로 여겨서 그대로 실천할 수 없다고 한다면 "봉암사결사로 돌아가자"는 말을 우리는 어떻게 받아들여야 하는 것일까? 봉암사결사에는 表層의 차원 밖에, 그보다 더 깊숙한 深層의 차원이 있는 것으로 평가한다. 그것을 탐색하는 데는 봉암사결사의 시간적 한계를 넘어서 그 결사 운동을 주도적으로 이끌었던 退翁의 精神史에 대한 탐색을 요구한다. 이 부분이 4장을 이루는 것일 터인데, 여기서는 종래 退翁의 精神史를 탐색한 허우성과 김종인의 관점을 실마리로 해서 그와 다른 나의 관점을 새롭게 제시할 것이다. 바로 避隱의 정신인데, 이제 우리가 "봉암사결사로 돌아가자" 혹은 "부처님 법대로 살자"라는 말은 피은, 혹은 피은 속에서 수도의 삶을 살아보자는 것으로 받아들여야 하리라 본다.

2. 「共住規約」의 윤리적 성격 분석

1) 「共住規約」에 보이는 결사의 성격

退翁의 봉암사결사에 대해서는 그 취지 등을 알 수 있는 結社文 같은 문건은 없었던 것 같다. 다만 당시 결사의 청규 역할을 했던 「共住規約」이 전해져 온다. 이는 退翁에 의해 제정되었다. 이미 선행 연구를 통하여 그 전모가 보고되었으나, 이 글에서도 다시 한 번 인용[3] 해 두기로 한다. 앞으로의 詳論을 위해서 필요하기 때문이다.(원문에는 일련번호 없이 '一'로 되어 있으나, 뒤의 논술의 편의상 일련번호를 붙인다.)

① 森嚴한 佛戒와 崇高한 祖訓을 勤修力行하여 究竟大果의 圓滿 速成을 期[4]함.
② 如何한 思想과 制度를 莫論하고 佛祖敎勅 이외의 各自 私見은 絶對 排除함.
③ 日常 需供은 自主自治의 標幟下에 運水 搬柴 種田 托鉢[5] 등 如何한 苦役도 不辭함.
④ 作人의 稅租[6]와 檀徒의 特託에 依한 生計는 此를 斷然 淸算함.
⑤ 檀信[7]의 佛前 獻供은 齋來의[8] 現品과 至誠의 拜禮에 止함.
⑥ 大小 二便 普請 及 就寢 時를 除하고는 恒常 五條 直裰[9]을 着用함.
⑦ 出院 遊[10]方의 際는 戴笠 振錫하고 必히 團體를 要함.

---

3) 김광식, 앞의 책, 58쪽. 재인용.(이하 동일한 페이지) 종래에 보고된 「共住規約」의 원문에서는 글자의 出入이 있었다. 더 이상의 혼란을 막기 위하여는 이 「共住規約」의 원본을 影印 상태로 공개할 필요가 있었는데, 마침 '봉암사결사 60주년 기념 학술 세미나 자료집'인 『봉암사결사의 재조명과 역사적 의의』(서울: 교육원 불학연구소, 2007)의 부록으로 영인되어 있었다. 이에 이 글에서는 그것을 讀解하여 종래의 오류를 바로 잡을 수 있게 되었다.
4) 김광식과 德山은 공히 '其'로 옮기고 있으나, 잘못이다. 德山, 「용성문도와 불교정화운동」, 『동산대종사와 불교정화운동』(부산: 범어사, 2007), 127쪽.(이하 동일한 페이지)
5) 김광식과 德山은 공히 '托鉢' 앞에 '把針'을 넣고 있으나, 영인본에는 없는 것이었다.
6) 德山은 '租稅'라 했으나, 잘못이다. 德山, 앞의 책, 127쪽.
7) 김광식은 '壇徒'로 옮기고 있으나 잘못이다. 德山은 '檀徒'로 보았으나, 역시 잘못이다. 檀信은 檀徒, 즉 信徒를 의미한다.
8) 김광식과 德山 공히 '齋來기'로 보았으나, 잘못이다.
9) 김광식과 德山은 공히 '綴'로 보았으나, 잘못이다.

⑧ 袈裟는 麻綿에 限하고 此를 壞色함.

⑨ 鉢盂는 瓦鉢 以外의 使用을 禁함.

⑩ 日 一次 楞嚴大呪를 課誦함.

⑪ 每日 二時間 以上의 勞務[11]에 就함.

⑫ 黑月 白月[12] 布薩大戒를 講誦함.

⑬ 佛前 進[13]供은 過午를 不得하며 朝食은 粥으로 定함.

⑭ 坐次는 戒臘에 依함

⑮ 堂內는 坐必面壁하야 互相 雜談을 嚴禁함.

⑯ 定刻 以外는 睡[14]臥를 不許함.

⑰ 諸[15]般 物資 所當은 各自 辦[16]備함.

⑱ 餘外의[17] 各則은 淸規 及[18] 大小 律制에 準[19]함.

右記 條章의[20] 實踐躬行을 拒否하는 자는 連單共住를 不得함.[21]

이 18條에 이르는 규약을 보다 체계적으로 상론하기 위해서는, 科目을 설정하는 것[22]이 도움이 되리라 생각한다. 비록 이 「공주규

---

10) 德山은 '遊'를 '遠'으로 보았으나, 잘못이다.
11) 김광식과 德山은 '動'으로 보았으나, 잘못이다.
12) 김광식과 德山은 모두 '白月 黑月'로 보고 있으나, 잘못이다.
13) 김광식과 德山은 공히 '獻'으로 보았으나, 잘못이다.
14) 김광식과 德山은 공히 '寢'으로 보았으나, 잘못이다.
15) 김광식과 德山은 공히 '法'으로 보았으나, 잘못이다.
16) 김광식과 德山은 '辯'으로 보았으나, 잘못이다.
17) 김광식과 德山은 '의'를 생략하고 있으나, 잘못이다.
18) 德山은 '以外'로 보았으나, 잘못이다.
19) 김광식과 德山은 공히 '依'로 보았으나, 잘못이다.
20) 德山은 '條章의'를 삭제하였으나, 잘못이다.
21) 김광식과 德山 공히 이 뒤에 '知事 白'이 있다고 하였으나, 영인본에서는 없었다.
22) 김광식 역시 나름대로 다섯 가지의 성격으로 분류하고 있다. 다만, 13조의 소속이

약」의 순서와 일치하는 것은 아니지만, 내용상으로 판단해 볼 때 다음과 같이 나눌 수 있을 것으로 생각한다.

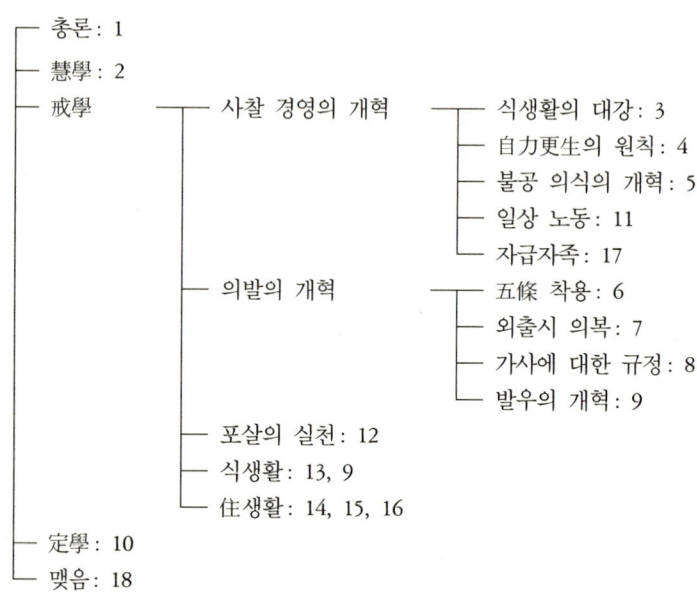

계학과 관련된 것이 가장 많은 부분을 차지하고 있음을 알 수 있다. 이렇게 볼 때, 「共住規約」에서 가장 강조하는 것은 계학의 재정립, 혹은 계학의 르네상스를 지향한 것으로 판단된다. 이 밖에도 봉암사결사에서는 보조 장삼을 착용하고, 재가자를 위하여 보살계 수계와 법문이 최초로 실천되었다. 이런 측면에는 律藏을 깊이 연구하고 있었던 慈雲의 이바지[23]가 있었다. 그런 점에서 "수행은 禪 중심

不明하다. 김광식, 앞의 책, 59쪽.

이었다. 결사에 동참한 승려 대부분이 수좌였기에 이는 당연한 것이었다. 특히, 간화선 위주의 수행 풍토가 주류를 이루었다"[24]고 하는 김광식의 평가는 다소 限定될 필요가 있으리라 본다.

왜냐하면, 결사에 동참한 대중 대부분이 수좌였다는 점과 결사의 주창자였던 退翁의 禪法이 看話禪이었다는 점으로 인하여, 또 일상생활 중에서 선 수행이 많이 행해졌다고 해서 곧바로 그것으로 봉암사결사 전체의 성격을 규정하는 것은 무리라고 보이기 때문이다. 당연히 선 수행을 하였으나, 뒤의 Ⅲ장 2節에서 언급할 龍城震鍾(1864~1940)의 참선만일결사와 대비해 보더라도 그 차이점은 뚜렷하리라 본다. 祖孫 공히 禪律竝運이었다고 할 수 있을지라도, 용성에게 律은 어디까지나 修禪을 위한 律로서 강조되었다고 한다면 退翁에게는 오히려 당시 교단 상황 속에서 非律로 판단되는 것들을 한 번 타파해 보고자 하였던 것이다. 李秀昌(摩聖)은 "봉암사결사는 백용성이 1925년 양주 도봉산 망월사에서 시작했던 「활구참선만일결사」의 정신을 계승한 것이라"[25]고 본다. 동의할 수 있는 부분이다. 우선 禪律竝運의 대원칙이 동일할 뿐만 아니라 半月에 1회씩 포살을 했다고 하는 점, 잡담을 엄금하거나 묵언을 하였다는 점 등이 공통되기 때문이다. 하지만, 龍城의 참선만일결사와 退翁의 봉암사결사 사이에 존재하는 차이점 역시 간과해서는 아니 된다. 그것은 무엇일까?

---

23) 봉암사결사에서 慈雲의 역할은 좀더 해명이 되어야 하지 않을까 생각된다. 退翁이 律儀에 관한 규정을 다수 담고 있는 「共住規約」을 작성할 당시 慈雲과 아무런 의논이 없이 규정하였을까, 아니면 어떤 의논을 하였던 것일까 그 여부가 궁금하다.
24) 김광식, 앞의 책, 71쪽.
25) 李秀昌(摩聖), 「백용성의 승단정화 이념과 활동」, 『동산대종사와 불교정화운동』, 26쪽.

바로 선과 율 사이에 중심점을 어디에 두느냐 하는 점에서 찾을 수 있으리라 본다.

退翁이 말한, '古佛古祖의 遺勅'이나 인멸되어 버린 '佛祖敎法'이 무엇일까? 또 "오직 부처님 법대로만 한번 살아보자. 무엇이든지 잘못된 것은 고치고 해서 부처님 법대로만 살아보자"라고 할 때, 그 '부처님 법'은 무엇이었을까? 이 물음에 대한 대답이야말로 봉암사결사의 성격을 결정적으로 판단할 수 있는 것이 아닐까? 그것은 看話禪을 중심으로 한 禪 수행일까? 만약 그렇다고 한다면, 봉암사결사는 禪의 결사였다고 할 수 있으리라. 鏡虛惺牛(1849~1912)나 漢岩重遠(1876~1951)[26]의 결사와 같이 말이다. 그러나, 그렇게 답할 수 없음은 물론이다. 바로 戒律의 결사이다. 특히, 생활 의례라고 할 수 있는 律儀의 개혁이 결사의 근본 취지였다. 따라서 나는 退翁의 봉암사결사는 禪律竝運이었으나, 용성의 경우(선>율)와는 달리 선보다 율이 더욱 중심에 놓여 있던(선<율) 결사였던 것으로 평가하고자 한다. 다만, 간화선 중심의 선 수행은 수행 프로그램이라는 의미는 있겠으나, 그것으로 결사의 전체적 성격을 규정할 수는 없다고 본다. 律 중심의 결사였으므로 조성택의 평가처럼 "오늘날 조계종, 크게는 한국 현대불교의 원류가 봉암사결사에서 출발하였다" 할 수 있으며, 또 李秀昌(摩聖)이 지적하는 것처럼 "이 봉암사결사가 한국불교 승단 정화운동의 시작을 알리는 신호탄이었던 것"[27] 아니겠는가. 禪이 중심

---

26) 경허와 한암의 결사에 대해서는 졸고, 〈결사의 근대적 전개 양상—정혜결사의 계승을 중심으로—〉, 《보조사상》 제8집(서울: 보조사상연구원, 1995), 133~166쪽. 참조. 또 한암의 결사를 힌두교 성전 『바가바드기타』와 비교해서 재검토한 것으로는 졸고, 「바가바드기타와 관련해서 본 한암의 念佛參禪無二論」, 『한암사상연구』제1집(평창: 월정사 한암사상연구원), 55~147쪽 참조.

이었던 결사라고 한다면 그러한 성격과 이러한 평가가 담보하는 내용이 서로 부합하지 못하고 말 것이다.

2)「共住規約」에 나타난 律儀의 분석

앞에서는 「共住規約」을 통하여 봉암사결사의 성격은 禪보다는 律이 강조된 律 중심의 결사였음을 확인해 보았다. 退翁이 말하는 "부처님 법대로 살아보자"는 의미 맥락은 부처님이 제정하신 戒律을 말씀 그대로 준수하면서 살아가자는 취지였던 것으로 평가된다. 따라서 구체적으로 「共住規約」의 전체에 대해서 보다 구체적으로 분석해 볼 필요가 있을 것 같다. 이에 대해서는 이미 德山에 의해서 시도된 바[28] 있다. 그것을 참고로 하면서도 나 나름대로 율장과 청규와의 관련성을 찾아보기로 한다. 논술 방식은 「공주규약」하나하나에 대한 각론적 주석을 부연하는 것으로 한다.

① 森嚴한 佛戒와 崇高한 祖訓을 勤修力行하여 究竟大果의 圓滿 速成을 期함.

앞에서 나는 봉암사결사가 律 중심의 결사임을 주장하였다. 그것을 증명하는 條章이 바로 1조이다. 이 조는 따로이 결사문을 갖추지 않았던 봉암사결사의 이유 내지 논리를 밝히고 있는 부분이다. 결사문을 대신할 수 있다. 거기에 '森嚴한 佛戒'가 나오고 있는 것이다. '崇高한 祖訓'에 대해서도, 德山이 지적한 것처럼 "불조 이래 선교의

---

27) 李秀昌(摩聖), 앞의 책, 26쪽.
28) 德山, 앞의 책, 127~129쪽 참조. 이 項의 논의에는 摩聖 스님이 제공해 준 『동산대종사와 불교정화운동』의 공덕이 컸음을 밝힌다.

구분 이전 역대 조사들의 숭고한 가르침으로 볼 수 있다. 그러나 여기서는 결사 대중 가운데 성철, 향곡 선사 등의 성향으로 보아 선종계의 역대전등・제대조사들의 가르침으로"[29] 볼 수도 있을 것이다. 그러나 그렇게 일반화시켜 버리기보다는 '선종계의 역대전등・제대조사들의 가르침' 중에서도 청규와 관련된 가르침으로 보면 어떨까 한다. 실제로 「共住規約」은 인도불교의 율장과 중국불교의 청규를 함께 의지・依用하고 있는 것 아닌가. 그렇게 볼 수 있다면, 제1조의 총론과 제18조의 맺음말의 首尾가 서로 相應하게 될 것이다.

② 如何한 思想과 制度를 莫論하고 佛祖敎勅 이외의 各自 私見은 絶對 排除함.

普照의 定慧結社의 淸規인 『계초심학인문』에서 말한 "다만 부처님의 성스러운 말씀에만 의지할 것이며, 용렬한 무리의 망령된 주장을 따라서는 아니 된다"[30]라는 구절이 생각난다. '사상과 제도'라고 해서, 사상의 측면에서도 私見을 배제하고 있으나 실제로 그 중심은 제도에 있는 것으로 보인다. 그리고 그 제도는 바로 제1조에서 말한 것과 같은 佛戒와 祖訓(=淸規)에 의지하여 새롭게 제정하는 「共住規約」의 규정 자체일 것이다. 이렇게 제2조 역시 律과 관련해서 해석할 수 있는 것은 『계초심학인문』의 "但依金口聖言; 莫順庸流妄說"을 상기할 수 있기 때문이다. 2조의 문맥은 受持하여 그 持犯과 開遮를 잘 알고서 실천해야 할 五戒와 十戒 등의 계율에 의지할 것이며, 그 밖의 妄說에 따라서는 아니 됨을 강조하는 것으로 볼 수 있을 터인데, 이는 2조 역시 그렇게 이해할 수 있을 것이기 때문이다.

---

29) 위의 책, 128쪽.
30) "但依金口聖言; 莫順庸流妄說." 『보조전서』, 167쪽.

③ 日常 需供은 自主自治의 標幟下에 運水 搬柴 種田 托鉢 등 如何한 苦役도 不辭함.

탁발을 인정함은 초기 불교 율장의 규정에 따를 수 있다는 것이며, 농사(種田)를 비롯해서 일상생활에 필요한 것은 스스로의 노동으로 자급하겠다는 의지의 표명이다. 이는 중국 선종의 청규에서 확립된 "一日不作, 一日不食"의 표명이다.

④ 作人의 稅租와 檀徒의 特託에 依한 生計는 此를 斷然 淸算함.

3條에서 언급한 '日常 需供은 自主自治'로 한다는 대원칙에 따라서 作人의 租稅와 檀徒의 特託에 의한 생계유지를 거부하겠다는 것이다. 이 역시 선종 청규의 自助생활을 천명한 것이다. 물론, 여기에는 종래 그렇지 못했기에 부득이 초래될 수밖에 없었던 사원의 地主化, 불교 의례의 집전으로 인한 승려의 司祭者化 등의 積弊를 一掃하려고 했던 복안도 있었던 것으로 평가된다.

⑤ 檀信의 佛前 進供은 齋來의 現品과 至誠의 拜禮에 止함.

3條와 4條에 관련된다. 自主自治하므로 佛供을 올려주는 司祭者 노릇을 할 수 없다는 선언이다. 혹은, 역으로, 退翁은 승려라는 존재는 佛供을 올려주는 사제자 노릇을 할 수 없으므로 생활 역시 自主自治해야 하고, 그러기 위해서는 3조와 같은 규정을 지켜야 한다고 보았는지도 모른다.

동시에, 이 구절에 나타난 불공은 신도가 각기 갖고 온 現品을 佛前에 올려놓고서 至誠의 拜禮를 하는 것에 불과하므로, 불교 의례의 개혁이라는 측면에서도 의미가 있게 된다. 이 점에 있어서는 萬海의 『조선불교유신론』의 관점과 정확히 부합된다 하겠다. 萬海는 「佛家

의 各種 儀式」에서 다음과 같이 말하고 있는 것이다.

> 또 부처님에 대한 공양은 法供이라야 의의가 있고 飯供은 의미가 없다. 그럼에도 불구하고 매일 반공을 일삼는다면 부처님을 모독하는 것이 될 뿐이니 이를 폐기한다 하여 무슨 잘못이 있겠는가. (중략) 굳이 재공양과 제사의 덕택을 가지고 절을 유지하고 승려의 생계를 도모하는 대계를 삼는데 만족한다면, 이는 조선불교가 천하의 다른 종교에 못 미치는 까닭이 될 것이니, 아들은 사실 동쪽으로 갔는데도 이를 찾아 서쪽으로 향해 달려가는 격이라 할 것이다. 왜 다시 생각하여 머리를 돌리지 않는 것이랴.[31]

이 문장을 이어서 萬海는 「승려의 인권 회복은 생산에서」를 논하고 있는데, 司祭者 노릇을 그만두고 禪農佛敎로 自主自治하라고 한 退翁의 입장과 정히 동일한 것이다.

⑥ 大小 二便 普請 及 就寢 時를 除하고는 恒常 五條 直裰을 着用함.

의생활에 대한 규정이다. 德山은 直裰에 대해서, "직접적으로 如法히 五條를 이어서 만든 가사를 말한다"[32] 라고 하였다. 李秀昌(摩聖)은 "율장 규정과도 부합한다"고 말한다.[33]

---

31) 한용운, 「조선불교유신론」, 『한용운전집 2』(서울: 신구문화사, 1980), 77~78쪽.
32) 德山, 앞의 책, 129쪽.
33) 2007. 9. 29. 전화통화.

⑦ 出院 遊方의 際는 戴笠 振錫하고 必히 團體를 要함.

'삿갓'을 쓰라는 것은 율장에 근거가 없다. 이는 德山이 지적한 대로, "한국·일본 등의 운수납자의 행장을 고려"[34]한 것일 터이다. '필히 단체로' 외출하라고 한 것 역시 율장 대품의 이른바「전도의 선언」에서 붓다가 말씀하신 "두 사람이 한길로 가지 말라"고 한 입장과는 배치된다. 붓다는 "많은 사람의 이익을 위하여, 많은 사람의 행복을 위하여, 세간에 대한 연민을 가지고서, 신과 인간의 이익과 이로움과 행복을 위하여" 그렇게 하라고 했음에 비하여, 여기서는 "개별적 행동을 차단하고, 「공주규약」과 律을 강조하기 위해서"[35] 였던 것으로 판단된다.

⑧ 袈裟는 麻綿에 限하고 此를 壞色함.

괴색을 한다는 것은 율장의 규정에 따른 것이다. 괴색에 대하여 佐藤密雄은 "비구의 옷을 가사(kasaya)로 부르는데, 그것은 괴색이라는 의미이며, 가사로 한다는 것은 천한 색으로 물들이는 것이며, 이를 色賤이라 한다"[36]고 하였다. 그러나 옷감의 종류를 麻綿에 한정한다는 것은 율장의 규정보다 더 엄격화된 것이다. 붓다 당시의 규정은 다음과 같이 말해진다.

의건도에 의하면, 붓다의 이질을 치료한 의사 耆婆는 치료를 위해서 붓다의 분소의를 尸毘布로 바꾸어 드리면서, 비구들도 거사의 옷을 받을

---

34) 上同.
35) 李秀昌(摩聖)의 견해이다. 2007. 9. 29 전화통화.
36) 佐藤密雄, 졸역, 『초기불교 교단과 계율』(서울: 민족사, 1991), 42쪽.

수 있도록 해달라고 간청한 일이 있었다. 기바의 간청이 받아들여짐으로써 여러 가지 옷, 絹衣 등을 보시받게 되었다.

사의법 중 분소의의 예외로서는 亞麻衣·錦衣·野蠶衣·褐衣·紵衣 등 다섯 가지 옷을 들고 있다. 의건도에는 비구의 옷을 지을 수 있는 천으로서 芻麻·古貝·憍奢耶·欽婆羅·沙尼·麻布 등 여섯 가지를 열거하고 있다. 이 가운데 추마(아마의)는 린넬 지방의 마이고, 고패는 면, 교사야는 비단, 흠바라는 양모지, 사니는 야마, 마포는 마인데 각기 이것들은 당시로서는 최고급 의류였다.[37]

요컨대, 붓다 당시의 규정에 의하면 비단 가사도 가능하다는 것이다. 그런데 退翁이 이를 추방하고 마면으로만 제한한 것은 비단 가사도 사치스럽다고 본 것이다. 검소하고 淸貧한 승가를 지향한 것이며, 이는 시대정신에 부합한 개정으로 평가해야 할 것이다.

⑨ 鉢盂는 瓦鉢 以外의 使用을 禁함.

율장의 규정에 의하면, 鐵鉢 역시 가능했다[38]고 한다. 그러나 봉암사결사 이전에는 木鉢이 많이 쓰였다고 하는 것으로 보아서, 木鉢의 사용금지를 규정한 것으로 보인다. 이는 나무라는 생명체의 벌목을 제한하는 것으로도 이어지고 있는 만큼 의미 깊은 규정이다. 지금은 비록 플라스틱 발우가 등장하긴 했지만 말이다.

---

37) 위의 책, 41쪽.
38) 위의 책, 37쪽과 189쪽 참조.

⑩ 日 一次 楞嚴大呪를 課誦함.

『勅修 百丈淸規』에서는, 선종에서 행하는 여러 가지 의례 중에 능엄주나 大悲呪 등이 지송되어야 함을 규정하고 있다.[39] 그러나 退翁이 능엄주 지송을 널리 권유하게 된 이유에 대해서는 좀 더 깊은 연구가 있어야 할 것으로 본다.

⑪ 每日 二時間 以上의 勞務에 就함.

선종 청규에 따른 것으로 생각할 수 있다. 앞의 제3조, 제6조와 함께 생각하면, 퇴옹의 봉암사결사 역시 禪農佛敎를 실천했음을 보여준다. 萬海가 생산 불교를 주장한 것이나 용성이나 鶴鳴(1867~1926)의 禪農佛敎와 궤를 같이한다. 특히, 退翁은 禪律竝運의 측면에서만 龍城을 이었을 뿐만 아니라, 禪農佛敎라는 점에서도 龍城의 가풍을 잇고 있음을 다시금 확인해 볼 수 있다. 이는 종래 봉암사결사를 논함에 있어서 상대적으로 주의가 덜 기울여졌던 측면이고, 앞으로 좀 더 부각되어야 할 것으로 나는 생각하고 있다.

⑫ 黑月 白月 布薩大戒를 講誦함.

율장의 규정에 부합한다. 또한 이는 龍城의 참선만일결사의 청규들에서도 그대로 있었던 것이다. 근대의 禪院에서 半月마다 포살을 행하고자 한 것은 龍城에 의해서 처음 시도되었던 것이 아닌가 하는데, 退翁도 이를 이어받고 있는 것이다.

---

39) 野口善敬,『ナムカラタンノーの世界 ― 千手經과 大悲呪の硏究 ―』(京都: 禪文化硏究所, 2000), 253쪽 참조.

⑬ 佛前 進供은 過午를 不得하며 朝食은 粥으로 定함.

불공 시간에 대해서는 실제 붓다의 식사 시간에 맞춘 것이라 할 수 있다. "조식은 죽으로 한다"에 대해서, 德山은 "범어사만 하더라도 동산 대종사 열반(1965년) 이후인 1960년대 후반까지 계속되었다"[40]고 한다. 물론, 당시 어려웠던 식량 사정도 반영하고 있는 것인지는 모르지만, 검소하고, 淸貧한 승가 생활을 지향하는 모습이 담겨있음도 사실일 것이다.

⑭ 坐次는 戒臘에 依함.

普照의 『誡初心學人文』에 나오는 "먼저 된 이는 형이 되고 나중에 된 이는 아우가 된다"[41] 또 이는 "붓다 시대 이후의 고유의 풍습이기도 한 것이다"[42]

⑮ 堂內는 坐必面壁하야 互相 雜談을 嚴禁함.

이는 "법에 맞는 이야기를 하거나, 아니면 침묵하라"고 한 붓다의 말씀에 부합한다.[43] 또한 "앉을 때는 반드시 面壁하라"는 것은 面壁의 달마 문하이므로 당연한 것일 터이다. "서로 잡담을 금하라"는 규정은 普照의 『誡初心學人文』에서 말하는 "대중처소에 머물 때는 …… 머리를 맞대고 하는 쓸데없는 이야기를 삼가며"[44]를 생각나게 한다.

---

40) 德山, 앞의 책, 129쪽.
41) "大者, 爲兄; 小者, 爲弟." 『보조전서』, 167쪽.
42) 李秀昌(摩聖)의 견해이다. 2007. 9. 29 전화통화.
43) 李秀昌(摩聖)의 조언에 의한다. 2007. 9. 29 전화통화.
44) "居衆寮, (----), 愼聚頭閑話." 위의 책, 168쪽.

⑯ 定刻 以外는 睡臥를 不許함.

이 규정은 수행자 집단이라는 점을 생각한다면, 그 전거를 찾는 것 자체가 새삼스러운 바 없지 않다. 굳이 찾아본다면, 역시 普照의 『誡初心學人文』에서 말하는 "결사 도량에 머물 때는 …… 수면이 지나치지 않도록 삼가고"⁴⁵⁾를 생각나게 한다.

⑰ 諸般 物資 所當은 各自 辦備함.

이 규정은 지금 우리가 이해하려고 할 때 다소 애매한 바 없지 않다. 필요한 '諸般 物資'를 어디까지로 볼 것인가 하는 점이다. 그것을 결사에 참여하는 대중 스스로 준비하여야 한다는 것이다. 이는 경제적으로 3조와 같이 自主自治를 지향하는 입장에서, 또한 4조와 같이 종래의 사찰 경제를 扶持해 주었던 作人의 조세라든가 檀徒의 특별한 기여를 거부하며, 5조와 같이 佛供마저 신도들의 拜禮로 마치도록 함으로써 극도의 궁핍과 淸貧한 승가를 구현하려는 입장에서는 어쩌면 불가피한 조처였을지도 모르겠다. 참여 대중 개개인은 또한 어떻게 그것들을 마련하였을까 하는 점을 생각하면, 당시의 경제적 곤란이 피부에 와 닿는다.

⑱ 餘外의 各則은 淸規 及 大小 律制에 準함.

이상의 條章에 명시적으로 규정되지 않은 것은 대소승의 율장과 고래로부터 내려오는 선종의 淸規에 따른다는 것을 밝힌, 일종의 附則이자 맺음말이다.

---

45) "住社堂, (----), 愼睡眠過度." 上同.

이러한 각론적 분석을 하면서, 특히 주목해야 할 것은 두 가지로 생각된다. 하나는 禪律竝運만이 아니라 禪農佛敎의 입장을 취하고 있었다는 점에서 멀리는 선종의 古淸規에 잇대어 있으며, 가까이는 龍城의 실천[46]과도 궤를 같이한다. 다만, 龍城의 경우에 선농불교의 모습은 참선만일결사를 통해서가 아니라 1927년 함양 백운산에 건립된 華果院을 통하여 구현된다는 차이점이 있다. 다른 하나는 불공의 개혁에서 대표적으로 나타난 불교 의례의 개혁이다. 불교 의례를 생각할 때, 제5조의 규정이 어떤 의미를 갖는가 하는 점이다. 이 점에 대해서는 후술하게 될 것이다.

3. 비교를 통한 윤리적 성격의 재확인

1) 普照의 정혜결사와 봉암사결사

退翁의 봉암사결사에 대하여 공부하는 동안, 나는 보조의 정혜결사와 퇴옹의 그것이 윤리적 차원의 교단 개혁 운동이란 점에서 서로 닮은 성격이 있음을 발견하였다. 여기서는 이 점을 좀더 詳論함으로써 앞서 논한 바와 같이, 퇴옹의 봉암사결사가 禪보다는 律 중심의 결사였다는 나의 논리를 보강하고자 한다.

먼저 나는「정혜결사의 윤리적 성격과 그 실천」에서 보조의 정혜

---

46) 龍城에게 있어서 禪律竝運과 禪農佛敎가 함께 이야기되는 예는 1932년 《불교》지에 기고한 〈中央行政에 대한 希望〉이라는 글 속에서 보인다. "하나는 禪律을 兼行하지 안이하면 안이 될 것이요, 하나는 吾人의 自身이 勞農하지 안이하면 안이 될 것이다." 李秀昌(摩聖), 앞의 책, 22쪽.

결사에 대한 윤리적 차원의 평가를 다음과 같이 행한 일이 있다.

> 이제, 필자는 보다 분명히 정혜결사가 기본적으로, 그리고 전체적으로는 교단의 개혁을 위한 윤리적 성격의 결사 운동이었던 것으로 보고자 한다. 다만, 그를 위해서 定慧雙修를 포함한 修心의 새로운 禪 전통의 실천 역시 요구되었던 것으로 보고자 한다.[47]

> 보조의 정혜결사는 당시까지 禪으로부터 다소 疎外되어 왔던 戒學을 禪門 안에 적극적으로 수용한 실천 운동이었다. 즉 계학의 르네상스를 맞이하였다고 할 수 있으리라.[48]

이러한 의의를 논증하기 위해 나는 몇 가지 개념을 제기하면서 검토를 행한 바 있다.

첫째, 정혜결사는 도덕 공동체였다. 그것은 다음과 같은 이유에서이다.

> 타락된 反윤리적 교단 현실 속에 같이 몸을 담지 아니하고, 그로부터는 일정한 거리를 유지하면서 뜻을 같이하는 道伴들이 먼저 그들의 小그룹을 형성하여 그 안에서 우선 倫理的 청정성을 회복하고, 점차 그 영향력을 넓혀가는 방법이 있다. 이 경우는 개혁주체의 倫理性을 개혁의 출발점으로 삼는다는 점에서 온건하지만 가장 근본적인 방식이라고

---

47) 졸고, 「정혜결사의 윤리적 성격과 그 실천」, 『한국불교학』 제16집(서울: 한국불교학회, 1991), 399쪽.
48) 위의 책, 404쪽.

할 수 있다.[49]

　　퇴옹의 봉암사결사 역시 마찬가지였다. 조선시대의 탄압과 일제에 의한 왜곡으로 인해 佛法의 참모습이 사라져 가는 세태 속에서, 퇴옹은 그 문제 상황 속으로 달려 들어가는 '참여 속의 개혁'을 추구하기보다 먼저 道德을 닦는, 윤리적으로 청정한 空間을 먼저 확보하고자 한 것이다. 그럼으로써 점진적으로 교단 전체에 파급하고자 염원하였던 것으로 보인다.

　　둘째, 그 결과는 小그룹의 面接的 공동체[50]였다고 할 수 있다. 윤리적으로 우선, 스스로를 淨化해나가는 것에서부터 교단의 개혁을 도모하고자 하는 것은 보다 근원적인 것이기에, 죤교단의 범위 내에서 행할 수 있는 일은 아니다. 小규모의 面接的 공동체 안에서 먼저 이를 구현하고자 했던 것이다. 普照의 정혜결사가 일어난 송광사(←거조암)나 退翁의 봉암사결사는 공히 작은 규모의 대중이 함께할 수밖에 없는 공간이었다. 아니 그것을 먼저 의도했던지도 모른다. 그런 의미에서 그들의 결사는 모두 小그룹의 面接的 공동체였다.

　　셋째, 普照의 정혜결사에서는 유토피아 의식을 엿볼 수 있다. 즉, 결사의 이상적 모델에 대한 지향이 있었다. 普照의 의식 속에는 초기 불교의 승가와 중국의 선종 교단에서 성립된 淸規에 의한 叢林[51]을 정혜결사의 모델로 삼아서, 그를 구현하고자 하는 바람이 있었던 것으로 보인다. 그에게 있어 초기 불교의 승가나 중국 선종의

---

49) 위의 책, 404~405쪽.
50) 小그룹의 面接的 공동체의 의미에 대해서는 黃璟植,「덕의 윤리에 대한 찬반 논변」,『현대사회와 윤리』(서울: 서광사, 1989), 196~197쪽 참조.
51) 졸고,「정혜결사의 윤리적 성격과 그 실천」, 앞의 책, 407~408쪽.

총림은 잃어버린 유토피아였을지도 모른다. 이러한 특징은 퇴옹의 봉암사결사에서도 그대로 드러난다. 「共住規約」의 제1조와 제18조에 그러한 점이 제시되어 있다. 이 점에서도 退翁의 봉암사결사는 禪宗 청규와 초기 불교의 율장에 의해 정혜결사를 실천52)했던 보조의 정혜결사와 동일한 입장이었던 것으로 나는 평가한다.

이렇게 생각하면, 비록 禪의 수증론과 관련하여 退翁이 普照를 혹평한 바 있으나, 결사의 실천면에서는 놀라울 만큼 양자는 닮았음을 알 수 있는 것이다. 윤리적으로 문제가 많았던 당대 교단에 戒律의 르네상스, 즉 윤리적 운동으로서 결사를 주도하였던 것이다. 그러면서 그 內的 修行의 프로그램으로서 禪을 실천하고 있었다는 점에서 普照와 退翁은 공통된 면모를 보여주고 있다. 역시 禪律竝運이라 할 만하다. 비록 그들이 지향한 선의 세계는 달랐지만 말이다.

어쨌든 이렇게 普照의 정혜결사와 비교해 보더라도 退翁의 봉암사결사는 윤리적 차원의 교단 개혁 운동이라는 성격이 강했음을 알 수 있다. 다만, 退翁은 律儀의 개혁을 실행했다는 점에서 改革性(=제도 개혁에 대한 의지)이 보조보다 더 높았던 것으로 평가할 수 있다. 또한 이러한 퇴옹의 개혁성은 봉암사결사 이전 일제강점기시대에 靑潭을 만났다는 데서 함께 發願하였을 것으로 생각되고, 봉암사결사 이후에는 해인총림 방장으로서, 종정으로서 나름의 개혁운동을 지속하였던 것53)으로 평가된다. 그런 점에서 避隱性의 측면에서는 普照가 퇴옹보다는 더 높았던 것으로 생각해 볼 수도 있다.

---

52) 졸고, 앞의 책, 410~416쪽 참조.
53) 김광식, 「이성철의 불교개혁론」, 『한국 현대불교사 연구』, 367~409쪽; 김종인, 「1960년대 한국불교와 성철의 활동: 봉암사결사와 해인총림」, 『백련불교논집』제16집(합천: 백련불교문화재단, 2006), 89~125쪽 참조.

2) 龍城의 參禪萬日結社會와 봉암사결사

龍城은 전통 불교를 지켜가면서 그 현대화에도 노력하였던 것으로 평가된다. 그를 위하여 다양한 시도를 계속하는 중 전통 불교의 계승을 위하여 戒律護持운동과 함께 참선 결사를 시도하였다. 이에 대한 경과와 그 의의에 대해서 李秀昌(摩聖)은 다음과 같이 말하고 있다.

1925년 6월부터 백용성은 꺼져가는 조선불교의 전통을 되살리고 선풍을 진작하고자「活句參禪萬日結社」를 준비하여, 8월에 《불교》 14호에 광고를 내어 結社大衆을 모집하였다. 그해 10월 15일 동안거 결제일부터 道峰山 望月寺에서「활구참선만일결사」를 시작하였다. 그런데 이미 광고를 통해 엄격한 社規를 공포한 탓인지 참여 대중은 그리 많지 않았다. 하지만 이때 만일결사에 동참했던 대중들이 후일 한국불교 승단정화운동을 전개한 주역들이었다는 점을 간과해서는 안 될 것이다.[54]

아쉽게도 결사는 오래가지 못하였다. 그러나 용성의 만일참선결사는 흔히 선사들이 계율을 경시한다는 잘못된 오해를 바로잡는 좋은 모범사례가 된다. 이 점은「萬日參禪結社創立記」에서 "우리 부처님께서 계로써 스승으로 삼으라는 유촉을 가만히 생각하고, 禪律竝運하되, 규칙을 정함이 매우 엄격하니"[55]라고 함으로써 분명해진다.

---

54) 李秀昌(摩聖), 앞의 책 20쪽.
55) "暗思我佛, 以戒爲師之囑, 禪律竝運而立規甚嚴." 한보광, <용성 스님의 후반기 생애(1)>, 《대각사상》 제3집(서울: 대각사상연구원, 2000), 46쪽 재인용.

禪과 律을 함께 運用하겠다[56]는 의지를 천명하고 있는 것이다. 참선 만일결사회의 淸規는 鏡虛나 漢岩의 결사와 비교해 볼 때 계율 준수가 더욱 강조되어 있다는 점에서, 그 독자성과 구체성을 확보하고 있는 것으로 평가된다.[57] 구체적으로 살펴보면, 龍城은 지나치다 싶을 정도로 상세한 규정을 제정하였으니, 가히 立規甚嚴이었다. 여기서는 「槪則」,「精修別傳禪宗活句參禪萬日結社會規則」, 그리고 「入會禪衆注意事項」 중에서 지나치게 사무적인 규정을 말하는 것은 제외하고 그 결사의 성격을 파악하는 데 도움을 주는 것만 옮겨 적어두기로 한다.

「槪則」[58]
一. 前項을 구비치 않거나 梵行이 不潔하거나 정진에 懈怠하거나 諸方에서 乖角으로 認하는 자는 入榜을 不許함.
一. 半月마다 梵網經 四分律을 설하고 매월 1일 上堂하여 宗乘을 거양함.

半月마다 『梵網經』과 『四分律』을 설한다는 것은 보살계와 비구계의 포살을 행한다는 것이다. 흔히, 禪은 戒律을 멀리 넘어서는 길이라 생각하기 쉬우나, 龍城은 그렇지 않다는 점을 분명히 한다. 禪

---

56) 禪律竝運에 대한 용성의 의지는 禪農佛敎와 함께, 그가 꿈꾸는 이상적인 한국불교 승단의 모습을 떠받치는 두 기둥의 하나이다. "하나는 禪律을 兼行하지 안이하면 안이 될 것이요 하나는 吾人의 自身이 勞動하지 안이하면 안이 될 것이다." 《불교》 93호. 불교사, 1932. 3. 15쪽.) 李秀昌(摩聖), 앞의 책, 22쪽 재인용.
57) 德山, 「용성문도와 불교정화운동」, 앞의 책, 116~118쪽 참조.
58) 한보광, 앞의 책, 38쪽.

律竝運의 입장이 약여하게 드러나고 있는 것이다. 그러한 점은 「精修別傳禪宗活句參禪萬日結社會 規則」[59]에서는 일상위의에 대한 규정을 보다 구체적으로 제시한다. 역시 중요한 4조, 5조, 그리고 8조 만을 摘記해 둔다.

제4조, 本社의 主旨를 充實히 하기 위하야
1. 每月初 一日에는 宗乘을 擧揚함.
2. 半月마다 大小乘律을 說함.
3. 每月 二十日에는 看話正路를 開示함.
4. 午後不食을 斷行함.
5. 平時에는 默言을 斷行함.
　　但 以上 4, 5項은 外護法 班員에게는 此限에 不在함.
6. 外護法 班員 이외의 禪衆은 期內에 洞口不出을 斷行함.
　　但 父母師長의 重病 又는 死亡時에 限하야 宗主和尙의 許諾이 有할 時는 此限에 不在함.
7. 禪衆은 社中 一切事에 干涉을 不得함.
　　但 宗主和尙의 許諾이 有할 時는 此限에 不在함.
제5조, 本社에 參榜하는 禪師의 資格은 左와 如함.
1. 梵網經 四分律을 特히 遵守하려고 決心한 자.
2. 梵行이 淸淨한 者로 精進에 勤勞하는 者.
3. 僧籍, 戶籍과 衣鉢을 갖추어 携帶한 者.
4. 滿 二十歲 以上으로 五十歲까지의 氣力이 健康한 者.
　　但 氣力이 特히 卓越한 者의게는 此限에 不在함.

---

59) 위의 책, 39~40쪽.

제8조 結制 中에 戒律 又는 規則을 犯하는 者가 有할 時는 宗主和尙이 此를 輕重에 의하여 處罰함.

但 宗主和尙의 命規를 不從할 時는 大衆이 協議하여 山門外로 逐出함.

『범망경』·『사분율』과 같은 대·소승 율에 대한 중시는 「槪則」과 동일하지만, 구체적으로 오후불식·묵언·社中事 불간섭 등과 같은 律儀의 규정이 더하여졌다. 또 「入會禪衆注意事項」[60]에서도 계율과 관련한 사항을 확인해 볼 수 있다.

一. 結制 중에 梵行이 不潔하거나 精進에 懈怠하거나 社中規則을 遵守치 않거나 諸方에서 乖角으로 共認하는 者에게는 大衆과 同居함을 不得함.

一. 殺生, 偸盜, 邪淫, 妄語, 綺語, 兩舌, 惡口, 貪, 瞋, 邪見하는 者와 飮酒食肉이 無妨般若라 하는 者는 同居함을 不得함.

一. 半月마다 大小乘律을 說할 時에 此를 或誹謗하는 자는 同居함을 不得함.

一. 雖 俗人이라도 五辛菜와 酒肉을 此 道場內에 携來하지 못함.

이 가운데서 특히 주목할 것은 "飮酒食肉이 無妨般若라 하는 자는 同居함을 不得함"이라는 구절이다. 이는 당시 교단에 이러한 주장이 횡행하고 있었음을 암시한다. 용성은 일제강점기에 계율을 부흥하고 교단을 淨化하기 위해서 여러 가지로 노력해 왔던 만큼, 비록 그가 禪師로서 活句參禪을 萬日을 期約하여 해보자는 취지에서

---

60) 위의 책, 43쪽.

결사를 하면서도 律에 입각한 생활규범을 매우 엄격하게 요구하면서, 淸規라고 할 수 있는 여러 규정에 집어넣고 있는 것이다. 그러한 점에서 退翁의 봉암사결사는 그의 老師 龍城의 결사 이념을 그대로 잇고 있음을 확인할 수 있다.

그렇다고 하더라도, 양자 간에 아무런 차이가 없는 것은 아니다. 용성의 禪律竝運에서 그 중심은 어디까지나 선에 있었던 것으로 생각된다. 禪>律인 것이다. 禪을 잘 수행하기 위해서는 律을 지키는 것이 필요하다는 입장인 것으로 평가되기 때문이다. 그것은 다음과 같이 결사의 목적을 밝히는 글에서 분명히 드러난다.

「槪則」[61]
一. 結社의 目的은 活句參禪 見性成佛 廣度衆生으로 함
「精修別傳禪宗活句參禪萬日結社會 規則」[62]
第2條, 本社의 主旨는 活句의 參禪으로 見性成佛하야 廣度衆生함을 목적으로 함.
「入會禪家注意事項」[63]
一. 禪衆은 切心工夫하야 見性通宗으로 最急務라 自認한 者로 一切公議와 一切寺中事에 干涉을 不得함.

이러한 목적에 비추어 보아 용성의 禪律竝運에서 그 중심은 禪에 있었던 것으로 보는 것이다. 退翁의 「공주규약」 제1조에서 '삼엄한 佛戒'를 이야기하면서, 戒學의 조항이 가장 중심적이었던 것과는

---

61) 위의 책, 38쪽.
62) 위의 책, 39쪽.
63) 위의 책, 42쪽.

다소 온도차를 느끼지 않을 수 없는 것이다.

4. 退翁의 精神史에서 본 봉암사결사의 정신

이제 퇴옹이 중심이 되었던 봉암사결사의 정신에 대해서는 대체적인 파악이 이루어졌다. 남은 문제는 이를 우리가 어떻게 계승할 것인가 하는 문제이다. 앞의 「머리말」에서 언급한 바와 같이, "부처님 법대로 살자"라고 했을 때, 우리는 '부처님 법'이 무엇인지 물을 수 있다. 이에 대한 퇴옹의 해석은 戒法 혹은 律法을 중심으로 이루어져 있었음을 우리는 앞에서 살펴보았다. 그것은 "살자"는 삶의 문제, "어떻게 살아가며 어떻게 그 마음을 다루어갈 것인가"라고 하는 문제와 결부되어 있었기 때문으로 생각된다. 삶의 문제는 행위의 문제이며, 행위의 문제는 곧 윤리의 문제이기 때문이다.

그렇다면 봉암사결사로부터 一甲子가 지난 우리의 시대에 우리 앞에 놓인 "부처님 법대로 살자"는 命題를 우리는 어떻게 받아들여야 할까? 여기에는 두 가지 차원이 있을 수 있으리라 본다. 하나는 '부처님 법'에 대한 退翁의 해석 방식에 따르는 것이고, 다른 하나는 "부처님 법대로 살자"는 如法 생활에 대한 지향성은 그대로 수용·계승하더라도 '부처님 법'이 무엇인지는 다시 각자가 재해석하는 것이다. 문제는 이 두 가지 방식에 모두 어려움이 남아 있다는 것이다. 전자의 태도를 취한다면 '부처님의 법'에 대한 퇴옹의 해석이 담겨 있다고 보이는 「공주규약」을 우리가 그대로 주목·실천해야 한다는 것이며, 후자의 태도를 취한다면 우리가 다시금 '부처님 법'을 제각기 해석해야 한다고 본다. 내 개인의 입장은 기본적으로 후자이다. 하지만, 바로 그렇기에 오히려 '부처님 법'에 대한 퇴옹의 해석을 따르고 안 따르고는 차치하더라도 전자의 태도에 대한 좀 더 진지한 검토가 필요하리라 보는 것이다.

앞에서 「공주규약」에 나타난 律儀에 대한 각론적 주석을 시도했던 것 역시 바로 그러한 이유에서였다. 그러나, 이제 다시 우리의 문제, 즉 봉암사결사 정신의 계승과 실천 가능성을 다시금 물어보고자 하는 것이다. 우선 「공주규약」 그 안에서 말해지는 律儀를 우리가 어떻게 실천할 수 있을까? 반드시 실천해야 하는 것은 무엇이며, 또 실천하기 어려운 것은 무엇인지를 탐구해 보는 것이다. 이는 결사 정신에 대한 表層 차원의 탐색이다.

그런데 그것만으로는 만족할 수 없다. 만약 그러한 表層 차원에서 봉암사결사 정신을 찾는다면 매우 제한적임을 면치 못할 것이다. 거기에는 再解釋이 필요한 부분도 있을 수 있으며, 현실 속에서 어느덧 실천하기가 사실상 어려운 부분[64]도 있을지 모른다. 그런 까닭에 나는 「공주규약」에서 미처 다 말하지 않은 부분을 찾아보기로 한다. 봉암사결사에서는 별도의 結社文이 없었다. 굳이 썼다고 한다면, 그 부분에 어떤 내용이 들어갈 수 있을까? 이러한 문제의식에서 봉

---

64) 실천하기가 어렵거나 사실상 실천하기가 불가능한 부분이 있을 수 있다고 하는 것은 청규로서 「공주규약」이 갖는 그 자체의 성격으로부터 나온다. 예를 들어서 정혜결사의 청규인 「계초심학인문」의 경우와 비교해 보더라도, 「공주규약」은 훨씬 더 특수한 상황에서 나오는 규범이 많은 것이다. 즉 컨텍스트의 반영 비율이 강하다는 것이다. 반면 「계초심학인문」의 경우에는 시간적·공간적 차이를 넘어서는 보편성이 훨씬 더 많이 반영되어 있음을 알 수 있다. 그런데 구체적인 결사 속에서 준수되어야 할 청규로서는 전자와 같이 컨텍스트가 많이 반영될 수밖에 없다. 그러므로 그러한 컨텍스트를 감안한 읽기가 필요하다는 것이다.

암사결사 정신의 深層 차원을 모색해 보기로 하는데, 이를 위해서 내가 관심을 갖는 것은 바로 봉암사결사 이후일망정 퇴옹에게서 보이는 어떤 정신적·이념적 부분이다. 이에 대한 탐색을 통해서, 오히려 우리가 계승해야 할 진정한 결사 정신은 오히려 深層 차원에서 찾을 수 있을 것으로 나는 보고 싶은 것이다.

이에 먼저 봉암사결사의 표층을 논의해 보고, 그 뒤에 심층을 탐색해 보기로 한다.

1) 결사의 表層에 나타난 정신

봉암사결사의 표층은 「공주규약」에 나타나 있다. 이에 대해서는 앞서 자세히 분석을 하였으나, 여기서 계승과 실천의 가능성 여부라는 관점에서 18조 전체에 대해서 하나하나 재검토해 보기로 하자.

(1) 반드시 계승해야 할 부분

첫째, "① 森嚴한 佛戒와 崇高한 祖訓을 勤修力行하여 究竟大果의 圓滿 速成을 期함"이다. 나는 앞에서 '森嚴한 佛戒'는 물론, '崇高한 祖訓'까지도 戒學의 맥락에서 이해해야 함을 주장하였다. "계율을 잘 지키자"는 주장에 대해서 드러내놓고 반대할 사람은 아마 없을지도 모른다. 하지만, 우리의 근·현대 불교사는 일제강점기 하에 일본의 '無戒의 불교'의 영향으로 인해서 持戒의 가풍이 무너져 왔으며, 다시 계율 부흥 운동이라는 의미가 있는 '정화'라는 운동이 일어났으나 아직도 持戒家風의 실현은 과제로 남아 있다. 그런 점에서 봉암사결사의 「공주규약」 제1조의 울림은 크지 않을 수 없다.

둘째, "⑫ 黑月 白月 布薩大戒를 講誦함"이다. 계율 부흥 내지 계학의 르네상스를 위해서 반드시 필요한 부분이다. 현재에도 律院을 비롯해서 뜻있는 도량에서는 행해지고 있는 것으로 알고 있다. 그렇지만 아직 전면적으로 실천되지는 못하고 있다. 승가공동체뿐만 아니라, 受持하는 戒律에 따라서는 재가자들 역시 포살법회[65]를 행할 필요가 있다. 다만,「공주규약」에서는 포살해야 할 계본이 지정되어 있지 않으나, 龍城의 참선만일결사의 先例와 같이『범망경』과『사분율』을 함께 행하는 것이 좋으리라[66] 본다. 앞서 살핀 바 있지만, 老師인 용성의 참선만일결사로부터 적지 않게 영향을 받았음을 생각하면, 퇴옹의 의도 역시 그렇지 않았을까 싶다.

셋째, "⑭ 坐次는 戒臘에 依함"이다. 이는 현재도 그렇게 되는 줄 알고 있다. 하지만, '좌차'가 의미하는 것이 禪房 안에서의 자리만을 의미하는 것이 아니라 좀 더 확대 해석하여 승가의 여러 가지 일이라고 한다면 현재 승가의 질서는 '坐次'에만 의해서 이루어지고 있지 않음도 사실일 것이다. 대표적인 예가 본사 주지의 선거라고 할 것이

---

65) 재가 불자들을 위한 十善戒의 포살법회를 위한 儀文을 마련해 본 일이 있다. 졸저,『해설이 있는 우리말 법요집』(서울: 민족사, 2000), 195~203쪽 참조.
66) 우리 불교는 대승불교이므로 소승계인『사분율』을 함께 수지하는 것에 대해서 문제가 있지 않느냐는 사고방식 역시 가능하다. 하지만, 이는 일본불교사의 실례를 반면교사로 삼을 필요가 있다고 본다. 일본의 경우, 천태종의 창시자 사이쵸(最澄, 767~822)가 바로 그러한 명분을 내걸고『사분율』을 버리고서『범망경』의 보살계만 수지하자고 하였다. 보살계는 출·재가 共用의 계이므로 출가자의 위의가 실추되기 시작하였던 것이다. 이것이 오늘날 일본불교가 '無戒의 불교'라는 오명을 쓰게 되는 한 遠因이 된 것으로, 일본에서도 반성이 일어나고 있다. 한편, 일본불교사에서도 사이쵸의 입장을 비판하면서『사분율』을 버려서는 안 된다는 운동이 없지 않았다. 역시 천태종의 妙立慈山(1637~1690)의 '安樂律'이 바로 그것이었다. 末木文美士,『日本佛敎史』(東京: 新潮文庫), 259~260쪽. 참조. 또 일본불교의 戒律史에 대해서는 松尾剛次, 류현정 옮김,「계율과 일본불교」,『일본불교사 공부방』1호 수정증보판(서울: 일본불교사 공부방, 2007), 14~52쪽 참조.

다. 그것은 '좌차'라고 하는 수행상의 연한의 문제가 아니라, '票'의 문제이기 때문이다. "부처님 법대로 살자", 또는 "봉암사결사 정신으로 돌아가자"라고 하는 것이 이러한 차원까지를 의미한다고 생각하면, 그렇게 간단한 일이 아님을 깨닫게 될지 모른다. 봉암사결사 정신은 우리를 시험하는 리트머스 시험지이다.

넷째, "⑮堂內는 坐必面壁하야 互相 雜談을 嚴禁함"이다. '互相 雜談'에는 어떠한 내용이 들어갈까? 부처님 말씀 속에 이미 답이 있다. "법에 관한 내용" 이외의 것은 모두 잡담이라 보아야 한다. 당연히 파벌을 나누는 일에 관한 것이거나, 세속의 정치나 종단의 운영에 관한 일은 모두 엄금해야 할 일일 것이다. 이 규징이 지켜진다면, 우리의 승가는 보다 脫정치·脫권력의 방향을 향하게 될 것이라 생각된다.

다섯째, "⑯定刻 以外는 睡臥를 不許함"이다. 너무나 당연한 이야기이다.

여섯째, "⑱餘外의 各則은 淸規 及 大小 律制에 準함"이다. 이 부분 역시 제1조와 함께 계율에 의거한 수행을 강조하고 있는 것이다. 앞서 나는 봉암사결사의 포살과 관련하여, 그 所依의 戒本이 『범망경』과 『사분율』이라 보았는데 여기서 '大小律制'라고 함으로써 대승계본과 소승계본의 共遵을 엿볼 수 있는 것으로 생각된다.

적어도 이 여섯 가지 조항은 그대로 墨守할 필요가 있으리라 본다. 그리고 나머지 조항은 재해석이 필요한 부분이다.

(2) 再解釋이 필요한 부분

종교에 있어서 계율을 이야기하는 것은 곧 保守이다. 따라서 보수적으로 생각하면, "봉암사결사의 정신을 잇는 것은 「공주규약」 18조를 글자 그대로 묵수해야 한다"라고 주장할는지도 모르겠다. 그러나 나는 반드시 그렇게 생각하는 것은 아니다. 기본적으로 계율에는 컨텍스트를 넘어선 것도 있지만 컨텍스트를 반영하고 있는 것도 있다고 보기 때문이다. 犯이라는 특수한 상황이 制戒의 인연이 되어서 계율이 제정되었던 것 아닌가. 따라서 계율에는 그 나름의 특수한 상황이 컨텍스트로서 작용하고 있다. 그런데 문제는 그것을 실천하는 지금 우리의 컨텍스트는 그것이 제정되던 당시의 컨텍스트와는 다를 수 있다는 점에 있다. 淸規에 대해서도 마찬가지다. 여기서 재해석이 필요한 부분을 논하는 것도 그러한 배경에서이다. 이하에서 재해석이 필요한 부분과 그 이유를 정리해 보기로 한다.

첫째, "②如何한 思想과 制度를 莫論하고 佛祖敎勅 이외의 各自 私見은 絶對 排除함"이다. 이는 얼핏 생각하면, 너무나 당연할 것 같이 생각할 수도 있다. 그러나 만약 그렇게 생각하고 만다면 우리는 60년 전의 「공주규약」을 글자 그대로 묵수해야 할 것이다. 거기에 다른 의견을 개진하는 이와 같은 일들이 '各自 私見'에 속할 것이기 때문이다. 그러나, 그것이 가능하지 않을뿐더러 바람직하지도 않은 것으로 나는 생각하고 있다. 봉암사결사 정신을 그 심층에서 계승하는 것이 표층에서 계승하는 것보다 중요하기 때문이다. 뿐만 아니라, 앞에서도 언급한 바와 같이 「공주규약」 그 자체가 '佛祖敎勅'에 대한 退翁의 해석인 것이다. 따라서 우리 역시 '불조교칙'에 대한 우리의 컨텍스트에 입각한 새로운 해석을 해야 한다. 그렇게 해서 틀린 해석이 나오면 어떻게 할 것인가? 그럴 가능성도 물론 없지는 않다.

50퍼센트의 확률이 있다. 바로 그렇기 때문에 '각자 사견'이 개재된 해석이 많아야 하는 것이다.[67] '각자 사견을 절대 배제'함을 목적으로 특수한 기관이나 개인이 교리 해석의 全權을 장악하고 있는 가톨릭과 같은 종교와는 달리, 불교 사상의 전개는 바로 다양한 '각자 사견'들이 서로가 서로를 견제하고, 서로가 서로를 보완함으로써 특정한 '사견'이 독점적인 해석의 權座에 앉지 못하도록 해왔다. 그럼으로써 '불조교칙'의 안정성을 확보해 온 것이다. 따라서 이 제2조의 말씀은 당시 봉암사결사에 참여한 대중에게만 해당되었던 구절로 해석할 필요가 있다. 동일한 결사라고 하는 것 자체가 공동의 의견에 기초하여 성립히므로 '각자 사견'이 화합을 깨뜨릴 수 있을 것이기 때문이다. 이 제2조는 그렇게 이해할 필요가 있다.

둘째, "③ 日常 需供은 自主自治의 標幟下에 運水 搬柴 種田 托鉢 등 如何한 苦役도 不 辭함"과 "⑪ 每日 二時間 以上의 勞務에 就함"이다. 이는 봉암사결사가 禪農佛敎의 실천임을 확인케 한다. 이는 용성의 禪農佛敎를 이은 것으로 볼 수 있는데, 현실적으로 우리의 모든 승가공동체가 글자 그대로의 의미에서 선과 農·勞를 함께하는 것은 아니라고 생각된다. 하지만, 農·勞이라고 하는 행위를 禪 수행과 함께 받아들인다고 하는 것은 선과 행위의 조화를 도모한다는 점에서 크게 의미 있는 일임은 분명하다. 따라서 선농불교의 이념을 어떻게 재해석하여 계승할 것인가 하는 점은 좀 더 궁리가 요망되는 것으로 생각된다.

셋째, "④ 作人의 稅租와 檀徒의 特託에 依한 生計는 此를 斷然

---

67) 이러한 논리는 나 자신의 불교해석학적 방법론에 입각하고 있다. 보다 자세한 것은 졸저, 『불교해석학 연구』(서울: 민족사, 2008) 참조..

清算함"이다. 이는 승가의 경제적 기초에 관한 사항인데, 제3조 *禪農佛敎*나 제11조의 *普請* 등과 유관한 조항이다. 승가공동체의 운영에 소요되는 수입원을 自力으로만 해결하겠다는 것으로서 사실상 현실화하기 어려운 내용으로 판단된다. 물론 사찰이 악덕자본가가 되지 않아야 함은 물론이지만, 그렇다고 해서 사찰의 토지에 대한 이용권을 포기한다는 것은 자본주의 사회에서는 맞지 않는 일이라고 본다. 또한 檀徒의 보시에 의해서 살아가도록 되어 있는 것은 붓다 이래 승가의 생활 규칙이기도 한 것이다. 그것은 佐々木 閑가 말하는 것처럼, "생활의 근본이 되는 음식물 공급을 속세 사람들의 호의에 전적으로 의지하지 않으면 안 된다고 하는 이 규정이야말로, 불교승단과 속세와의 관계를 결정짓는"[68] 것이기 때문이다. 단도의 보시를 받음으로써 출가공동체는 단도의 기대와 믿음에 상응하려는 노력을 기울이게 될 것이라고 보았던 것이 초기교단의 입장이었던 것이다.

넷째, "⑤檀信의 佛前 獻供은 齋來의 現品과 至誠의 拜禮에 止함"이다. 이는 불공과 같은 의식 개혁에 관한 것으로서 승려가 바라문교의 바라문이나 가톨릭의 사제와 같은 '사제'적 기능을 하는 존재가 아니라는 선언에 따른 것이다. 이는 매우 중요한 의미가 있다. 초기 불교 교단에서의 沙門像이 바로 그러하였기 때문이다. 이 점은 아무리 강조해도 지나치지 않는다. 그런데 불공의 실천 여부에 따르는 경제적 요소를 고려하지 않더라도, '불공'으로 상징되는 의례의 존폐 문제는 또 다른 차원에서 문제가 된다. 우리의 미래 불교를 초기 불교와 같이 만들어갈 것인가? 그럴 수 있는가? 아니면, 합리주의·이성주의의 초기 불교 교단에서 결여하였던 정서적인 측면까지

---

68) 佐々木 閑, 원영 옮김, 『출가, 세속의 번뇌를 놓다』(서울: 민족사, 2007), 43쪽.

를 보완한 대승불교의 역사를 받아들일 것인가 하는 문제와 결부되기 때문이다. 나는 초기 불교 교단으로 돌아갈 수도 없을 뿐만 아니라, 그것이 바람직한 것만도 아니라고 본다. 또한 의례가 반드시 虛禮나 祈福일 수만은 없는 다른 차원이 있다는 종교학의 입장에 동의한다. 의례는 허례나 기복이 아니라 그 자체가 수행일 수 있는 것이다. 초기 불교 교단에서는 이 부분에 대한 충분한 고려가 없었다. 아니, 그렇게 말하기보다는 바라문교의 의례주의가 의례의 본래적 기능으로부터 일탈하여 지나치게 형식화·허례화되고 기복화되어 버렸던 상황·컨텍스트를 보고서, 그것을 비판할 필요성이 있었다. 그러한 비판은 매우 소중하다. 봉암사결사의 퇴옹이나 萬海는 공히 그러한 초기 불교 교단의 생각을 잇고 있다 할 것이다. 그도 그럴 것이 일제강점기 하에 형성된 우리의 불교 교단의 존재 양식 역시 바라문교와 같이 의례주의가 되어버렸기 때문이다. 그래서 그러한 비판이 갖는 의미는 큰 것이다. 그 역사적 사명이 있었다. 그러나 이제 그러한 위험성을 알고 있는 우리로서는 그러한 위험을 경계하면서 의례가 갖는 본래적 기능을 회복시킬 수도 있을 것이다. 종교에서 의례를 빼고 나면 철학만이 남을지 모른다. 참된 의례의 회복으로 종교적 심성을 회복하고, 의례를 수행의 길로 승화하는 모색[69]이 필요하리라 나는 보는 것이다. 동시에 앞에서 살펴본 禪農兼修와 이 의례의 兼修는 동일한 기반에 놓인 것으로 볼 수 있다. 공히 지혜의 길·禪과 행위의 길의 兼修論이기 때문이다. 농사, 노동 그리고 의례는 공히

---

[69] 이러한 관점에서 『조선불교유신론』의 의례관을 재검토해 본 일이 있다. 졸고, 〈바가바드기타와 구라단두경의 입장에서 본 조선불교유신론의 의례관〉,《불교학보》제36집(서울: 동국대 불교문화연구원, 1999), 197~223쪽 참조.

행위의 길이다. 그것들을 통해서도 깨달음에 나아갈 수 있다는 해탈 방식이다. 지혜의 길과 행위의 길의 겸수가 인정되느냐 않느냐 하는 점은 매우 중요한 주제이다. 退翁은 선농불교에서는 양자의 결합이 가능하다고 했으며, 의례와 관련해서는 불가능하다고 말한다. 이는 모순으로 보인다. 여기서 退翁에게 있어서 선농겸수의 철학이 궁금해진다. 그는 왜 농사를 짓자고 말했던 것일까? 단순히 경제적인 이유만으로? 그렇다고 한다면, 중국 선종의 선사들과는 다른 면모일 것이다. 그렇지 않다고 한다면, 왜 의례라고 하는 행위를 수용하지 못했을까? 역시 당시의 컨텍스트가 그러한 비판과 극복을 필요로 했기 때문일 것이다. 그러한 필요성은 있었다. 그러나 60년 이후 우리의 컨텍스트에서 볼 때는 그대로 따르는 것은 무리라고 보인다. 오히려 의례의 수행화, 의례의 문화적 활성화가 요청된다고 본다.

다섯째, "⑥大小 二便 普請 及 就寢 時를 除하고는 恒常 五條 直裰을 着用함", "⑦出院 遊方의 際는 戴笠 振錫하고 必히 團體를 要함"과 "⑧袈裟는 麻綿에 限하고 此를 壞色함"이다. 이들은 衣生活에 대한 규정이다. 이는 그때 그때 교단상황에 따라서 교단에서 정해서 실천하면 된다고 본다. 오늘날 제6조에서 지정하는 것과 같이 五條 가사의 착용이 이루어지는 것은 아니다. 삿갓 쓰기나 육환장 같은 것은 거의 이 시대의 풍습에 어울리지 않을 것 같다. 만약 모든 스님이 그런 모습으로 외출한다면 일반인들은 괴이하게 여길지도 모르겠다.

여섯째, "⑨鉢盂는 瓦鉢 以外의 使用을 禁함"과 "⑬佛前 進供은 過午를 不得하며 朝食은 粥으로 定함" 등이다. 발우는 현재 플라스틱 발우가 성행하고 있다. 현재도 아침을 죽식으로 하는 도량도 있는 것으로 알고 있으나, 이 역시 반드시 일률적으로 다 지켜야 할 절대 규범은 아니라고 본다.

일곱째, "⑩ 日 一次 楞嚴大呪를 課誦함"이다. 이 역시 선종 청규의 전통을 잇는 것이다. 현재도 退翁의 門徒들은 이를 실천하고 또 이로써 신도를 교화하고 있는 줄 알고 있다. 하지만, 선종 청규에는 선 수행과 함께 兼修해야 할 것으로 능엄주 외에도 大悲呪 역시 제시되어 있다.[70] 따라서 반드시 굳이 능엄주만으로 국한할 필요는 없다고 본다. 근기나 인연에 따라서 대비주를 선택할 수도 있을 것으로 보기 때문이다. 선종의 도량을 벗어나 있는 불자들에게는 나무아미타불이나 관세음보살의 염불도 좋은 것이다.

여덟째, "⑰ 諸般 物資 所當은 各自 辦備함"이다. 이는 용성의 참선만일결사에서도 보이는데, 그 당시의 사원 경제가 어려웠기 때문에 나온 규정일 것으로 보인다. 그러나 수행자들 한 사람 한 사람은 당연히 無所有에 가까운 삶을 사는 것이 좋을 것이며, 사찰이나 교단에서 수행인의 경제적 뒷받침을 하는 것이 마땅하리라 본다.

이상 여덟 가지 사항에 대해서는 당시의 컨텍스트 속에서 충분히 타당할 수 있으나, 우리가 "봉암사결사 정신으로 돌아가자"고 할 때는 그렇게 墨守하기 어렵고 재해석되어야 할 부분으로 판단된다. 이러한 변별없이 "부처님 법대로 살자" 또는 "봉암사결사 정신으로 돌아가자"고 외치는 것은 오히려 실천이 뒷받침되지 않는 공허한 口頭禪이 될 가능성이 크다. 그렇기에 나는 「공주규약」에서 반드시 계승해야 할 부분과 재해석이 필요한 부분을 분별해 본 것이다.

---

70) 왜 선종 교단에서는 「능엄주」나 「대비주」를 독송하게 되었을까? 그 이유에 대해서는 졸저, 『천수경의 새로운 연구』(서울: 민족사, 2006), 201~235쪽 참조.

2) 결사의 深層에 깃들어 있는 정신

이제 봉암사결사 정신의 심층을 탐구해 볼 차례이다. 이를 위해 다양한 방법이 가능하리라 보지만, 나는 그 주도자인 退翁의 봉암사 이후의 삶 속에서 그 이전의 봉암사결사의 정신을 역추적해 보기로 한다. 이를 나는 봉암사결사의 심층이라 보는 것이다.

退翁의 삶 내지 精神史에 대한 평가에 있어서는 이미 상반된 의견이 제시되어 있음을 看過할 수는 없다. 우리의 논의를 여기서부터 시작하기로 하자. 先行된 논의를 살핀 뒤에, 나 자신의 관점을 제시하는 것이 순서일 것이기 때문이다.

(1) 退翁의 삶에 대한 허우성의 평가

허우성은 「간디와 성철」에서 退翁에 대한 비판적 관점을 아무런 거리낌없이 개진한다.

> 중생과 불교종단 전체가 경험했던 굵직한 세속사의 와중에서 그가 주로 머문 곳은 천만군상으로 붐비는 서울이나 광주가 아니라 산간의 선방이나 토굴이었다. 그의 인생은 앞서 언급했던 두 가지 욕구 가운데 자아완성의 욕구에 더 충실한 삶, 그리고 까르마(행위)보다는 묵띠(깨달음)라는 말로, 동(動)보다는 정(靜)이라는 말로 더 잘 설명될 수 있는 삶이라 할 수 있다.[71]

---

71) 허우성, 「간디와 성철」; 조성택 편, 『퇴옹성철의 깨달음과 수행』(서울: 예문서원, 2006), 197쪽.

성철이 절대의 세계와 상대의 세계를 엄격히 나누고 근본 욕구가 절대의 세계에서만 실현된다고 말한 것은, 진리를 위해서 세속을 떠날 수도, 세속을 희생할 수도 없다는 간디의 말과 정면으로 배치된다. 성철은 영원한 행복을 추구하는 과정에서 포괄적 의미의 구세 욕구와 민중에 대한 불인지심을 표출하지 않았다.[72]

이렇게 비판하면서 허우성은 退翁의 불교를 순수절대불교라고 말하고, 또 絶俗主義라고 말한다. 그러면서 간디의 입장이 그에 대한 가장 강력한 비판이 되리라는 것이다. 허우성은 왜 뜬금없이(?) 간디를 가져와서 退翁과 비교하고, 간디의 입장에 서서 退翁을 비판하고 있는 것일까?

어떤 종교든 종교적 삶에는 두 가지 방향의 길이 놓여 있는데, 하나는 깨달음이나 해탈과 같은 자아완성의 길이고, 다른 하나는 대중이 살아가는 이 세상 안에서의 구제라는 救世主義[73]의 길이다. 불교 역시 마찬가지다. 전자는 상구보리에서, 후자는 하화중생에서 잘 드러나 있는 것이다. 대승불교는 상구보리와 하화중생을 선택적으로 받아들이는 것이 아니라, 兼修해야 할 것으로 말한다. 그런데 禪師로서 退翁이 입각하고 있는 禪은 어떤가? 먼저, 자아완성을 하라고 말한다. 退翁의 경우 頓悟頓修를 말함으로써 그것을 극단으로 밀고 나간다.

그렇다면 간디에 입각하여 제기한 물음의 의미는 무엇일까? 간디

---

72) 위의 책, 202쪽.
73) 이 술어는 만해의 '불교의 주의'에 대한 정의에 나오는 술어이다. 『한용운전집』 2, 43쪽.

는 퇴옹이 선택한 방향과는 달리, 현실 세속의 삶 속에서 행위·실천(karma)을 통해서 깨달음·해탈이 가능하다고 말한다. 행위를 통하여 다른 사람을 이롭게 하는 구세주의의 입장을 취하면서도, 스스로의 자아완성으로 나아갈 수 있다는 것이다. 요컨대, 세속 안에서의 행위를 통해서도, 아니 그 길을 통하여 해탈에 나아갈 수 있다는 것이다. 이는 간디가 최초로 개발한 입장은 아니다. 이미 힌두교의 성서『바가바드기타』에 나타난 입장이다. 나 역시 자아완성과 구세주의의 조화·會通이라는 주제[74]에 오래 천착해왔다.『바가바드기타』를 공부하고 말해온 것도 그런 이유에서이다. 간디는『바가바드기타』에 나타난 행위를 통한 자아완성의 길, 즉 카르마요가(karma-yoga)[75]가 실제로 현실 속에서 어떻게 실천될 수 있는지를 보여주었다. 이러한 간디의 입장은 "과연 대중들로부터 유리된 채 禪의 수행을 통해서만 깨달음을 얻을 수 있으며, 세속에서의 행위의 길을 통한 해탈/구원은 불가능한가"라는 질문을 退翁에게 제기하고 있는 것이다.

허우성은 이 물음에 대한 退翁의 대답이 "불가능하다"였던 것으로 판단한다. 그리고 그러한 입장은 退翁이 宗正으로 재임했던 1980년대의 시대 상황을 감안하면 비판받아야 한다고 보는 것이었다. 이러한 허우성의 입장은 退翁이나 1980년대를 살아온 한국불교에 대해서 제기 가능한 비판[76]일 것이다. 우리 불교는 이러한 문제제기를

---

74) 지혜의 길과 행위의 길의 會通에 대해서『바가바드기타』와『금강경』의 입장을 共觀한 것으로 拙稿,「바가바드기타에 나타난 카르마 요가의 윤리적 조명」,『인도철학』제2집(서울: 인도철학회, 1992), 127~147쪽.; 그 知行의 회통문제를 간디에게서 재론해 본 것으로 졸고,「바가바드기타에 보이는 지혜와 행위의 관련성」,『인도연구』제11권 2호(서울: 한국인도학회, 2006), 99~143쪽 참조.
75) 앞서 논한 농사/노동이나 의례를 수행으로 받아들이는 입장 역시 '카르마 요가'라 할 수 있음은 물론이다.

진지하게 받아들여서 성찰해 갈 필요가 있을 것으로 나는 생각한다. 또 허우성이 구성하는 退翁에 대한 물음 그 자체는 사실 우리의 대승불교의 보살도 안에 이미 존재하고 있는 것이 아닐까. 『화엄경』의 보현행원품에서 보현보살의 恒順衆生願을 말하는 중에 '먼저 깨달음'이 아니라 '먼저 중생'이라는 논리를, 다음과 같이 만날 수 있기 때문이다.

> 보살은 이와 같이 평등하게 모든 중생을 이익케 한다. 왜냐하면, 보살이 만약 능히 중생을 수순할 수 있다면 곧 모든 부처님을 수순하여 고양하는 일이 되며, 만약 중생을 존중하여 섬기게 되면 곧 여래를 존중하여 섬기는 것이 되고, 만약 중생으로 하여금 환희케 하면 곧 모든 여래를 환희케 하는 것이 된다. 왜냐하면, 모든 부처님 여래는 大悲心으로 근본을 삼기 때문이니, 중생으로 말미암아 대비심을 일으키고, 대비심으로 말미암아 보리심을 일으키며, 보리심으로 말미암아 위없이 높고 바른 깨달음을 낸다.[77]

분명히 '중생→대비심→보리심→깨달음'의 길이 설정되어 있는 것이다. 그러나 『보현행원품』의 독송을 널리 권유했다고 하는 退翁은 『화엄경』 보현행원품에 보이는 구세주의의 길(karma-yoga)을 해

---

76) 그런 점에서 허우성의「간디와 성철」에 대한 金星喆의 비판(「간디와 성철을 읽고」; 조성택 편, 앞의 책, 401~410쪽 참조.)은 물음에 대한 직접적 대답이었던 것 같지는 않다.
77) "菩薩, 如是平等饒益一切衆生. 何以故? 菩薩, 若能隨順衆生, 則爲隨順·供養諸佛; 若於衆生, 尊重·承事, 則爲尊重·承事如來; 若令衆生, 生歡喜者, 則令一切如來歡喜. 何以故? 諸佛如來, 以大悲心而爲體故, 因於衆生, 而起大悲; 因於大悲, 生菩提心; 因菩提心, 成等正覺." 大正藏 10, 846a쪽.

탈의 길로서 수용하지 않고, 자아완성의 길(jñāna-yoga)을 頓悟頓修 안에서만 찾았던 것이다.

그런 점에서, 退翁의 삶에 대한 허우성의 비판은 俗보다는 聖의 세계에만 침잠하고 있었다는 인식에 근거한 것으로 생각된다.

(2) 退翁의 삶에 대한 김종인의 평가

김종인은 허우성과 다른 관점을 제시한다. 허우성은 退翁의 입장을 절속주의라고 규정하여 비판하고 있는데, 그렇게만 볼 수 없는 다른 측면 역시 있다는 것이다. 그의 말을 들어보자.

> 성철은 전 생애에 걸쳐 산중에서 수행 생활만 한 수도승으로 알려져 있다. 때문에 그는 세속에 무관심할 뿐만 아니라 무지한 인물로 예단되기도 한다. 그래서 그는 절속주의, 초세간주의, 혹은 복고주의 사상의 소유자로 평가되기도 한다. 성철에 대한 이러한 평가는 외면적으로 드러난, 혹은 그간에 주로 알려진 성철의 사상과 행위를 정의하는 데는 적절해 보이지만, 그의 그러한 행위의 이면과 그간에 잘 알려지지 않은 그의 행적에 대한 이해가 결여된 평가일 수도 있다. 해인총림(海印叢林)의 방장으로서 그가 한 일은 이러한 평가를 재고하게 한다.[78]

그러면서 해인총림을 승가대학 체계로 운영하려는 구상을 어떻게 갖고 있었는지를 밝히고 있다. 어찌 그뿐이겠는가. 金光植이 밝힌 대로, 退翁은 불교 개혁에 대한 오랜 원력을 갖고 있었으며, 종정으

---

78) 김종인, 「1960년대 한국불교와 성철의 활동: 봉암사결사와 해인총림」, 『백련불교논집』 제16집(서울: 백련불교문화재단, 2006), 118~ 119쪽.

로서 그러한 염원을 실현하고자 노력하기도 했다79)는 점은 주지하는 바이다. 하지만, 김종인이 명시적으로 허우성을 거명하고 있는 않으나 암시적으로는 허우성의 관점이 그 앞에 전제되어 있고, 그에 대하여 스스로 다른 관점을 제시한 것으로 보인다.

退翁에 대한 허우성과 김종인의 평가는 서로 다르지만, 김종인의 관점이 허우성의 문제제기에 대한 대답은 될 수 없을 것으로 나는 판단한다. 왜냐하면, 허우성의 문제제기는 聖과 俗의 차원에서 俗에 대한 참여나 발언이 없으며 聖 안에서만 머무르고 있다는 것에 초점이 주어져 있기 때문이다. 그런 문제제기에 대한 대답으로서, "退翁은 불교개혁이론을 펼치고 불교 개혁을 위하여 여러 가지로 노력하였다"는 식으로 말하는 것이 정곡을 찌른 것이라 볼 수는 없다. 불교 개혁에 관한 논의는 여전히 聖의 차원과 관련된 담론인 것이지, 세속 안으로의 참여나 세속에서의 행위/실천을 통하여 깨달음에 이르고자 하는 관점과는 다른 차원이기 때문이다.

허우성이 退翁을 聖의 세계에만 침잠한 것으로 평가하면서, 그것이 잘못이라고 비판하고 있음에 反하여, 김종인은 退翁에게는 靜의 차원에만 머무르는 禪僧의 얼굴만이 있는 것이 아니라 불교 개혁을 지향하고 노력했던 動의 측면 역시 있었던 것으로 평가한다. 그렇게 두 측면 모두를 具有하고 있다는 측면에서 긍정적으로 평가한 것으로 판단된다.

(3) 퇴옹의 삶을 보는 나의 관점

退翁에 대한 평가에 있어서 나는 허우성이나 김종인과는 또 다른

---

79) 김광식, 「이성철의 불교개혁론」, 앞의 책, 367~409쪽 참조.

새로운 관점을 제시해 보고자 한다. 물론, 나는 과거에 退翁이 가졌던 생각이나 삶에 대해서 曰可曰否하려는 것은 아니다. 그런 입장에 서 있지도 못하다. 앞서 밝힌 바와 같이, 내가 지금 이 자리에서 생각해 보고 싶은 것은 과거가 아니라 미래이고, 어떤 측면을 비판할 것인가가 아니라 어떤 측면을 계승하여 실천해 갈 것인가 하는 점이다. 이런 점에서 봉암사결사 당시의 退翁에게서가 아니라, 그 전후의 退翁에게서 결사 정신의 모범으로 삼아야 할 점을 발견하는 기쁨을 맛보았다.

우선, 退翁은 정화 당시에 불교 개혁의 오랜 동지였던 靑潭과는 달리, 직접적으로는 정화에 참여[80]하지 않는다. 그 이유는 무엇일까?

---

80) '정화에 참여한다'는 말의 의미를 한정할 필요가 있을지 모른다. 나는 다음 세 가지 중의 어느 하나에 해당한다면, '정화에 참여한 것'으로 본다. 첫째, 정화 당시 비구측의 소임(각종 위원 등)을 맡거나 정화된 사찰의 주지 등 소임을 맡았던 경우. 둘째, 정화 당시의 각종 회의나 집회에 참여한 경우. 셋째, 정화 당시 취처측이 점유하고 있던 사찰을 비구측이 점유함으로써 이른바 '정화'를 하는 과정에 직접 참여하여 행동하는 경우. 이러한 정의에 따르면 성철의 경우는 논란의 여지가 전혀 없는 것이 아니다. 왜냐하면, "성철 자신도 1954년 8월 24일에서 25일 사이에 선학원에서 개최된 전국비구승대표자대회에서 종헌 제정 위원 9인 중의 한 사람으로 추대되었으며, 15명으로 구성된 정화대책위원으로 선발되었다"(「전국비구승대표자대회록」, 『불교정화분쟁자료』, 근현대불교자료집 권68. 김종인, 앞의 책, 115쪽 재인용.)고 하기 때문이다. 그런데, 退翁은 추대되고 선정되긴 했어도 "종헌제정위원회와 정화대책위원회에 직접 참가하지는 않았다"(上同) 어떻게 해석해야 할 것인가? 첫째 조건, 즉 위원으로 추대되거나 선정되었음에도 불구하고(충분히 참여/참가할 수 있는 계기가 주어져 있음에도 불구하고), 둘째 조건 즉 회의나 집회에 참여하지 않은 것을 '정화에의 참여나 참가'라고 할 수 있을까? 나는 아니라고 본다. 왜냐하면 추대나 선정은 타의로 이루어진 것이지만, 집회나 회의에 대한 참여 여부는 본인의 의지로 결정하는 것이기 때문이다. 퇴옹의 경우는 첫째 조건보다 둘째 조건의 구족이 더 중요한 판단조건이 되는데, 그 점에서 그는 '불참가'를 선택한 것으로 보이기 때문이다. 물론, 당연히 정화의 취지에 공감하는 것만으로 곧 참여라고 하기도 어렵다.

다음과 같이 전해지는 이유에서 우리는 우리가 계승하여야 할 결사 정신의 典範을 찾아볼 수 있으리라 본다.

> 불교정화운동이 시작되었을 때도, 정화란 안으로부터 내실을 기하면서 이루어져야지, 패를 늘려 사찰을 차지하는 싸움으로 비약하면 불교의 위상만 추락시킨다고 하신 말씀이 '새 도둑 묵은 도둑' 이야기로 와전되어 일부의 저항을 받기도 하였습니다. 정화운동에 앞장서자는 청담 스님의 권고를 정중히 사양하시고 스님은 스님대로 하실 일이 따로 있다고 하시면서 일선에 나서지 않으셨으며, 해인사 주지 임명장도 자운 스님께 미루시고 스님은 팔공산으로 자리를 옮겨 뒷날을 기약하는 지혜를 보이셨습니다.[81]

여기에 명백히 避隱의 삶이 나타나 있다. 위의 문장을 인용한 김종인은 또 다음과 같이 말하고 있다.

> 1960년대 성철의 행적은 하안거와 동안거의 반복이며, 이것은 또한 봉암사결사의 연속이다. 봉암사결사의 다른 참가자들은 정화불사의 현장으로 달려갔지만 성철은 산중에서의 수행에 계속 몰두하였다. 그런데 이러한 봉암사결사의 연속으로서의 하안거와 동안거의 반복이 바로 성철이 "안으로부터 내실을 기하면서" 정화를 이루는 방법이다. 그는 불법을 바로 세우는 일은 정화불사 같은 정치적 행위를 통해서가 아니라 승려들이 불교의 근본정신을 가지고 수도에 전념할 때 가능하다고

---

81) 위의 책, 115~116쪽 재인용. 退翁의 시봉 闡提 스님의 증언이다.(「나의 시자록: 내가 모신 큰스님」, http://www.songchol.net/vensongchol/my-sijanote/my-sijanote01.htm).

믿었던 것 같다. 그는 그 후에도 줄곧 종단의 행정과 관련된 일을 하지 않았으며 오로지 수행과 정진에 매진한 것으로 유명하다.[82]

'정치적 행위'를 통해서가 아니라 '수도에 전념'함으로써 진정한 淨化가 가능하다고 보는 이러한 관점은, 이론의 여지가 없이 타당한 논리이다. 수행 운동이라는 결사의 성격[83]에도 부합하는 것이다. 수행 운동이라는 성격과 부합하는 것은 아닌가. 수행 운동은 정치적 행위를 통한 해결을 추구하는 것이 아니므로, 당연히 脫권력 내지 脫정치 지향일 수밖에 없다고 하는 사실이다. 물론, 或者는 김종인이 살펴본 해인총림의 차원을 넘어서면, 金光植이 자세히 분석[84]한 것처럼, "宗正으로서 참여한/시도한 불교 개혁의 논의에서 정치적 행위를 읽어낼 수 있는 것은 아닌가"라는 문제제기를 할지도 모른다. 그러나, 여기서는 그런 점을 지적하는 것이 急先務인 것은 아니다. 오히려, 退翁의 吾不關焉主義를 좀 더 살펴봄으로써, 결사 정신을 추출해 보는 것이 이 글의 문맥에 더욱 부합하는 일일 것이다. 그 端的인 증거는 青潭과 함께 작성한 「서원문」에 잘 드러나 있다. 그 全文은 다음과 같다.[85]

佛祖의 大道를 中興하고 末世正法을 扶養하기 위하여 삼가 三寶前에 千拜하옵고 左記 誓願을 仰稟하오니 萬若 이 誓願을 違背할 때에는 生

---

82) 위의 책, 117쪽.
83) 결사의 정의를 구성하는 네 가지 요소의 하나로 나는 수행 운동을 들었다. 졸고, 「결사의 근대적 전개 양상」, 앞의 책, 137~138쪽.
84) 김광식, 「이성철의 불교개혁론」, 『한국현대불교사연구』, 394~406쪽 참조.
85) 위의 책, 380~381쪽 재인용.

陷地獄하겠습니다.

오직 三寶께옵서는 特히 加護를 주옵소서.

이 誓願을 圓滿成就케 하여 주시옵소서.

1. 恒常 山間僻地의 伽藍과 蘭若에 止住하고 都市 村落의 寺院과 俗家에 駐錫하지 아니 하겠습니다.
2. 恒常 古佛 古祖의 遺法과 淸規를 示範 力行하고 一切의 公職과 一切의 集會와 會議에 參與하지 않겠습니다.
3. 恒常 佛祖遺訓의 仰揚에 專力하며 其他 如何한 일에도 發言 또는 干與하지 아니 하겠습니다.

甲辰 九月 十三日 三角山 道詵寺 淸淨道場에서

誓願佛子 靑潭

誓願佛子 性徹

退翁의 시봉 圓澤에 의하면, 1조와 2조는 退翁의 發案이고 3조는 靑潭의 發案이라[86]고 하나, 그런 것은 그다지 중요한 것이 아니다. 왜냐하면, 이 三條의 「서원문」은 退翁과 靑潭이 함께 同意하고 함께 서명한 것이기 때문이다. 고백하건대, 나는 이 글을 준비하는 과정에서 이 「서원문」을 처음 만나는 순간 온몸에 전율이 흘렀다. 일찍이 어느 누구의 발원문에서도 이러한 내용을 본 일이 없었던 것이다. 萬古에 잊어서는 안 될 「서원문」이라 생각한다.

金光植은 이 「서원문」에서 "주목되는 것은 고불고조의 遺法과 청규를 지키겠다는 내용과 불조의 유훈을 널리 펴기 위한 노력을 다하겠다는 글이다"[87]라고 하였다. 그러나, 나는 그렇지 않다. 이미 봉

---

[86] 위의 책, 381쪽 각주 20.

암사결사의 「共住規約」에서도 등장하는 그러한 내용보다는 "一切의 公職과 一切의 集會와 會議에 참여하지 않겠습니다", 또 佛祖 遺訓의 앙양과는 무관한 "其他 如何한 일에도 발언 또는 干與하지 아니하겠습니다"라는 구체적인 自己戒律[88]의 제정에 몸을 떨었던 것이다. 계율은 바로 이렇게 엄격히 자기를 관리하는 것이 아니던가. 나는 바로 그러한 내용이야말로 이 「서원문」의 핵심이라고 본다. 이를 나는 吾不關焉주의라고 불러본다. 이는 어떤 공직이나 집회, 회의에 참여하는 '정치적 행위'에 의해서가 아니라, 그러한 맥락으로부터 철저히 避隱하여 수행함으로써 불교를 일으키겠다는 정화 당시 退翁이 취한 입장이 同一하게 반복되고 있는 것이다. 이것이야말로, 바로 앞으로 우리의 모든 결사에서 지켜지고 구현되어야 할 大經大法인 것으로 나는 생각하고 있다.

그런데 허우성은 이 「서원문」에 대해서도 비판하고 있다. 그의 논리에 따르면, 당연한 일인지도 모르겠다. 거기에는 '絶俗主義'의 입장이 드러나 있다고 보고 있는 것이다. 그의 말을 직접 들어보자.

> 절속의 계가 수도 과정에서 일시적으로 절속을 요구한다면 구세의 욕구를 억압하지 않겠지만, 절속이 오래 지속되면 정치를 포함한 세속에 대한 무관심을 낳게 되고, 결국 구세의 욕구를 억압하거나 무기 연기시킬 위험성은 아주 높다.[89]

---

87) 위의 책, 381쪽.
88) 스스로 세우는 발원이 스스로의 삶을 규율할 것이므로, 그것은 自己戒律이라 부를 수도 있다. 이렇게 願과 戒는 하나이다. 『승만경』에서도 승만부인의 열 가지 원을 十大受라고 부른 까닭이다. 원을 세우는 것은 自力의 일이지만, 그것을 붓다의 권위라는 他力으로 권위를 부여하고자 한다. 그래서 '받는다'고 한 것이다.

허우성은 「서원문」의 입장을 절속주의라고 부르고 있는 것이다. 그러나, 나는 그렇지 않다. 그것은 절속주의라기보다는 '홀로主義'라 부르고 싶다. 인간은 사회적 동물이며 정치적 동물이라 하지 않던가. 왜 그럴까? 바로 외롭기 때문이다. 그 외로움을 이기기 위해서 他者와의 連帶가 필요하고, 그 연대를 통한 정치적 행위 속에서 외로움을 탈피코자 하는 것이다. "一切의 公職과 一切의 集會와 會議에 참여하지 않는" 삶은 얼마나 외롭겠는가. "其他 如何한 일에도 發言 또는 干與하지 아니하겠습니다"라는 입장은, 그러한 인간이라면 누구나 느낄 수 있는 외로움을 자신의 것으로 받아들이면서, 그것을 바라보면서 즐기면서, 單獨者로서의 삶을 살아가겠다는 의미가 아니겠는가. 이 외로움을 받아들여서, 그 위에서 먹고 자지 못한다면, 불교인, 더 나아가서는 臨濟의 禪風을 잇는 올바른 禪師의 面目이 아닐 것으로 생각했으리라 짐작된다. 이것은 絶俗主義와는 다른 입장이다. 구체적으로, 이러한 「서원문」 이후, "退翁이 과연 絶俗했느냐 아니냐"라는 시비와는 별도로, 그같은 홀로主義의 입장을 취한다고 해서 반드시 세속과의 교류를 끊고서, 세속의 중생을 제도하지 않으려는 입장의 표명이라 읽는 것은 비약일지도 모른다. 왜냐하면, 일찍이 元曉나 일본불교사의 수많은 히지리(聖)들이 보여주는 것과 같이, 單獨者로서 어떠한 조직에도 몸담지 아니하고, 어떠한 집단의 힘을 빌지 않고서도 충분히 세속 안에서의 실천 행위/보현행/카르마 요가를 행할 수 있었기 때문이다.

이에 대하여, 「서원문」 제1조는 절속주의의 입장을 보다 분명하게 드러낸 것이 아닌가 하는 반론이 있을 수 있다. 산간이나 도시라

---

89) 허우성, 앞의 책 207쪽.

고 하는 공간은 근대주의의 관점에서 볼 때는 당연히 '산간에서 도시로'라고 하는 방향성이 설정될 수밖에 없을 것이다. 그런 점에서라면, 「서원문」은 '절속주의'의 서원문으로 읽혀야 할지도 모르겠다. 그러나 당시 이 「서원문」은 막 정화가 일단락된 무렵이거나, 혹은 실제로 1972년 태고종의 등록을 정화의 끝이라고 본다면, 아직 정화가 계속되던 시점에서 나왔던 것이다. 그렇다고 한다면, '산간'과 '도시'라는 것은 실제로는 地理的인 의미 이상의 상징적 의미가 있는 것으로 나는 본다. 또 그렇게 받아들이고자 한다. 脫근대 내지 脫정치의 입장에 선다면, 반드시 '산간에서 도시로'라고 하는 방향만이 改革이며 사회화이겠는가, 되물어 볼 수도 있다. 실제의 空間으로는 都市일 수도 있고, 산간일 수도 있는 것이다. 산간이면 어떻고, 도시면 어떻겠는가. 문제는 그 안에 결사 정신의 존재 여부, 見道 여부[90]가 아니겠는가. 그렇다면, 제1조 역시 「서원문」을 반드시 '절속주의'로 읽어야 할 근거로는 작용하지 못하리라는 점이다. 그보다는 오히려 내가 말하는 것처럼, '홀로主義'를 표방한 것으로 보아야 할 것이다. 비록 靑潭과 退翁이 함께 서원한 것이라 해도 제각기 홀로주의의 입장에서 宗團事나 世間事에 吾不關焉하고자 서원했던 것이다.

여기서도 或者는 "과연 靑潭과 退翁이 그 「서원문」처럼, 그 이후의 삶을 살아갔던가"라는 문제를 제기할는지 모른다. 그러나 나는 어느 한 사람의 一生에 어느 한순간이라도 이렇게 철저히 避隱하고, 脫권력 내지 脫정치의 자세로 수행에만 전념하고자 서원을 세울 수

---

90) 산중이나 도시의 공간이 중요한 것이 아니라 도를 인식하고 있는가 하는 점이 보다 중요한 것이라는 점을 잘 지적한 것은 永嘉玄覺의 「山居書」이다. 이에 대해서는 졸고, 「보조선의 사회윤리적 관심」, 『동서철학연구』 제8호(대전: 한국동서철학연구회, 1991), 146~147쪽 참조.

있다고 하는 그 사실은 그것대로 평가되어야 하리라 본다. 그리고 바로 그 시점의 의지를 우리는 이어가면 되는 것 아니겠는가. 그렇게 서원을 하고서도 公職에 나아가게 된 것은 因緣이 그러했기 때문으로 볼 수도 있는 것 아닐까. 不守自性隨緣成이니 말이다.

이렇게 나의 입장은 김종인처럼 退翁에게서도 세속에의 관심이나 개혁 의지가 있었다는 것을 찾아내려고 하지 않으며, 허우성처럼 세속에의 관심이 없는 절속주의였기 때문에 잘못이라고 하는 입장과도 다르다. 허우성의 입장이라면, "그런 홀로주의의 입장에 서 있었던 退翁이 과연 1980년대라는 암울한 시대 상황에서 元曉와 일본 불교의 히지리처럼 살았는가"라고 물을 수도 있을지 모른다. 나름대로 그러한 문제제기 역시 가능하리라 본다. 하지만, 지금 미래의 결사를 고민하는 입장에서, 나는 허우성과 같은 비판이 一理가 있다고 하더라도, 退翁(과 靑潭)의 「서원문」에 나타나 있는 '홀로主義'야말로 결사 정신의 典範으로서 우리가 이어가야 할 것으로 생각한다. 그리고 그러한 정신이 어쩌면 봉암사결사 당시에도 그 심층에 놓여 있었던 것으로 보고자 한다.

5. 맺음말

우주에는 '成→住→壞→空', 인생에는 '生→老→病→死'가 無常의 소식을 일러준다. 그런 무상의 법칙은 불법에도 그대로 통하는 것일까. 그래서인지는 몰라도 불법을 닦아가려는 사람들의 모임인 승가 역시 浮沈이 없지 않음을 불교사는 보여주고 있다. 다행인 것은 법이 쇠미해질 위기에 처할 때마다 신심 있는 불교인들은 법을 救하고 지키려는 노력을 보이고 있다는 점이다. 그러한 救法의 노력은 다양한 방식으로 나타나는데, 특히 결사라는 형태의 운동에 나는 관심을 기울여 왔다. 그러한 연장선 위에서, 봉암사결사 60주년을 맞이하여 退翁이 주도하였던 봉암사결사에 대하여 살펴보고자 하였다.

흔히 결사에는 그 운동의 의의와 논리를 담고 있는 결사문이 있고, 또 동참 대중에게 요구되는 윤리적 실천 강령을 담고 있는 淸規가 필요조건으로 요구되었다. 봉암사결사는 결사의 논리를 담은 결사문은 존재하지 않으나 18개조로 이루어진 淸規 「공주규약」은 전하고 있다. 여기에는 결사의 논리 역시 다소 포함되어 있으며, 실제 그 당시의 결사가 어떠한 모습이었는지를 보여주기도 한다. 우선 나는 이 「공주규약」의 분석을 통해서 봉암사결사의 성격을 파악할 수 있을 것으로 보았다. 「공주규약」 18조를 총체적으로 분석해 볼 때, 그것은 모두 戒·定·慧 三學과 관련되어 있으나, 특별히 戒學과 관련되는 것이 많았다. 의식주를 비롯한 생활의 윤리적 개혁에 초점이 놓여있음을 확인하였다. 또 18개조 하나하나에 대해서 그것이 갖고 있는 함의를 분석해 보았는데, 대개는 초기 불교의 율장이나 중국선종의 청규와 어떤 맥락을 갖고서 연결되어 있었다. 그런 까닭에 나는 퇴옹의 봉암사결사가 윤리적 성격의 결사였던 것으로 그 성격을 규정할 수 있었다.

다음, 이렇게 봉암사결사의 성격을 윤리적 결사라고 규정함으로써 나는 통시적으로 그 先行하는 결사들과 공통하는 성격을 확인할 수 있게 되었다. 하나는 普照知訥의 정혜결사이고, 다른 하나는 龍城震鍾의 참선만일결사였다. 첫째, 禪의 修證論과 관련한 퇴옹의 普照 批判에도 불구하고 기본적으로 봉암사결사는 정혜결사와 성격을 같이한다. 먼저 계율에 의지함으로써 교단을 정화하고자 했던 도덕 공동체였으며, 먼저 작은 小그룹의 면접적 공동체 안에서 유토피아적 세계를 구현하고자 했던 것이다. 둘째, 용성의 참선만일결사는 봉암사결사와 시간적 거리가 가까울뿐더러 용성과 퇴옹의 관계가 祖孫의 관계인만큼 보다 직접적으로 영향을 받았을 것으로 생각된다. 실제 양자의 淸規를 비교해 보았을 때, 공히 선과 율을 함께 닦자는 禪律並運의 결사였음을 알 수 있다. 흔히 禪에서는 계율을 무시한다는 선입관과는 다른 모습을 보여주고 있는 것으로서, 귀중하게 평가되어야 할 것이다. 다만 양자 사이에 질적인 차이가 있음도 간과해서는 아니 된다. 용성의 참선만일결사는 律보다 선이 더욱 중시되는 결사였음에 반하여, 퇴옹의 봉암사결사는 禪보다 律이 더욱 중심이 되는 결사였다고 하는 점이다. 승가의 생활 문제를 개혁함에 있어서 '부처님 법', 즉 율장과 청규의 戒法에 의지해 보자는 것이 봉암사결사였기 때문이다.

　이상으로 우리는 봉암사결사의 성격에 대한 고찰을 마쳤다. 이로써 이 글은 끝나도 좋을 것이었다. 그런데, 나는 봉암사결사 60주년을 기념하였던 2007년도 후반기에 우리 불교계에 던져진 화두는 "어떻게 봉암사결사를 계승할 것인가" 하는 점에 있다고 보고서, 그 계승문제를 더욱 탐색해 보기로 하였다. 그것은 봉암사결사의 정신이 무엇인지를 파악하여 실천함에 있는 것으로 본다. 물론 표층 차원에서는 봉암사결사의 정신은 「공주규약」에 나타나 있다. 이 18개조를 다시금 우리가 그대로 계승해야 할 부분과 재해석이 필요한 부분으로 나누어 보았다. 이는 봉암사결사 정신에 대한 각론적 이해일 터인데, 동시에 겉으로 드러난 表層의 정신인 것으로 보았다. 그 밑에 총론적인 어떤 정신이 깃들어 있는 것으로 보았기 때문이다. 이는 深層

의 정신이라 이름해서 좋을 것이다. 이의 탐색은 시간적 한계를 봉암사결사의 마침으로 설정하지 않아도 좋으리라 본다. 봉암사결사 이후의 일이지만, 퇴옹과 청담의 「서원문」에 담겨있는 吾不關焉주의에서 나는 避隱의 결사 정신을 발견해 낸다. 이는 그 이전의 봉암사결사에도 갖추어져 있었던 것으로 보고자 하는 것이다. 이는 매우 긍정적인 덕목이며, 오늘 우리 불교 교단의 모든 구성원이 피은의 정신에 드러나 있는 脫정치 혹은 脫권력의 삶을 살아가는 것이 곧 봉암사결사 정신의 총론적 계승이라고 나는 믿는다.

바로 그러한 점에서 퇴옹의 정신사에 대한 나의 평가는 피은을 절속주의라 평가하는 허우성이나 퇴옹에게서 개혁성을 발견할 수 있으므로 절속주의가 아니라고 하는 김종인의 관점과도 다른 것이다. 피은의 吾不關焉주의 속에 담긴 탈정치 혹은 탈권력의 적극적 의미를 더욱 평가하고 싶은 것이다. 우리 불교 교단의 최대의 화두는 "어떻게 하면 無분규의 교단을 실현할 수 있을까" 하는데 있는 것으로 보고, 이를 위해 승가 구성원 하나하나가 脫정치・脫권력의 삶(=수도운동)을 사는 것이 무엇보다 긴요한 것으로 생각하기 때문이다. 물론, 그 이후의 사회 속의 참여는 어떻게 할 것인가? 이 부분은 여전히 하나의 화두로 남아 있다고 생각한다. 그런 점에서 허우성의 문제의식은 여전히 하나의 숙제로 우리 앞에 놓여 있다고 할 수 있다. 그것까지 봉암사결사에서 찾는 것은 무리일지도 모른다.

결사는 어디까지는 교단의 문제를 극복하자는 데 주안점이 있으며, 사회적 문제의 해결을 지향하는 것은 아니기 때문이다. 불교와 사회적 문제의 해결을 위한 관계 맺음은 피은과 同塵을 하나로 하는 '홀로결사' 속에서 그 해답을 찾을 수 있을지도 모른다. 이를 위해서는 또 다른 글을 기다려야 할 것 같다.

봉암사결사의 정신과 퇴옹 성철의 역할

서재영 | 불학연구소 선임연구원

1. 머리말
2. 봉암사결사의 성립과 퇴옹 성철
3. '부처님 법대로'의 결사 정신과 공주규약
4. 의례 개혁과 승가상의 확립
5. 탈속적 수행자상과 간화선풍의 확립
6. 자급자족과 선농일치(禪農一致)의 가풍
7. 맺음말

1. 머리말

부처님의 가르침을 따르는 출가자 집단을 '승가(僧伽, saṃgha)'라고 한다. '화합중(和合衆)'으로 번역되는 승가는 부처님의 가르침에 따라 수행하고, 부처님 법대로 살겠다고 다짐한 출가자 집단이다. 그러나 아득한 세월의 격차와 문화적 변동은 승가 본래의 순결성을 퇴색시켜 왔다. 그럼에도 승단이 유지될 수 있었던 것은 승가 구성원들의 끊임없는 자기성찰과 본래 모습을 되찾고자 하는 노력이 있었기 때문에 가능했다.

이처럼 승가 본래의 순수성을 지키려는 정신적 자각이 집단적 형태의 종교적 실천으로 표출된 것이 결사(結社)이다. 따라서 결사란 불조(佛祖)의 혜명(慧命)을 잇겠다는 공동의 목표 아래 수행을 통한 교단 혁신을 추구하는 승가 운동으로 정의할 수 있다.[1] 그런 점에서 최초로 승가를 결성한 것은 부처님이지만 승가를 승가답게 유지하고, 본래의 순결성을 지켜올 수 있도록 한 것은 결사라는 형태의 운동이었음을 간과할 수 없다.

---

[1] 김호성은 결사에 대해 "이념을 같이하는 사람들이 먼저 스스로 수행을 하면서 불교 교단을 새롭게 개혁하고자 실천한 공동체 운동"으로 설명한다.(김호성, 「결사의 근대적 전개 양상」, 『보조사상』 8, 142쪽.)

역사적으로 결사는 불교가 쇠퇴하고, 정법이 쇠락해갈 때 부처님의 근본 가르침으로 돌아가고자 하는 운동으로 나타났다. 그래서 결사는 언제나 당대 불교계가 처한 현실에 대한 자기반성을 바탕으로 고원한 승가 정신을 회복하려는 목적을 내포하고 있다. 고려시대의 지눌(知訥)에 의한 정혜결사(定慧結社)나 한말의 경허(鏡虛)에 의한 수선결사(修禪結社)가 모두 위기에 처한 교단을 바로 세우고 승가 본연의 모습을 되찾고자 하는 운동이었다. 봉암사결사 역시 바로 이같은 맥락과 맞닿아 있다. 해방 이후 나타난 사회적 혼란과 왜색불교의 잔재 속에서 한국불교의 정체성을 회복하고, 수행자 본연의 모습을 되찾고자 하는 성찰이 봉암사결사로 나타났기 때문이다.

수행을 통한 교단 혁신이 결사의 목표지만 결사에서 가장 중요한 목표는 건강한 승가를 구성하고 유지하는 것이다. 그런 점에서 결사에 참여한 대중 한 사람, 한 사람이 정법의 당간지주(幢竿支柱)이자 결사의 최종 목표라고 해도 과언이 아니다.[2] 그러나 결사를 조직하고, '부처님 법대로'라는 사상적 원칙 아래 대중을 통솔했던 중심인물에 대한 역할은 간과할 수 없다. 봉암사결사에서 그 역할을 한 사람은 바로 퇴옹 성철(退翁 性徹)이다.[3] 따라서 봉암사결사를

---

[2] 그런 점에서 봉암사결사에 참여했던 대중은 모두가 주인공이며, 그 스님들의 우열이나 역할의 경중을 구분하는 것은 바람직하지 않다. 실제로 봉암사결사에 참여한 스님들은 철저한 수행이라는 본무 외에도 저마다의 역할이 주어져 있었다. 예를 들어 성철 스님은 봉암사결사의 정신과 수행을 담당했으며, 청담 스님은 결사를 함께 도모하고 결사 대중을 통솔하는 역할을 했으며, 자운 스님은 계율을 연구하고 보살계를 설했다. 이 밖에도 보경 스님은 삿갓을 맞추고, 법운 스님은 육환장을 만드는 것 등이다. 다만 본 학술 세미나에서 필자에게 주어진 주제가 퇴옹 성철에 관한 것이므로 본고에서는 성철 스님을 중심으로 고찰하고자 한다.
[3] 봉암사결사와 성철 스님에 관한 자료와 연구 논문은 다음과 같다.
〈하루 일하지 않으면 하루 굶는다〉, 《대중불교》 98호(1993년)

심층적으로 이해하기 위해서는 성철 스님에 대한 이해가 전제되어야 한다.[4]

봉암사결사가 조직된 1947년은 해방에서 정부 수립과 남북 분단에 이르는 격동기의 중심에 해당한다. 해방과 함께 구질서와 체제는 빠르게 붕괴되고 새로운 질서와 제도가 광범위한 영역에서 형성되기 시작했다. 이 같은 변화는 불교계라고 해서 예외일 수 없었다. 불교계 내에서도 인적 구성원에서부터 제도와 의례에 이르기까지 폭 넓은 변화가 시도되었다. 성철 스님은 교계 안팎에서 진행되는 이 같은 격변 속에서 불교의 가장 시급한 일은 승가 본연의 모습을 되찾는 것이라고 파악했다. 봉암사결사는 이 같은 성철 스님의 인식을 구체화하는 과정이었다.

이처럼 봉암사결사는 개인적 원력에서 촉발되었지만 단순한 수행 결사를 넘어 당대의 불교계를 혁신적으로 변화시킨 혁명으로 평가되고 있다. 성철 스님 스스로도 봉암사결사에 대해 '전부 새로 바꾼, 말하자면 일종의 혁명'[5]이라고 회고한 바 있다. 혁명의 내용은

〈성철스님의 행장과 말씀〉, 『백련불교논집』 4집(1994년)
『우리시대의 부처 성철 큰스님』 (장경각, 1995년)
〈성철스님 법문을 통해서 본 1947년 봉암사결사〉, 《수다라》 10집(1995년)
《古鏡》에 연재된 〈불면석〉시리즈, 1996~1998년
〈복천암에서 봉암사 결제까지〉, 《여성불교》 261호(2001년)
〈성철·향곡·청담·자운 큰스님을 모시고 살 때는〉, 《해인》 260호(2003년)
김종인, 〈한국불교 근대화의 두 얼굴, 만해와 성철〉, 《불교평론》 2005년 봄호
김종인, 「봉암사결사와 해인총림」, 『백련불교논집』 16집(2006년)
김광식, 「봉암사결사의 전개와 성격」, 『한국 현대불교사 연구』, 불교시대사(2006년)
4) 여기서 성철 스님은 특정 문도의 한 스님만을 의미하지 않는다. 성철 스님은 정법을 확립하고자 했던 한국불교의 정신을 대변하는 것이며, 위기에 처한 불교를 구하고자 고뇌했던 승단을 대표한다. 따라서 퇴옹 성철이라는 인물을 통해 해방 이후 한국불교의 자기성찰과 개혁 과정을 살펴볼 수 있다.

'일본불교인 대처불교를 밀어내고 조선불교를 재흥시키는 것'[6]이었다. 근대 한국불교, 특히 조계종은 바로 이 혁명의 정신과 전통을 고스란히 물려받았다. 따라서 봉암사결사의 정신을 재조명하는 것은 조계종의 정체성을 올곧게 확립하는 과정이라고 해도 과언이 아니다. 본고는 이 같은 인식을 바탕으로 봉암사결사에서 퇴옹 성철의 역할과 위상을 점검하고, 성철이라는 코드를 통해 근대 한국불교가 지나왔던 혁신의 궤적을 살펴보고자 한다.

2. 봉암사결사의 성립과 퇴옹 성철

1) 해방 공간의 격동과 불교

한국근대사에서 불교의 위기는 민족의 부침과 궤적을 같이한다. 우리 민족이 안으로 봉건적 질서와 밖으로 외세에 시달렸다면, 불교 역시 밖으로는 일제의 침탈에 이용되면서 왜색화되고, 안으로는 오랜 억불정책으로 정신적·물적 토대가 피폐해져 있었다.[7] 일제는 대처식육(帶妻食肉)이라는 왜색불교를 한국에 이식함으로써 조선 승

---

5) 원택, 『성철 스님 시봉이야기』 2, 김영사(2002), 62쪽.
6) 원택, 「성철 스님의 행장과 말씀」, 『백련불교논집』 4집(1994), 22쪽.
7) 그런 연유로 일제강점기였던 1930년대 한국 사찰은 수행 공간이라고 보기 어려운 지경이었다. 사찰 자체가 유원지화 되어 일반인을 대상으로 음식과 술을 판매하는 일마저 비일비재했다. 봉선사 조실을 지낸 운경 스님의 회고에 따르면 당시 많은 사찰이 일반인을 대상으로 밥장사를 했으며, 주지가 공양간에서 고기를 써는 풍경마저 연출되었다고 한다.(한국불교근현대사연구회, 『22인의 증언을 통해 본 근현대불교사』, 선우도량 출판부(2002년), 131쪽.)

려들의 출가 정신을 피폐화시키고[8], 또 한편으로는 사찰령을 통해 불교를 제도적으로 억압했다.

해방은 바로 이상과 같은 족쇄와 억압의 돈오적(頓悟的) 해소를 의미했다. 광복과 더불어 중앙에서는 조계종 총무원이 구성되면서 일제에 의해 수립된 31본·말사 제도의 폐지와 같이 교단 및 제도의 개혁, 불교 대중화 방안 모색 등과 같은 혁신의 물결이 몰아쳤다.[9] 때를 같이하여 전국적으로 총림을 개설하려는 움직임이 나타났고, 마침내 해인사에 가야총림이 문을 열었다.[10] 이는 종단 집행부로 대변되는 중앙과 수좌들로 대변되는 지방에서 한국불교의 정체성을 되찾고자 하는 움직임이 활발하게 일어나기 시작했음을 보여주는 대목이다.

중앙의 움직임은 해방 이후 두각을 나타내기 시작한 개혁승들에 의해 주도되었다. 해방과 함께 기존의 교단 집행부가 퇴진하면서 불교 혁신과 식민지 불교의 잔재를 극복하려는 승려 및 불교 청년들이 교단을 인수했다. 이들은 식민지 불교를 극복하기 위한 구체적인 사업에 착수했다.[11] 1945년 9월 태고사에서 전국승려대회가 개최되고 여기서 식민지 불교의 상징인 사찰령과 그 시행 세칙에 대한 파기가 결의되었다. 그리고 이를 대신할 새로운 교단 기구로 중앙에는 불교계를 총괄할 행정기관인 중앙총무원을 두는 한편 조선불교교헌이라

---

8) 1945년 광복될 시점에 대처승의 비율은 무려 90%에 달했다. 이것은 1926년 10월 총독부가 사찰령을 개정하여 대처식육(帶妻食肉)을 공식적으로 허용한 후 불과 20년 만에 나타난 현상이다.(김종인, 「1960년대 한국불교와 성철의 활동」, 『백련불교논집』 16집(2006년), 97쪽.)
9) 김광식, 「봉암사결사의 전개와 성격」, 『한국 현대불교사 연구』(2006년), 38쪽.
10) 〈佛面石-도우 스님을 찾아서〉, 《古鏡》, 1997년 여름, 32쪽.
11) 대한불교조계종교육원, 『조계종사-근현대편』, 조계종출판사(2001년), 157쪽.

는 새로운 종법이 제정 반포되었다.[12]

이와 때를 같이하여 중앙에서는 불교 혁신 단체들이 조직되면서 활발한 개혁 활동이 시작되었다. 청년 승려, 진보적인 대처승, 재가 불자, 불교 청년 등 다양한 부류의 인물이 등장하여 식민지 불교의 극복과 교단 개혁을 추구하였다.[13] 그러나 이 과정에서 친일과 반일이라는 갈등이 나타났고, 남북분단이 진행되면서 이데올로기적 갈등까지 겹치자 불교계 역시 분열과 혼란의 소용돌이 속으로 말려들었다.[14] 봉암사결사는 교단 안팎에서 나타난 이 같은 격동 속에서 밖으로는 사회적 분열과 갈등으로부터 불교를 지켜내고, 안으로는 왜색불교의 청산과 한국불교의 정체성을 회복하려는 수좌들의 자각에서 시작되었다.

2) 승풍진작 운동과 봉암사결사의 조직

광복 이후 왜색불교를 청산하고 한국불교의 정체성을 되찾고자 하는 움직임은 중앙에만 국한되지 않았다. 지방에서도 수좌들을 중심으로 수행 가풍 진작을 통해 한국불교의 정체성을 복원하려는 움직임이 차분하게 진행되었다. 특히 성철 스님과 청담 스님은 1942년 선학원에서 만나 와해된 수행 종풍을 복원하기 위해 함께 정진할 것

---

12) 위의 책, 158쪽.
13) 그러나 불교혁신단체의 활동은 미군정의 우익 중심의 정책과 이데올로기적 편견과 대립으로 크게 위축되었다.(김광식, 『한국 현대불교사 연구』, 불교시대사(2006년), 37쪽.)
14) 혁신 단체는 교단 집행부를 향해 불교를 이용해 정치에만 관심을 갖는다고 비판하고, 집행부는 혁신 단체의 노선이 사회주의를 지향한다고 비판하면서 갈등이 깊어갔다.(대한불교조계종교육원, 위의 책, 163쪽.)

을 약속하고 1943년 복천암에서 함께 수행했다. 그리고 1944년부터 해방 무렵까지 대승사에 함께 머물면서 부처님 법대로 여법히 수행하자는 결의를 다졌다.[15]

묘엄 스님의 회고에 따르면 청담 스님은 성철 스님과 함께 대승사에서 수행하실 때 영상회상도를 그려놓고 부처님께서 영취산에서 법을 설하시던 모습대로 살자는 계획을 세우고 있었다고 한다.[16] 수좌들의 이 같은 각성으로 대승사 쌍련선원에는 수행 열기가 고조되기 시작했다. 스님들은 묵언을 한다거나 용맹정진을 하면서 도량에는 긴장감이 감돌기 시작했다.[17]

수행 종풍 진작에 대한 이 같은 열의는 1946년 10월 종단적 차원에서 가야총림 설치로 귀결되었다. 물론 가야총림은 1945년 9월에 개최된 전국승려대회에서 모범총림의 설치를 결의함에 따라 설립된 것이다. 하지만 "종래 사판승려가 주체가 되어 사찰을 운영해온 관계로 비구 승단의 모범총림을 창설하야 이의 적극 보호를 기하려 함"[18] 이라는 총림의 설치 목적을 미뤄볼 때 수좌들의 의도가 반영된 것임을 알 수 있다. 성철 스님과 청담 스님도 20여 명의 수좌 스님들과 함께 이 총림에 참여했다. 하지만 총림 운영에 필요한 재정 문제에 대한 의견이 맞지 않아 성철 스님 일행은 총림을 떠나게 되었다.[19] 그 후 부처님 당시처럼 살아보자고 결의했던 대승사 시절의 수행 결의를 실현하기 위해 뜻 맞는 사람들을 모아 문경 봉암사로 들어가면

---

15) 김광식, 「봉암사결사의 전개와 성격」, 『한국 현대불교사 연구』, 39~47쪽.
16) 윤청광 엮음, 『회색고무신』, 시공사(2002), 150쪽.
17) 위의 책, 128쪽.
18) 김광식, 「8·15 광복과 전국승려대회」, 『한국 현대불교사 연구』, 27쪽.
19) 김광식, 「봉암사결사의 전개와 성격」, 『한국 현대불교사 연구』, 50쪽.

서 봉암사결사가 탄생한다.

> 그때 봉암사에서 여럿이 함께 살긴 살았지만 내가 주동이 됐으므로 내가 그 이야기 이제야 하기는 곤란하지만 여럿이 물어보길래 조금 이야기하겠습니다. … 봉암사에 들어가게 된 근본 동기는 청담 스님하고 자운 스님하고 또 우봉 스님하고 나하고 이렇게 넷인데, 우리가 어떻게 근본 방침을 세웠느냐 하면, 전체적으로나 개인적으로나 임시적인 이익관계를 떠나서 오직 부처님 법대로만 한번 살아보자. 무엇이든지 잘못된 것은 고치고 해서 '부처님 법대로만 살아보자', 이게 우리의 원이었습니다. 즉 근본 목표다 이 말입니다. … 처음 들어갈 때는 우봉 스님이 살림 맡고, 보문 스님하고 자운 스님하고, 내하고 이렇게 넷이 들어갔습니다. 청담 스님은 해인사에서 가야총림 한다고 처음 시작할 때는 못 들어오고, 서로 약속은 했었지만, 그 뒤로 향곡, 월산, 종수, 젊은 사람으로는 도우, 보경, 법전, 성수, 혜암, 의현 이렇게 해서 그 멤버가 한 20명 되었습니다.[20]

36세의 젊은 나이로 결사를 주도했던 성철 스님은 당시 '크나큰 환상'을 가지고 봉암사로 들어갔다고 회고할 만큼 결사에 대한 기대로 부풀어 있었다.[21] 부처님 법대로 수행하겠다는 몇 년에 걸친 꿈이 실현되는 순간이었기 때문이다. 하지만 '부처님 법대로'라는 기치 아래 결사를 시작할 당시의 멤버는 성철, 우봉, 보문, 자운 네 사람에

---

20) 《수다라》 10집(1995), 115쪽.
21) 〈중생의 허망한 꿈을 깨우고 수행자의 길을 밝히신 큰스님〉, 《古鏡》 1998년 봄호, 5쪽.

불과했다. 그러나 결사가 조직되고 봉암사 대중이 여법하게 수행하면서 새로운 수행 가풍이 만들어졌고, 자연히 눈 푸른 납자들을 불러 모으기 시작했다. 향곡, 월산, 종수 스님을 비롯해 도우, 보경, 혜암, 법전, 성수 스님 등 20여 명의 스님들이 동참하면서 결사는 활기를 띠기 시작했다.[22] 법전 스님은 봉암사결사에 동참하게 된 배경에 대해 다음과 같이 회고한다.

> 봉암사 스님들이 생활하는 모습을 보니, 어찌나 바르던지… 나도 그렇게 살고 싶어 같이 간 도반에게 여기서 같이 사는 것이 어떻겠냐고 물었지요. 그 스님이 규칙이 까다로워서 못 살겠다고 하더군요. 나는 해인사에 갈 생각이 없고 여기서 살아야겠다고 말하고 그 도반을 돌려보내고, 성수 스님에게 가서 여기서 살겠다고 말씀을 드렸지요.[23]

봉암사결사의 엄격한 수행 가풍은 한편으로는 신심 깊은 납자들을 결집하는 계기가 되었지만 또 한편으로는 참여 대중을 선별하는 기능을 했다. 엄격한 규칙에 동의할 수 없는 사람들은 저절로 떠나고 부처님 법대로 수행하겠다는 의지를 가진 납자들만 모여들었다. 실제로 성철 스님은 면접을 통해 공주규약으로 집약되는 엄격한 규칙을 철저히 지키겠다는 동의를 받은 납자에 한해 방부를 허락했다.

대장경을 가지러 해인사를 방문한 성철 스님을 따라 결사에 참여한 혜암 스님은 당시 수행승들에게 봉암사는 선망의 대상이었다고 한다. 혜암 스님은 "아무도 불평하지 않았습니다. 오히려 방부를 못

---

22) 원택, 『성철 스님 시봉이야기』 2, 김영사(2002), 56쪽.
23) 〈佛面石-법전 스님을 찾아서〉, 《古鏡》, 1996년 가을호, 19쪽.

들여서 야단이었지요. 아무나 방부를 받지 않았거든요. 처음 해인사에서 장경을 신고 가서 얼마 동안은 7, 8명밖에 안 살았어요. 점점 그 수가 늘어나 20명이 30명이 되고, 나중에는 많이 살았습니다"[24]라고 회고한다. 뿐만 아니라 결사에 동참했던 사람들은 다 같이 봉암사결사에 대한 향수에 젖어 있었다. 향곡 스님도 "봉암사를 잊을 수 없다"[25]고 회상한 바 있다. 이처럼 봉암사결사는 당대 수좌들에겐 선망의 대상이었으며, 오늘날 조계종의 종도들에게는 정신적 고향으로 평가받고 있다.

3. '부처님 법대로'의 결사 정신과 공주규약

1) 결사의 정신 : 부처님 법대로

앞서 살펴본 바와 같이 해방 이후 한국불교는 긴박한 사회적 변화와 맞물려 갈등과 대립의 소용돌이 속으로 빠져들고 있었다. 더군다나 승단은 대처식육이라는 타락상을 보이고 있었고 대중의 신앙은 기복적 수준에 머물러 있었다. 선방에서도 갖가지 사견(私見)이 범람하면서 수행 가풍이 쇠락해 있었다. 이런 상황에서 성철 스님은 '전체적으로나 개인적으로나 임시적인 이익 관계를 떠나서 오직 부처님 법대로만 한번 살아보자'라는 것을 봉암사결사의 목표로 내세웠다. 여기에는 불교가 쇠락한 것은 복잡한 세태에 휘둘리면서 근본

---

24) 〈佛面石-혜암 스님을 찾아서〉, 《古鏡》 1996년 여름호, 19쪽.
25) 위와 같음.

정신과 생활양식을 잃어버렸기 때문이라는 인식이 깔렸다. 따라서 불교 발전을 위해서는 부처님 당시의 생활 방식대로 살아야 한다는 수행원칙을 내세우게 된다. 그래서 비단 가사와 장삼을 벗어 버리고 괴색 가사를 수하고, 목발우를 불태우고 와발(瓦鉢)로 공양하며, 삿갓을 쓰고 육환장을 짚는 전통적 생활 방식을 고집했다.[26]

왜색불교로 인해 한국불교의 정신이 탈색되고, 미신과 세속주의로 인해 불교의 근본이 무너졌다면 불교를 다시 세우는 것은 부처님의 근본정신을 되찾는 것으로부터 시작하는 것은 당연하다. 그와 같은 정신을 압축적으로 담아내는 것이 바로 '부처님 법대로'라는 슬로건이다. 따라서 봉암사결사의 핵심은 부처님 법대로 사는 것이었으며, 부처님 법대로 살아보자는 뜻에서 모였기 때문에 부처님 법대로 사는 것, 그 자체가 최대의 관건이었다.[27] 부처님 법대로라는 정신은 근본 불교의 정신과 삶을 수행의 근간으로 삼겠다는 것을 의미한다. 그리고 이 같은 인식은 성철 스님만의 생각은 아니었다. 당시 불교계에서는 근본으로 되돌아가야 한다는 목소리가 여기저기서 터져 나오기 시작했기 때문이다.

첫째, 해방 이후 불교계에서는 혼란한 불교의 현실을 타파하기 위해 불교의 근본정신을 회복해야 한다는 각성이 일어났고, 혁신적 불교 진영에서도 근본 불교로의 회귀를 주장했다. 봉암사결사가 있기 일 년 전인 1946년 7월에 출범한 조선불교혁신회는 불교가 봉착한 문제점을 개혁하기 위한 방안으로 '근본 불교로의 복귀', '조선불

---

26) 김종인, 〈한국불교 근대화의 두 얼굴, 만해와 성철〉, (《불교평론》 2005년 봄호), 83쪽.
27) 〈佛面石-혜암 스님을 찾아서〉, 《古鏡》 1996년 여름호, 20쪽.

교의 전통 회복', '비구와 교도로 구성된 이원적 교단의 확립', '재정 일원화를 통한 재원으로 수행과 포교 지원' 등을 꼽았다.28) 불교 혁신을 주장하면서 근본으로 돌아가자는 것은 다소 역설적이지만 정법이 무너지고 정체성이 와해된 당시로서는 근본으로 돌아가는 것이야말로 가장 혁신적인 대안으로 이해되고 있었음을 엿볼 수 있다.

둘째, 지방 사찰에서도 불교의 근본정신을 회복하자는 운동이 일기 시작했다. 1947년 만암 스님이 교단쇄신을 위해 고불총림(古佛叢林)을 설립하고 승풍정화 운동을 전개한 것이 그것이다. 여기서 '고불(古佛)'이란 '옛 부처님' 즉 불교의 근본정신을 회복하자는 의미로 석가모니부처님과 고사석덕(高師碩德)의 정신을 계승하겠다는 의지의 표현이다.29) 따라서 고불총림 역시 불교의 근본정신을 회복하고자 하는 당시 승가의 자각을 보여주고 있다.

이처럼 1940년대 중반에 이르러 중앙에서는 혁신적 인사들을 중심으로 근본 불교로의 회귀를 천명했고, 지역에서는 만암 스님을 중심으로 고불총림이 결성되면서 근본 불교로 돌아가기 위한 운동이 나타났다. 이렇게 볼 때 봉암사결사에서 내세운 '부처님 법대로'라는 이념적 목표는 성철 스님 개인의 주장이 아니라 당시 불교계의 시대정신이었음을 알 수 있다. 성철 스님은 이 같은 시대적 요구를 읽고, 봉암사결사를 통해 오롯이 담아내고 있다.

부처님 법대로라는 정신이 가진 또 다른 의미는 사회적 혼란 속에서 불교를 지키는 것이었다. 당시 한국불교가 척결해야 할 대상은 왜색불교만이 아니었다. 남북분단, 이데올로기적 갈등, 일제 잔재 청

---

28) 대한불교조계종교육원, 『조계종사-근현대편』, 조계종출판사(2001년), 162쪽.
29) 김광식, 「고불총림과 불교정화」, 『한국 현대불교사 연구』, 107쪽.

산 등 민족과 국가를 관통하는 갈등이 불교계 내부로도 영향을 미치고 있었다. 성철 스님은 불교의 근본으로 되돌아가는 것만이 수만 가지 분열과 갈등을 넘어서 불교를 지키는 길이라고 인식했다. 그래서 성철 스님은 특정한 주의주장이 아니라 불교의 근본을 드높이는 것으로서 봉암사결사의 지남(指南)으로 삼았다. 따라서 '부처님 법대로'라는 봉암사결사의 정신은 왜색불교 척결이나 '식민지 불교의 극복'[30]이라는 일차원적 의미로만 평가되어서는 곤란하다. 혼란한 시대적 맥락 속에서 모든 사상적 편향과 세속주의적 영합을 배격하고 오로지 정법을 보존하겠다는 강한 일념을 담고 있기 때문이다.

2) 결사의 규율 : 공주규약(共住規約)

'부처님 법대로'라는 결사 정신은 생활 속에서 구체적인 실천으로 나타날 때 비로소 완성될 수 있다. 부처님 법대로라는 정신은 구호가 아니라 부처님의 가르침대로 살겠다는 수행자의 다짐이기 때문이다. 그러나 수행 전통이 와해된 상황에서 부처님 법대로 살기란 결코 쉬운 일이 아니었기에 결사의 정신을 실현할 수 있는 규율이 필요했다. 이에 성철 스님은 공주규약(共住規約)을 제정하고 상세한 설명을 덧붙여 이 같은 요구를 담아냈다. 공주규약을 제정한 동기는 엄격한 수행 규칙을 통해 사라진 불조교법을 복구하자는 것이었다.[31]

도우 스님은 "큰스님께서는 총림을 이루고 살려면 규칙이 있어야

---

30) 대한불교조계종교육원, 위의 책, 179쪽.
31) 〈중생의 허망한 꿈을 깨우고 수행자의 길을 밝히신 큰스님〉, 《古鏡》 1998년 봄호, 6쪽.

한다고 하며 중국총림법도 좋지만 우리 실정에 맞는 규칙, 즉 공주규약을 만드셨습니다"[32]라고 회고한다. 중국 총림의 청규(淸規) 정신에 근거하되 우리 실정에 맞는 청규를 제정하여 결사의 정신을 담아내고자 했다는 것이다. 모두 18개 조항으로 정리된 공주규약에는 계율 엄수, 사견(私見) 배제, 노동의 의무, 자급자족의 생활, 승가위의와 의례에 대한 규정 등 부처님 법대로 살기 위한 구체적인 수행지침들이 담겨 있다.[33]

---

32) 〈佛面石-도우 스님을 찾아서〉, 《古鏡》 1997년 여름호, 33쪽.
33) 공주규약의 전문은 다음과 같다. 1)엄중한 부처님의 계율과 숭고한 조사들의 가르침을 온힘을 다하여 수행하여 우리가 바라는 궁극의 목적을 빨리 이룰 수 있기 바란다.(森嚴한 佛戒와 崇高한 祖訓을 勤修力行하야 究竟大果의 圓滿速成을 期함), 2)어떠한 사상과 제도를 막론하고 부처님과 조사의 가르침 이외의 개인적인 의견은 절대 배제한다.(如何한 思想과 制度를 莫論하고 佛祖敎勅 以外의 各自 私見을 絕對 排除함), 3)일상에 필요한 물품은 스스로 해결한다는 목표 아래 물 긷고 나무하고 밭일하고 탁발하는 등 어떠한 힘든 일도 마다하지 않는다.(日常需供은 自主自治의 標幟下에서 運水 搬柴 種田 托鉢 等 如何한 苦役도 不辭함), 4)소작인의 세금과 신도의 보시에 의존하는 생활은 완전히 청산한다.(作人의 稅租와 檀徒의 特施에 依한 生計는 此를 斷然淸算함), 5)신도가 불전에 공양하는 일은 재를 지낼 때의 현물과 지성으로 드리는 예배에 그친다.(檀徒의 佛前獻供은 齋來의 現品과 至誠의 拜禮에 止함), 6)용변 볼 때와 잠잘 때를 제외하고는 늘 오조 가사를 입는다.(大小二便普請及就寢時를 除하고는 恒常 五條直綴을 着用함), 7)사찰을 벗어날 때는 삿갓을 쓰고 죽장을 짚으며 반드시 함께 다닌다.(出院遊方의 際는 戴笠振錫하고 必히 同伴을 요함), 8)가사는 마나 면으로 한정하고 이것을 괴색한다.(袈裟는 麻綿에 限하고 此를 壞色함), 9)발우는 와발우 이외의 사용을 금한다.(鉢盂는 瓦鉢 以外의 使用을 禁함), 10)매일 한 번 능엄대주를 독송한다.(日一次楞嚴大呪를 讀誦함), 11)매일 두 시간 이상의 노동을 한다.(每日 二時間 以上 勞務에 就함), 12)초하루와 보름에 보살대계를 읽고 외운다.(黑月白月 菩薩大戒를 講誦함), 13)공양은 정오가 넘으면 할 수 없으며 아침은 죽으로 한다.(佛前進供은 過午를 不得하며 朝食은 粥으로 定함), 14)앉는 순서는 법랍에 따른다.(座次는 戒臘에 依함), 15)방사 안에서는 반드시 벽을 보고 앉으며 서로 잡담은 절대 금한다.(堂內에는 座必面壁하야 互相雜談을 嚴禁함), 16)정해진 시각 이외에 누워 자는 일은 허용되지 않는다.(定刻以外의 寢臥는 不許함), 17)필

불교 계율에서 승려에게 내려지는 가장 무거운 처벌은 교단에서 추방하는 불공주(不共住)이다. 이것은 승가의 핵심은 공주(共住)로 압축됨을 보여준다. 그리고 결사는 성불이라는 목적을 공유하며 함께 살아가는 승가(僧伽)를 조직하는 것이다. 봉암사결사 역시 출가자들을 규합하여 부처님 법답게 함께 사는 것을 핵심으로 설정했다. 그래서 함께 사는 데 필요한 규칙을 만들고 그것을 공주규약이라고 이름 붙였다. 그런 점에서 공주규약은 함께 살아가는 데 필요한 규율과 위의를 결사의 핵심으로 설정하고 있음을 엿볼 수 있다.

공주규약은 나태해지고 해이해진 수행 풍토를 바로 잡고 수행자들을 부처로 담금질하는 근거가 되었다. 따라서 봉암사결사에 참여하는 것은 곧 공주규약을 지키는 것과 직결되었다. 성철 스님은 공주규약에 동의하는 스님들에 한해 입방을 허락함으로써 결사의 정신을 참여 대중과 공유했다.

그때 큰스님은 지금 주지실 옆에 있는 자그마한 방에 계셨는데 오라고 한다기에 가니까, 여기는 일도 많고 규칙도 까다롭고 장삼도 밤에 잘 때나 대소변을 볼 때, 지게 지고 일할 때를 제외하고는 하루 종일 입고

요한 모든 물건은 스스로 해결한다.(諸般物資所需는 各自辯備함), 18) 그 밖에 규칙은 청규와 대소승의 계율 체제에 의거한다.(餘外의 各則은 淸規及大小律制에 準함). 이상과 같은 일의 실천궁행을 거부하는 사람은 함께 살 수 없다.(左記條章의 實踐躬行을 拒否하는 者는 함께 사는 일을 不得함)
상기의 공주규약은 일반적으로 공개된 것으로 원문은 백련암에 소장되어 있다. 위의 공주규약 외에도 천제 스님은 이와 다소 내용이 다른 공주규약을 소장하고 있으며, 메모 형태의 공주규약도 전하고 있다. 이는 공주규약을 제정할 당시 초안을 작성하고 이를 토대로 검토하는 과정에서 비롯되었거나 또는 필사하는 과정에서 생겼을 가능성이 높은 것으로 짐작된다. (상기의 번역은 『성철 스님 생가 겁외사』, 75쪽에서 재인용.)

지내야 하는데 그대로 살겠느냐고 물으시더군요. 나는 어쩌든지 대중이 하는 대로 지내고 싶다고 했지요. 그래서 있게 되었습니다.[34]

공주규약은 결사에 동참하는 조건이었을 뿐만 아니라 이미 동참한 수행자 할지라도 규약을 지킬 수 없는 사람은 봉암사를 떠나야 했다. 대중의 많고 적음이 문제가 아니라 부처님 법대로 사는 것이 핵심이었기 때문이다.[35] 이처럼 공주규약을 철저히 지키겠다는 서약을 받고 입방했으므로 대중이 규약을 한 가지라도 지키지 않으면 성철 스님은 상대를 가리지 않고 몽둥이를 사정없이 휘두르며 기강을 세워나갔다.[36]

물론 공주규약의 성격은 다양한 측면에서 고찰할 수 있겠지만 가장 두드러진 특징을 꼽으라면 계율 엄수로 볼 수 있다. 18개 조항의 규약만으로 모든 규칙을 담아낼 수 없는 것은 당연하다. 성철 스님은 계율 엄수를 강조함으로써 전체 계율을 공주규약 속으로 담아내고 있다. "엄중한 부처님의 계율과 숭고한 조사들의 가르침을 온 힘을 다하여 수행하여 우리가 바라는 궁극의 목적을 빨리 이룰 수 있기 바란다"는 내용을 첫 번째 조항으로 명시한 것이 이를 말해 준다. 부처님 당시와 같이 살기 위해서는 무엇보다 부처님께서 제정하신 계율을 철저히 지키는 것이 중요했기 때문이다.

계는 물을 담는 그릇과 같다. 그릇이 깨어지면 물을 담을 수 없고, 그릇

---

34) 〈佛面石-법전 스님을 찾아서〉, 《古鏡》 1996년 가을호, 19쪽.
35) 위와 같음.
36) 원택, 『성철 스님 시봉이야기2』, 김영사(2002년), 67쪽.

이 더러우면 물이 깨끗지 못하다. 흙 그릇에 물을 담으면 아무리 깨끗한 물이라도 흙물이 되고 말며, 똥 그릇에 물을 담으면 똥물이 되고 만다. 그러니 계를 잘 지키지 못하면 돌림병 같은 것에 걸려 더러운 사람의 몸도 얻지 못하고 악도에 떨어지고 만다. 그러니 어찌 계를 파하고 깨끗한 법신을 바라리오. 차라리 생명을 버릴지언정 계를 파하지 않으려는 것은 이 때문이다.[37]

성철 스님은 계율을 철저히 지키고 훼범하지 말라는 부처님의 유촉을 불교의 생명으로 이해하고, 불교의 성쇠는 지계 여하에 달려 있다고 보았다. 그래서 성철 스님은 계율을 파괴하는 것은 불교 자체를 파괴하는 것으로 이해했다. 이처럼 계율을 중히 여겼기 때문에 봉암사 대중은 "차라리 부처님 계율을 지키며 하루를 살다 죽을지언정 계율을 어기고 백 년 동안 살기를 원치 않는다(吾寧一日持戒而死 不願百年 破戒而生)"는 자장율사의 시를 한자리에 모여 앉아 합송하기도 했다.[38] 이처럼 한국불교의 종풍을 바로 세우고 옛 총림의 법도를 되살리고자 하는 결사 대중의 정신은 공주규약을 통해 집약되고 있다.

---

37) 〈수도자에게 주는 글〉, 《해인》 69호(1987년), 5쪽.
38) 윤청광 엮음, 『회색고무신』, 시공사(2002), 185쪽.

4. 의례 개혁과 승가상의 확립

1) 의례승에서 본분납자의 길로

'부처님 법대로'의 기치 아래 진행된 봉암사결사는 일상생활의 개혁뿐만 아니라 의례와 출가자의 종교적 역할에 대한 개혁을 동반했다. 당시 승려들은 사찰에서 일상적으로 행해지는 관행적 의례를 출가 생활의 본무로 삼고 있었다. 그러나 이것은 출가의 궁극적 목적이 아니므로 출가 정신을 약화시키는 결과로 이어질 수밖에 없다. 이에 성철 스님은 신도들로부터 물질적 대가를 받고 복을 빌어주는 의례 행위를 모두 폐지했다.

고대인도의 종교 사상은 크게 '의례의 도(Karma-Mārga)', '지혜의 도(Jñāna-Mārga)', '신앙의 도(Bhakti-Mārga)'로 대별된다.[39] 물론 이 중에 부처님의 가르침은 지혜의 도에 해당한다. 하지만 초기 불교의 이 같은 이성적 태도는 대승적 정신과 중국이라는 토양을 만나면서 의례의 비중이 점차 높아졌다. 수행과 염불이 정형화된 의례 체계를 갖추면서 불교의 이지적 특성은 약화되기 시작했다. 그러나 선종(禪宗)은 형식적 의례 체계와 정형화된 교리를 거부하고 부처님의 근본정신으로 돌아가고자 했다. 성철 스님 역시 봉암사결사를 통해 미신적 요소를 척결함으로써 이 같은 전통을 잇고자 했다. 봉암사 대중은 대중 공사를 통해 당시까지 관행적으로 모셔왔던 칠성 탱화, 산신 탱화, 신장 탱화를 모두 없애버리고 부처님과 그 제자들만 모셨다. 불교 간판을 붙여 놓고 칠성이나 산신을 섬긴다면 그것은 순수불교가

---

39) 마스다니 후미오, 박경준 역, 『근본불교와 대승불교』, 55쪽.

아니라는 것이 성철 스님의 지론이었기 때문이다.[40]

물론 부처님전이라고 해서 기복적 의례가 허용되는 것은 아니었다. 시주를 대가로 기도한다면 설사 석가모니부처님전이라도 불교의 근본정신에 어긋나는 것으로 보았다. 그러나 출가자들에 대한 이 같은 의례 금지가 신도들의 신앙생활 자체를 부정한 것은 아니었다. 기도는 어디까지나 스스로 하는 것인 만큼 신도들 스스로 마지 짓고 삼천배 하는 것을 기도로 삼도록 했다.

꼭 부처님께 정성 드리고 싶은 신심 있는 사람이 있으면 지가 알아 물자를 갖다 놓고 절하라 그 말이다. 우리 같은 중이 중간에서 샀꾼 노릇은 안 한다 말이제. 그래 하기로 마음먹고 신도들에게도 알아서 절하라고 시켜 놓으니, 불공드려 달라는 사람이 그만 싹 다 떨어져 버리는 거라.[41]

성철 스님은 출가자가 시주물을 받고 의례를 행하는 것은 '샀꾼 노릇'이라고 비판했다. 출가자는 생사해탈이라는 일대사(一大事)를 해결하기 위해 출가한 것이지 제사장 노릇을 하기 위해 출가한 것이 아니다. 하지만 당대의 불교는 남의 복을 대신 비는 '샀꾼 노릇'을 본무로 삼고 있었다. 종교적 의례에 경제적 대가가 개입하면 시주금은 세속적 가치를 승가 사회에 전이시키는 촉매로 작용한다. 뿐만 아니라 시주물을 매개로 출가자와 신도의 관계가 설정될 때 시주자는 출

---

40) 〈성철스님 법문을 통해서 본 1947년 봉암사결사〉, 《수다라》 10집(1995년), 115~116쪽.
41) 위와 같음.

가자 위에 군림하게 된다. 성철 스님은 이 같이 전도된 상황을 타개하기 위해 당시까지 사찰 경제를 떠받치고 있던 불공과 천도재 등을 과감히 폐지했다.[42] 그리고 불공 금지에 대한 조치는 공주규약을 통해 결사의 규율로 채택되었다.

의례 개혁은 불공에만 한정되지 않고 영가천도에도 적용되었다. 49재를 지낼 때에도 영단을 향해 경전 봉독만 할 뿐 북치고 바라춤 추는 의례는 하지 않았다.

> 부처님 말씀에 누가 죽으면 사십구일재를 지내는데 경전 읽어 주라고 했지, 북 두드리고 바라춤 추라는 말은 없거든요. 그런데 우리가 봉암사에 들어가니 마침 사십구재 하는 사람이 있는 거라. 그래서 우리가 '경은 읽어 주겠지만 그 이외에는 해줄 수 없소' 하니, 그 사람이 '그러면 안 할랍니다' 하면서 '그런데 재도 안 하면 스님들은 뭘 먹고 어떻게 살지요?'라고 하는 거라. 그래서 우리는 '산에 가면 솔잎이 꽉 찼고 개울에 물 출출 흘러내리고 하니, 우리 사는 것 걱정하지 마이소'하고 돌려보냈제.[43]

칠성 탱화를 없애고 불공과 축원을 금지하고, 49재 같은 의식을 모두 폐지하자 신도들이 끊어지고 불공과 재에 의지하던 사찰 경제가 피폐해질 수밖에 없었다. 하지만 봉암사 대중은 탁발이라는 전통적 방식을 통해 생계를 이어갔다. 그것이 부처님 법대로 사는 길이기 때문이다. 부처님 법대로 사는 길은 청빈한 삶이며, 가난이야말로 수

---

42) 원택, 『성철 스님 시봉이야기』 2, 김영사(2001년), 57쪽.
43) 원택, 위의 책, 59쪽.

행자에게 필요한 수행 환경이다. 그래서 성철 스님은 가난 속에 정진할 때는 깨달았다고 자부하는 수좌들이 많았지만 삶이 풍요해지자 수행이 후퇴하더라는 만공 스님의 수행 일화를 강조하곤 했다.[44] 바로 그런 이유에서 달마는 구함이 없음이 참다운 도의 실천이므로 무소구행(無所求行)[45]의 실천을 강조했고, 혜능은 욕심을 줄이고 만족을 아는 것이 곧 부처님을 받는 것이라는 소욕지족(小欲知足)[46]을 가르쳤다. 이처럼 선종에서 청빈은 곧 도의 실천이므로 봉암사 대중은 가난한 생활을 통해 역대 조사들이 갔던 그 길로 가고자 했다.

그러나 의례의 폐지는 단지 사찰의 경제적 수입원의 변화만을 의미하는 것은 아니었다. 의례 폐지의 본질적 의미는 출가자의 종교적 역할에 대한 근본적인 변화를 의미했다. 출가자가 의식 집전을 본무로 삼는 순간 생사해탈이라는 본분사는 사라지고 종교적 기능인으로 전락한다. 제사장의 역할에는 제불조사와 어깨를 나란히 하겠다는 당당한 대장부의 기상이 숨 쉴 수 없다. 결국 시주금을 목적으로 한 불공과 재의 금지에는 의례승의 역할에 안주해 있던 승가를 본분납자의 모습으로 회복시키고자 하는 성철 스님의 의도가 담겨 있다.

경제적 가치로부터 자유로울 때 승가는 세속적 가치관과 담론으

---

44) 만공 스님은 정혜사에서 수행하실 때 움막 같이 초라한 집에서 탁발로 연명하며 추위와 배고픔 속에서 오직 도를 위해 정진했다. 그렇게 한철 공부하고 나면 깨달았다고 주장하는 납자가 한두 명씩 나타났다. 하지만 좋은 집 생기고 꽁보리밥 신세를 면하면서부터 공부 제대로 했다는 사람이 한 명도 없었다고 한다. (원택, 『성철 스님 시봉이야기』 2, 28쪽.)
45) 『少室六門』(大正藏48, 369c쪽), "經云 有求皆苦 無求乃樂 判知無求眞爲道行 故言無所求行也."
46) 『六祖大師法寶壇經』(大正藏48, 353b쪽), "自心歸依覺 邪迷不生 少欲知足 能離財色 名兩足尊."

로부터 자유로울 수 있고, 그로부터 진정한 자유가 시작된다. 성철 스님은 기복적 의례의 폐지를 통해 물질적 가치에 종속된 승단을 해방시키고, 이를 통해 세속적 가치에 매몰된 출가 정신을 되찾고자 했다. 깨달음이라는 고원한 이상을 향해 일생을 불태울 수 있는 삶은 이로부터 가능하기 때문이다.

2) 의례의 본질 회복과 존경받는 승가

불공과 천도재의 폐지는 의례 집전을 폐지하는 것으로 끝나지 않고 의례에 대한 종교적 정의를 달리하는 것으로 이어졌다. 기도에 대한 성철 스님의 지론은 자신만을 위한 배타적 이익을 위한 행위가 아니라 남을 위해 기도하는 이타행(利他行)이라고 보았다. 만약 기도가 부처님을 향해 복을 비는 행위가 아니라면 불공이 사찰이라는 장소에 국한될 필요도 없다.

> 절은 불공 가르쳐 주는 곳입니다. 불공의 대상은 절 밖에 있습니다. 불공 대상은 부처님이 아닙니다. 일체중생이 다 불공 대상입니다. 승려들이 목탁치고 부처님 앞에서 신도들 명과 복을 빌어 주는 것이 불공이 아니라 남을 도와주는 것이 참다운 불공입니다.[47]

사찰은 불공을 올리는 장소가 아니라 어떻게 불공해야 하는지를 가르쳐 주는 곳이라고 한다. 불공해야 할 대상은 법당에 모셔진 부처님이 아니라 오히려 절 밖에 있는 무수한 중생이므로 '중생을 이롭게

---

47) 원택, 『성철 스님 시봉이야기』 2, 김영사(2001년), 143쪽.

하고 도와주는 것이 참다운 불공'이며, '몸과 정신으로 또 물질로 남을 돕는 것이 불공'이라고 설명한다. 이것은 나와 남이라는 분별심(分別心)을 벗어난 중도적(中道的) 인식과 실천이야말로 진정한 불공이라는 것을 의미한다.

> 천지는 나와 같은 뿌리요 만물은 나와 같은 몸입니다. 천지 사이에 만물이 많이 있지만은 나 외엔 하나도 없습니다. 그리하여 남을 돕는 것은 나를 돕는 것이며, 남을 해치는 것은 나를 해치는 것입니다.[48]

결국 남을 돕는 것이 곧 나를 돕는 것이라는 자타불이(自他不二)의 자각을 바탕으로 한 연기적(緣起的) 실천이야말로 진정한 불공이며 기도라는 것이 성철 스님의 지론이다. 불공과 의례의 폐지는 성철 스님의 이 같은 인식을 반영한 것이다. 그러나 불공에 대한 개념의 변화는 종교 의례에서 수동적이고 타자화 되었던 신도들을 신행의 중심에 서게 하였다. 신도들은 스스로 공양물을 준비하고, 삼천배를 통해 기도가 아닌 수행을 하면서 의례와 기도의 주체로 서기 시작했기 때문이다.

> 처음에는 재가 하나 들었다 가버렸는데, 가만히 보니 사는 사람들이 스님 같고 귀신을 맡기면 천도가 될 것 같은 생각이 들었던 모양입니다. 하나씩 둘씩 재 해달라고 들어와요 우리 법대로 금강경이나 심경을 읽어 주는데, 그만 재가 어떻게나 많이 드는지….[49]

---

48) 1981년 6월 28일 정초우(鄭草宇) 총무원장 취임식에 내린 종정법어.
49) 〈성철 스님 법문을 통해서 본 1947년 봉암사결사〉, 《수다라》 10집(1995년), 123쪽.

복잡한 의례를 폐지하고 스님들이 하는 것은 『금강경』을 독송하는 것이 전부였다. 하지만 봉암사 대중이 부처님 법대로를 내세워 의례를 과감하게 변화시켰지만 신도들은 새로운 신행 문화를 저항 없이 받아들였다. 『금강경』 독송에서 반야심경 3편 독송으로 재의식이 더욱 단출해졌지만 신도들은 오히려 봉암사의 새로운 규칙을 환영했다.

이는 수행하는 스님들이야말로 진짜 스님이며, 영가를 천도할 수 있는 능력은 수행에서 나온다는 믿음 때문이었다. 따라서 의례의 폐지는 관습화된 의례에 속박된 불교, 정형화된 틀 속에 갇혀 있던 출가자와 재가자의 역할을 해체하는 것을 의미했다. 불교가 기복적인 것은 신도의 근기가 낮고 기복을 원하기 때문이라고 항변하기도 한다. 하지만 종교적 의례와 신행은 성직자들의 가치관과 태도에 의해 좌우된다. 봉암사결사는 출가자가 깨어 있을 때 신도들은 언제라도 새로운 변화에 동참할 준비가 되어 있음을 보여주고 있다.

성철 스님은 승려를 의례로부터 분리했지만 그것이 승가의 위상을 약화시키는 것으로 귀결되지는 않았다. 오히려 수행자 그 자체에 대한 존경과 경배의 문화를 조성함으로써 존경받는 승가상을 만들어 갔다. 당시까지만 해도 억불의 폐습이 남아 승려들은 일반인들로부터 반말의 대상이었으며, 스님은 하인과 다를 바 없었다. 하지만 출가자를 존경하는 것이 부처님 법인만큼 자운 스님이 중심이 된 보살계 살림을 통해 신도와 승가의 관계를 새롭게 정립해 나갔다.[50]

> 스님은 부처님 법을 전하는 당신네 스승이고, 신도는 스님한테서 법을 배우는 제자야. 법이 거꾸러 되어도 분수가 있지 스승이 제자 보고 절

---

50) 원택, 앞의 책, 63쪽.

하는 법이 어디 있어? 조선 500년 동안 불교가 망하다 보니 그렇게 되었는데, 그것은 부처님 법이 아니야! 부처님 법에 신도는 언제나 스님들께 절 세 번 하게 되어 있어. 그러니 부처님 법대로 스님들에게 절 세 번 하려면 여기 다니고, 부처님 법대로 하기 싫으면 오지 말아![51]

유교적 지배 이데올로기는 존경받는 승가의 위상을 와해 시켰다. 하지만 성철 스님은 부처님 법대로라는 정신을 통해 승가의 위상을 다시 확립했다. 스님은 "이것이 부처님 법이니 어디서든지 스님들을 만나면 꼭 절 세 번씩 해야지 그렇지 않으면 신도가 아니야"라고 못 박았다. 의례를 집전하는 제사장이기 때문이 아니라 생사해탈을 추구하는 수행자이기 때문에 존경받아야 한다는 것이다. 이것이 근세에 들어 신도가 스님들에게 삼배를 올리게 된 최초의 계기가 되었다고 한다.[52] 결국 봉암사결사는 안으로는 의례승에서 수행승으로 출가자의 역할을 변화시키고, 밖으로는 재가자들로부터 존경받는 승가상을 확립해 내고 있음을 볼 수 있다.

5. 탈속적 수행자상과 간화선풍의 확립

1) 탈속적 수행자상의 확립

성철 스님은 봉암사결사를 통해 대처승과 구별되는 비구승의 이

---

51) 《수다라》 10집, 119쪽.
52) 《수다라》 10집, 120쪽.

미지를 확립하는 데 주력했다. 당시 비구와 대처 할 것 없이 붉은 비단 가사를 입고 있었기 때문에 비구승과 대처승의 구분이 없었다. 성철 스님은 비단 대신 소재를 마(麻)나 면(綿)으로 바꾸고, 율장의 규정대로 3종 괴색으로 염색했다. 작업이나 행각할 때는 가사 장삼 대신 측천무후가 선종 승려들에게 입게 했다는 오조 쾌락을 입도록 했다.[53] 뿐만 아니라 외출할 때에는 육환장을 짚고 삿갓을 씀으로써 기존의 승려들과는 외형적 차별화를 시도했다. 생활에 있어서도 목발우를 부숴버리고 대신 율장에 나와 있는 대로 철발우를 사용했다.[54] 공양도 속인과 다름없던 세 끼 식사를 지양하고 아침에는 죽을 먹고, 점심은 사시(巳時)에 맞춰 먹었다. 저녁 끼니는 약석(藥石)이라고 해서 허기를 면할 만큼만 먹었다.[55]

의례에 있어서도 사라졌던 전통인 포살(布薩) 제도를 되살렸다. 도우 스님은 "자운 스님께서 전계사가 되어 보살계를 설하고, 초하루와 보름에 포살을 하고, 아침에는 능엄주와 이산혜연선사 발원문을 하였다"[56]고 회고한다. 이 밖에도 당시까지 우리나라에서 행해지지 않았던 식차마나니계 살림을 열고 묘엄 스님에게 처음으로 식차마나니계를 주었다.[57]

이와 같이 봉암사 스님들은 복장과 생활양식을 바꿈으로써 기존 승려들과의 차별성을 분명히 했다. 이는 대외적으로 자신들의 개혁을 각인시키고, 부처님 법대로라는 결사의 정신적 지향을 천명하는

---

53) 〈佛面石-도우 스님을 찾아서〉, 《古鏡》 1997년 여름호, 33쪽.
54) 〈佛面石-혜암 스님을 찾아서〉, 《古鏡》 1996년 여름호, 20쪽.
55) 원택, 『성철 스님 시봉이야기』 2, 김영사(2002년), 61쪽.
56) 〈佛面石-도우 스님을 찾아서〉, 《古鏡》 1997년 여름호, 34쪽.
57) 윤청광 엮음, 『회색고무신』, 시공사(2002년), 169쪽.

효과적인 수단이기도 했다. 묘엄 스님의 회고에 따르면 성철 스님과 청담 스님은 "부처님 당시처럼 짚신 신고 무명옷 입고 최대한 검소한 생활을 하도록 노력할 것, 그렇게 함으로써 풍기는 것을 남한테 보여줄 수 있는, 말 없는 가운데 풍길 수 있는 이런 중노릇하자"[58)]는 내용을 밤새 논의했다고 한다.

실제로 외형적 모습과 수행 생활의 변화는 승가의 새로운 이미지화로 이어졌다. 기존 승려들과의 차별성을 강조함으로써 종교적 위엄이 나타났고, 이것은 수행자들의 참여로 이어졌다. 법전 스님은 결사에 동참하게 된 계기에 대해 봉암사 스님들의 생활 모습이 여법하고 올발랐기 때문이라고 했다.[59)] 또한 봉암사로 출가했던 혜명 스님도 "도인 스님네들은 푸르둥둥한 누더기 옷을 입고 언행이 단정하고 때가 하나도 안 묻어 보였고 일견 거룩해 보였다"[60)]라고 회고하고 있다. 기존의 승려들과 차별되는 결사 대중의 여법한 외형적 모습은 젊은 수행자들을 봉암사결사로 불러들이는 매개가 되었음을 엿볼 수 있다. 생활과 의식의 개혁은 결국 결사 대중의 정신적 지향을 대외적으로 공표하는 방법이 되었던 것이다.

물론 새로운 승가상의 정립은 가사와 장삼, 육환장과 같이 외형적 쇄신에만 머물지 않았다. 겉으로 드러나는 것은 어디까지나 내면적 가치를 표현하기 위한 수단이기 때문이다. 성철 스님은 내면적 수행자상 확립에 더욱 고심했다. 그것은 다름 아닌 세속적 가치와 질서로부터 승가를 철저하게 분리하고, 출가자만의 정신세계를 구축하는

---

58) 〈佛面石-묘엄 스님을 찾아서〉, 《古鏡》 1998년 여름호, 32쪽.
59) 〈佛面石-법전 스님을 찾아서〉, 《古鏡》 1996년 가을호, 19쪽.
60) 『혜명화상회상록』, 혜명정사(1996년), 75쪽.

것이었다. 그러기 위해 출가자는 세속에 대한 미련, 세속적 가치와 질서 속에 머물고자 하는 미련을 가차없이 버려야 한다. 성철 스님은 평소 수좌들을 향해 "중노릇은 사람 노릇이 아니다. 중노릇하고 사람 노릇하고는 다르다. 사람 노릇하려면 옳은 중노릇 못한다"[61]고 강조했다. 이것을 미뤄보면 성철 스님은 철저한 탈속적 정신세계를 지향하고 있음을 알 수 있다. 그것은 은둔과 탈속을 위해서가 아니라 세속적 가치에 의해 굴절되고 와해된 승가의 정신세계를 복원하기 위해서였다.

> 사해의 부귀는 풀잎 끝의 이슬방울이요, 만승의 천자는 진흙 위의 똥덩이라는 이런 생각, 이런 안목을 가진 사람이라야 꿈결 같은 세상 영화를 벗어나 영원불멸한 행복의 길로 들어갈 수 있는 것이다. 털끝만한 이해로써 칼부림이 나는, 소위 지금의 공부인과는 하늘과 땅인 것이다.[62]

출가자는 생사해탈이라는 고원한 목표를 위해 세속적 가치를 초개처럼 버릴 줄 알아야 한다. 그러기 위해서는 세속적 욕망은 장겁(長劫)에 걸쳐 윤회하는 삶으로 이어진다는 믿음이 전제되어야 한다. 그리고 출가의 삶이야말로 진정한 대장부의 길이며, 대자유인의 길이라는 절대적인 자부심이 필요하다. 그래서 성철 스님은 최잔고목론(摧殘枯木論)을 통해 세속적 가치를 경계하고 수행자가 지녀야 할 탈속적 가치관을 강조하고 있다.

---

61) 원택, 앞의 책, 25쪽.
62) 성철, 『해탈의 길』, 장경각, 24쪽.

부러지고 썩어 쓸데없는 나무 막대기는 나무꾼도 돌아보지 않는다. 땔 나무도 되지 않기 때문이다. 불 땔 물건도 못 되는 나무 막대기는 천지 간에 어디 한 곳 쓸 곳이 없는, 아주 못 쓰는 물건이다. 이러한 물건이 되지 않으면 공부인이 되지 못한다. 공부인은 세상에서 아무 쓸 곳이 없는 대낙오자가 되지 않으면 안 된다. 오직 영원을 위하여 모든 것을 다 희생하고, 세상을 아주 등진 사람이 되어야 한다. 누구에게나 버림받는 사람, 어느 곳에서나 멸시당하는 사람, 살아나가는 길이란 공부하는 길밖에 없는 사람이 되어야 한다. 세상에서뿐만 아니라 불법 가운데서도 버림받은 사람, 쓸데없는 사람이 되지 않고서 영원한 자유를 성취할 수 없는 것이다.[63]

출가자란 세상의 가치관으로 볼 때 아무짝에도 쓸데없는 썩은 나무토막 같은 존재가 되어야 비로소 세속의 미련을 떨쳐버리고 수행에 목숨을 걸 수 있다. '최잔고목'이라는 메시지는 수행자는 수행하는 것 외에는 아무것도 하지 못하는 쓸모없는 존재가 되어야 함을 강조한다. 하지만 이것은 수행자는 세속의 가치와 질서를 썩은 나무토막처럼 볼 수 있는 안목을 지녀야 함을 의미하기도 한다. 물론 이와 같은 사유는 선가의 전통적인 인식이기도 하다. '최잔고목'이라는 말 역시 대매 법상(大梅 法常) 선사의 게송에서 따온 표현이다.[64] 뿐만 아니라 초기선종사를 담고 있는 『능가사자기』에서도 출가자는 깊은 산속에서 조용히 은거해야 해야 대도를 이룰 수 있다고 설하고

---

63) 원택, 앞의 책, 115쪽.
64) 『景德傳燈錄』券7, (大正藏51, 254c쪽), "摧殘枯木倚寒林 幾度逢春不變心 樵客遇之猶不顧 郢人那得苦追尋."

있다.

> 훌륭한 집을 지을 목재는 본래 깊은 산 속에서 나오는 법이며 세간에 있지 않다. 세간과 멀리 떨어져 있기 때문에 사람들의 눈에 잘 띄지 않아 도끼에 손상되지 않고, 모두가 좋은 재목으로서 자라나 뒤에 꼭 필요한 곳에 동량으로 쓰인다. 이처럼 사람은 산속에서 속진(俗塵)을 여의고 본성을 밝혀 눈앞에 한 물건도 없을 때 마음이 평안하며, 여기서 도(道)의 나무가 꽃을 피우고 선림(禪林)이 결실을 맺게 된다.[65]

세속적 가치로부터 멀어지고, 세속에 대한 미련을 완전히 떨쳐버려야 세속의 도끼로부터 살아남을 수 있다. 최잔고목론은 철저히 세속적 미련과 애착을 버리고 탈속적 가치관을 통해 수행에 전념하도록 하기 위한 가르침이다. 성철 스님은 최잔고목론을 통해 와해된 승가의 세계관을 복원하고 고원한 출가자의 정신세계를 구축하고자 했다. '대낙오자가 되는 것', 홍인(弘忍)의 가르침처럼 '세상을 아주 등진 사람이 되는 것'은 염세주의자가 되라는 것이 아니라 오직 출가의 삶 속에서 신명을 바치라는 당부가 담겨 있다. 달마는 "밖으로 모든 인연을 쉬고, 안으로 마음에 헐떡거림이 없어 장벽과 같아야 비로소 도에 들어갈 수 있다."고 했다.[66] 따라서 세속적 가치와 욕망이 철저히 단절되어야 진정한 출가자의 길, 지혜의 길로 갈 수 있다. 그것이 바로 크게 죽어야 크게 살아나는 사중득활(死中得活)의 이치다.[67]

---

65) 「楞伽師資記」, 大正藏85, 1289b쪽, "大廈之材 本出幽谷 不向人間有也. 以遠離人故 不被刀斧損斫 ──長成大物後乃堪爲棟梁之用 故知栖神幽谷. 遠避囂塵 養性山中 長辭俗事 目前無物 心自安寧 從此道樹開花 禪林果出也."
66) 『二入四行論』(大正藏48, 369c쪽), "外息諸緣 內心無喘 心如牆壁 可以入道."

불교가 세속적 논리에 굴복할 때 깨달음과 자비라는 불교적 정신 세계는 무력해질 수밖에 없다.[68] 탈속의 가치는 일체법에 대해 싫어 하고 떠나서〔厭離〕 탐욕에서 벗어나 해탈하라는 근본 불교의 가르침 과도 일치한다.[69] 그런 점에서 성철 스님은 세속으로 들어가는 불교 가 아니라 부처님 법대로라는 근본 불교를 지향했다. 세속을 변화시 킬 만큼 내적 역량이 확립되어 있다면 입전수수(入纏垂手)하는 것이 바람직하다. 하지만 세속적 번뇌의 물결을 감당할 수 없는 상황이라 면 내면적 역량을 강화하는 것이 우선되어야 한다.

혹자는 성철 스님과 만해 스님이 서로 시기를 바꿔 태어났어야 한다고 주장한다.[70] 이 주장은 성철 스님이 활동할 시대는 적극적인 현실 개입을 필요로 했다는 것을 전제로 한다. 그러나 성철 스님은 당시 불교에서 가장 시급한 것은 와해된 승가상을 복원하는 것으로 파악했고, 그에 따라 철저한 수행을 강조했다. 현실 참여보다 더 앞 서는 것은 현실을 바르게 인도할 수 있는 역량을 갖추는 것이라고 보았기 때문이다.

---

67) 성철, 『百日法門』하, 장경각(2537), 279쪽.
68) 탈속적 가치는 불교만의 정신적 영역을 굳건하게 확립하는 것을 의미한다. 혼란 한 정국 속에서 불교를 지키는 길은 불교의 세계, 즉 갖가지 분파에 휩쓸리지 않 고 불교의 근본을 지키는 것이다. 그것만이 온갖 지말과 조건에 의해 왜곡된 불교 를 보전하는 길이기 때문이다. 여기서 성철 스님은 '부처님 법대로'라는 깃발을 높이 든다. 그 깃발 아래 철저히 세속적 질서와 세력으로부터 불교를 보호하고, 불교를 재건하고자 했다. 세속과의 결부는 결국 극심한 이데올로기의 광풍 속으 로 다시 불교를 몰아넣어 불교를 소멸시켜버리는 결과를 낳을 것이기 때문이다.
69) 『雜阿含』(大正藏2, 1a쪽), "爾時 世尊告諸比丘 當觀色無常 如是觀者 則爲正觀 正觀者 則生厭離 厭離者 喜貪盡 喜貪盡者 說心解脫."
70) 김종인, 〈한국불교 근대화의 두 얼굴, 만해와 성철〉, (《불교평론》 2005년 봄호), 76쪽.

성철 스님은 이처럼 탈속적 승가상을 고집하고 있지만 그것이 당대 불교계의 현실적 요구를 도외시한 고립적 주장은 아니었다. 오히려 성철 스님은 당대 불교계가 고민하던 부분을 봉암사결사를 통해 담아내고 있다. 1945년 9월 전국승려대회에서는 교단의 4대사업으로 총림, 역경, 동국대 개교, 사찰정화를 결의했다.[71] 이는 당시 개혁세력이나 선방, 수좌할 것 없이 총림 구성을 통한 불교 정신의 재건을 시급한 과제로 인식하고 있음을 보여준다. 그 같은 인식은 1946년 10월 해인사에 가야총림을 설치하고 1947년 11월에 효봉 스님을 초대 조실로 임명하는 움직임으로 이어졌다.[72] 봉암사결사는 이 같은 당대 불교계의 시대적 요청에 대해 수행 결사를 통해 답하고 있다. 따라서 봉암사결사는 세속적 가치로부터 초월적이되 당대 불교계의 시대 인식으로부터 단절되어 있지 않았음을 알 수 있다.

2) 간화선 수행 가풍의 확립

봉암사결사에서 성철 스님의 가장 중요한 역할은 수행 가풍을 조성하고, 수좌들을 철저한 화두 참구로 인도하는 것이었다. 이런 역할은 봉암사결사 이전부터 예정된 것이기도 했다. 1943년 수덕사 복천암에서 도반으로 만난 청담 스님과 성철 스님은 하안거를 함께 나면서 한국불교의 개혁에 대한 의지를 키웠다. 그리고 대승사에서 다시 만난 두 스님은 한국불교의 살 길은 선을 중심으로 한 수행 가풍을 확립하는 것이라는 데 의견을 모았다.[73]

---

71) 대한불교조계종교육원, 『조계종사-근현대편』, 조계종출판사(2001년), 174쪽.
72) 위의 책, 175쪽.

봉암사결사가 시작되자 성철 스님은 생식으로 연명하며 이불을 펴거나 목침을 베고 눕는 일도 없이 철저한 수행으로 수좌들의 모범이 되었다.[74] 도우 스님은 성철 스님에 대해 "쌀 두 홉을 물에 담가 두었다 일체 간도 안 하고 찬도 없이 드셨어요. 이불을 펴거나 목침을 베고 주무시는 것을 본 일이 없습니다"[75]라고 회고한다. 이 같은 수행은 자신의 수행으로 끝나지 않고 결사에 동참한 수좌들을 독려하고 지도하는 역할로 이어졌다. 성철 스님은 "하루에 4시간 이상 자지 말라. 한 생각만 일으켜도 화두가 간단이 생기는데 하물며 이야기할까 보냐. 오직 최후까지 화두를 위해서 노력하라"[76]며 수좌들을 독려했다.

법전 스님은 봉암사결사에서 성철 스님의 지도에 대해 이렇게 회상한다. "성철 스님은 지나가다가 다른 스님이 앉아서 조는 모습을 보면 버럭 고함을 지르기도 하고, 자꾸만 졸면 아예 몽둥이로 내려치기도 했지요. 일은 일대로 하니 얼마나 피곤했겠어요. 그래도 도저히 딴 생각을 할 수가 없었지요. 화두일념(話頭一念)하지 않으면 배길 수가 없었어요"[77] 수행하기 위해 모인 결사인 만큼 화두일념하지 않는다면 설사 고단한 노동으로 일과를 보낸다 할지라도 의미가 없다. 그래서 성철 스님은 수좌들에게 간화선풍을 일으키는 역할에 충실했다. 수행자를 독려하기 위해 성철 스님은 수좌들의 '마음속 저 밑바닥에 있는 티끌만 한 자존심'까지 자극하며 수시로 납자들을 점검

---

73) 원택, 『성철 스님 시봉이야기』 2, 김영사(2002), 96쪽.
74) 원택, 위의 책, 64쪽.
75) 〈佛面石-도우 스님을 찾아서〉, 《古鏡》 1997년 여름호, 34쪽.
76) 〈佛面石-일타 스님을 찾아서〉, 《古鏡》 1996년 겨울호, 34쪽.
77) 〈佛面石-법전 스님을 찾아서〉, 《古鏡》 1996년 가을호, 20쪽.

하는 노고를 아끼지 않았다.

> 저녁에 앉아서 정진하고 있으면 성철 스님이 들어와 몇 마디 묻곤 했습니다. 제대로 답을 못하면 성철 스님은 벽력같은 소리를 지르며 멱살을 잡고는 방망이로 사정없이 두들겨 팼습니다. 나도 혹독하게 몇 번 맞았지요. 그게 다 분심을 일으켜서 더욱 정진하라는 다그침이었지요.[78]

성철 스님은 각자에게 주어진 화두를 들게 하는 것으로 끝나지 않고 성성히 화두를 들고 있는지에 대한 점검을 게을리하지 않았다. 수행이 올곧게 되지 않을 경우 임제(臨濟)의 할(喝)과 같이 버럭 소리를 지르기도 하며, 덕산(德山)의 방(棒)[79]과 같이 방망이질도 마다하지 않았다. 성철 스님은 전등(傳燈)의 불씨를 되살리기 위해 납자들을 담금질하여 부처로 단련하는 대장장이의 역할에 최선을 다했다. 이처럼 성철 스님은 봉암사결사를 조직하고 주도적으로 이끈 것은 물론, 간화선의 수행 가풍을 재건하는 데 진력했다. 봉암사의 이 같은 수행 경험은 봉암사라는 장소에 국한되지 않고 이후 조계종의 수행 가풍으로 확산되면서 간화선의 명맥을 잇게 했다.

---

78) 〈佛面石-도우 스님을 찾아서〉, 《古鏡》 1997년 여름호, 34쪽.
79) 『大慧普覺禪師語錄』(大正藏47, 816b쪽), "上堂 拈拄杖卓一下喝一喝云 德山棒臨濟喝."

6. 자급자족과 선농일치(禪農一致)의 가풍

1) 소작료 폐지와 자급자족

봉암사결사에서 두드러진 특징 중의 하나는 경제적 자급자족을 지향한 것이다. 당시 사찰의 수입원은 크게 두 가지로 분류된다. 첫째는 사찰 소유의 토지에서 발생하는 소작료이고, 두 번째는 불공과 천도재 같은 의례에서 발생하는 수입이었다. 봉암사결사에서는 소작료를 받지 않는 것은 물론 불공과 천도재마저 폐지하고 완전한 자급자족을 선언했다.

공주규약에는 소작인의 세금과 신도들의 시주에 의지한 생계는 단호히 청산한다고 명시하고 있다. 이는 당시 사찰의 주 소득원에 대한 전면적 거부였음으로 사찰경제의 피폐화를 가져왔다. 그러나 결사 대중들은 부처님 법대로 탁발과 청빈한 삶을 통해 승가 본래의 삶을 복구해 나갔다. 물론 갑작스럽게 단행된 이 조치로 처음에는 군(郡)에서 양곡을 배급받아 위기를 모면하기도 했다.[80] 중국 선종은 산중에 수행처를 삼았던 관계로 경작을 통한 자급자족을 추구할 수밖에 없었다. 봉암사 역시 탁발만으로 모든 것을 해결할 수 없어 수행과 경작을 병행하는 선농일치(禪農一致)의 가풍을 이어갔다.

그러나 소작료 폐지에 관한 공주규약의 내용은 당시 불교계의 흐름과도 무관해 보이지 않는다. 광복이후 불교 개혁과 왜색불교 척결을 주장하는 불교 혁신 단체들이 조직되면서 활발한 활동이 시작되

---

80) 〈중생의 허망한 꿈을 깨우고 수행자의 길을 밝히신 큰스님〉, 《古鏡》 1998년 봄호, 5~6쪽.

었다. 그중 1945년 9월에 출범한 불교청년당은 사찰의 토지 소유 반대를 주장했으며, 혁명불교도동맹 역시 사찰 토지의 국가 제공, 사찰 운영의 개방, 의식의 간소화 등을 주장했다.[81] 공주규약에서 정의하고 있는 소작료 폐지는 당시 불교계에서 일고 있던 이 같은 개혁 바람을 일정 정도 반영하고 있음을 엿볼 수 있다.

1946년 11월에 결성된 조선불교혁신총동맹에서도 토지 개혁을 시대적 조류로 보고 불교계에서도 이에 상응하는 조치를 이행해야 한다고 주장했다. 그러나 교단은 사찰 경제의 대부분을 차지했던 토지를 국가와 농민에게 분배해야 한다는 것에 쉽게 동의할 수 없었다.[82] 이처럼 토지 문제에 대해 교단 집행부인 총무원 측은 유상몰수 유상분배를 주장했고, 혁신파인 총본원은 무상몰수 무상분배를 주장하는 등 첨예한 문제로 대두했다.[83] 이에 대해 성철 스님은 토지 자체를 무상으로 배분하지는 않았지만 대신 소작료를 받지 않는 중도적 방법을 선택했다. 따라서 소작료 폐지는 당시 불교계 안팎에서 제기되던 토지 문제를 소작료 폐지라는 대안을 제시하는 한편, 두타행을 통한 생활을 복원함으로써 부처님 법대로의 정신을 실천하고자 했다.

2) 노동과 수행의 결합

봉암사 생활에서 빼놓은 수 없는 것은 병자가 아닌 이상 다 같이 울력에 동참해야 하는 보청의 법이었다.[84] 소작료와 불공 폐지에 따

---

81) 대한불교조계종교육원, 『조계종사-근현대편』, 조계종출판사(2001년), 161쪽.
82) 위의 책, 164쪽.
83) 위의 책, 168쪽.
84) 윤청광 엮음, 『회색고무신』, 시공사(2002), 197쪽.

른 경제적 문제를 탁발과 노동으로 해결해야 했기 때문이다. 따라서 봉암사결사 대중에게서 수행 이상으로 중요한 것이 노동을 통한 경제적 독립이었다.

> 밥해 먹는 것도 우리 손으로 한다. 나무하는 것도 우리 손으로 한다. 밭 매는 것도 우리 손으로 한다. 일체 삯군, 일꾼은 안 된단 말입니다. 이것이 일일부작(一日不作) 일일불식(一日不食)의 청규, 근본정신이니까. 그래서 부목도 나가라, 공양주도 나가라, 전부 다 내보내고 우리가 전부 다 했습니다. 쉬운 것 같지만 실제는 이것이 제일 어렵습니다. 곡식도 전부 다 우리 손으로 찧고, 나무도 우리 손으로 하고, 밭도 전부 우리가 매고…. [85]

자신의 생계를 책임지는 것은 세속에서뿐만 아니라 수행자에게도 중요한 문제가 아닐 수 없다. 스스로 자립하지 못한다면 수행의 순결성을 지켜낼 수 없다. 따라서 수행자 역시 근면한 생활과 노동이 요구된다. 그래서 성철 스님은 병 가운데 제일 큰 병은 게으름 병이라고 말하며 대중에게 자급자족하는 노동을 요구했다. 모든 죄악과 타락과 실패는 게으름에서 생기므로 수행자에게 나태함은 죄악의 근본이라는 것이다. 왜냐하면 나태함으로는 대도를 성취할 수 없기 때문이다.

총림을 창설해서 만고의 규범을 세운 백장 스님은 '하루 일하지 않으면 하루 먹지 않는다'고 하지 않았는가! 손끝 하나 까딱하지 않고 편히만

---

85) 〈성철 스님 법문을 통해서 본 1947년 봉암사결사〉, 《수다라》 10집, 119쪽.

지내려는 생각, 이러한 썩은 생각으로는 절대로 대도를 성취하지 못한다. 땀 흘리면서 먹고살아야 한다. 남의 밥 먹고 내일 하려는 썩은 정신으로는 만사불성(萬事不成)이다. 예로부터 차라리 뜨거운 쇠로 몸을 감을지언정 신심 있는 신도의 의복을 받지 말며, 뜨거운 쇳물을 마실지언정 신심인의 음식을 얻어먹지 말라고 경계하였다. 이러한 철저한 결심 없이는 대도는 성취하지 못하나니, 그러므로 잊지 말고 잊지 말자. '일일부작 일일불식'이라는 만고철칙을! 오직 영원한 대자유를 위해 모든 고통을 참고 이겨야 한다."[86]

흔히 참선하면 손끝 하나 까닥하지 않고 조용히 앉아 화두에만 몰두하는 것으로 생각하기 쉽다. 그러나 성철 스님은 그런 생각으로는 결코 대도를 성취할 수 없다고 한다. 수행자는 땀 흘리면서 스스로 먹고살아야 하며, 하루 일하지 않으면 하루 먹지 않는 것을 철칙으로 삼아야 한다고 강조했다. 남이 주는 밥을 먹고 자기 공부하는 것은 있을 수 없다는 것이다. 그래서 봉암사 대중들은 '하루 일하지 않으면 하루 먹지 않는다'는 백장청규의 정신 아래 노소를 막론하고 하루 나무 두 짐은 꼭 해야 했다.[87] 성철 스님은 「납자십게」에서도 "물 긷고 나무하는 일은 옛날 스님 가풍이요 텃밭 매고 주먹밥은 참 사는 소식이라. 한밤에 송곳 찾아도 오히려 부끄러워 깨닫지 못함을 한숨 지며 눈물로 적시네"[88]라고 노래했다.

봉암사결사에서 노동에 대한 의무는 선언적 규칙이 아니라 실제

---

86) 성철, 『해탈의 길』, 장경각, 70~72쪽.
87) 〈佛面石-도우 스님을 찾아서〉, 《古鏡》 1997년 여름호, 34쪽.
88) 성철, 『해탈의 길』, 장경각, 126쪽.

로 엄격히 지켜졌다. 결사에 참여했던 혜암 스님은 "모든 대중이 울력을 했지요. 나무도 일꾼 쓰지 않고 직접 산에 가서 나무를 했습니다. 날마다 시간 정해 놓고 나무를 하니까…"[89]라고 회고했다. 봉암사결사는 부지런히 노동하는 보청법의 실천으로 경제적 자립을 이뤘으며, 가만히 앉아서 밥 얻어먹는 것을 수행으로 여기지 않았다. 법전 스님도 "내가 봉암사 있을 때만 해도 하루에 세 시간을 자본 일이 없어요. 그런데 요새는 어떻게 하면 더 편하고 잘 먹는가 하고 궁리만 하나 봐요. 그러면 도하고도 거리가 멀어지고, 부처님하고도 멀어집니다…"[90]라고 경책하고 있다.

7. 맺음말

현대 한국불교의 서막을 열었던 봉암사결사는 4명의 종정과 7명의 총무원장을 비롯해 여러 명의 고승을 탄생시켰다.[91] 이는 봉암사결사에 참여했던 인물들이 오늘날 조계종의 근간을 이루어 왔음을 의미한다. 봉암사결사의 정신과 수행 전통은 이들에 의해 조계종의 정신과 가풍으로 고스란히 녹아들면서 한국불교의 보편적 전통으로 확산되었기 때문이다. 그래서 도우 스님은 조계종의 기틀이 봉암사결사 때 다 잡혔다고 평가했다.[92] 원택 스님 역시 봉암사결사의 정신

---

89) 〈佛面石-혜암 스님을 찾아서〉, 《古鏡》 1996년 여름호, 19쪽.
90) 〈佛面石-법전 스님을 찾아서〉, 《古鏡》 1996년 가을호, 27쪽.
91) 성철, 청담, 혜암, 법전이 종정을 지냈으며, 청담, 월산, 자운, 성수, 법전, 의현, 지관 스님이 총무원장을 지냈다.

을 담고 있는 18개 항의 공주규약이야말로 한국불교의 현재 모습을 결정지은 원칙이라고 평가한 바 있다.[93]

그러나 봉암사결사 이후 60년이 경과하면서 한국불교는 또 다른 결사를 요구받고 있다. 유교 권력의 탄압이나 일제의 억압과 같은 위협은 사라졌지만 승가의 핵심이 되는 출가 정신은 날이 갈수록 퇴색해 가고 있기 때문이다. 끝없는 욕망의 추구와 소비 중심의 사회 풍토는 출가 정신의 퇴색을 부채질하는 요인이 되고 있다. 따라서 오늘날 한국 승가 역시 봉암사결사 대중이 그랬던 것처럼 불법의 근본을 확인하고 출가 정신을 새롭게 가다듬어야 할 때가 도래했다.

봉암사결사는 부처님 법대로의 정신을 모토로 제국주의 세력에 의해 조형된 식민불교를 종식하고 현대불교의 새장을 연 일대 사건이었다. 봉암사결사로부터 정화불사의 정신이 싹트기 시작했으며, 지난 반세기 동안 한국불교가 이룩한 성장도 봉암사결사에 뿌리를 두고 있다. 그러나 지난 60여 년 동안 한국불교를 지탱해 왔던 봉암사결사는 주역들의 퇴장과 더불어 그 에너지도 점차 약화되고 있다. 그런 점에서 봉암사결사를 재조명하는 것은 과거를 기억하기 위해서가 아니라 새로운 결사를 준비하기 위한 과정이라고 해야 할 것이다. 본고는 봉암사결사의 핵심을 되짚어 보고 그것이 현재 한국불교와 미래의 진로에 어떤 의미가 있는지를 고민하는 것으로 맺음말을 대신하고자 한다.

첫째, 봉암사결사의 특징은 '부처님 법대로'라는 사상적 원칙을 분명히 설정하고 있다는 것이다. 그러나 현재 한국불교는 불교 정신

---

92) 원택, 앞의 책, 64쪽.
93) 원택, 앞의 책, 68쪽.

에 충실한가를 반문해보지 않을 수 없다. 비록 외형적 교세는 신장하였지만 세속적 질서와 메커니즘에 의해 종단이 운영되고, 불교적 원칙이 세속적 가치 의식에 종속된 지 오래다. 성철 스님이 부처님 법대로라는 사상적 원칙을 통해 꺼져가던 정법의 불씨를 되살렸듯이 오늘날의 한국불교 역시 출가자의 근본 목표가 무엇인지 진지하게 성찰해야 할 때가 되었다.

둘째, 봉암사결사는 본분납자라는 올곧은 수행자상을 정립했다. 성철 스님은 갖가지 의례를 집전하며 제사장의 역할에 매몰된 승가의 역할을 혁파하고 본분납자라는 대장부의 삶을 되찾아 주었다. 결사 60주년을 맞이하는 오늘날 한국 승가는 출격 장부의 삶을 살고 있는가? 1940년대보다 승가의 사회적 위상이 신장한 것은 사실이지만 제사장적 기능은 더욱 강화되고 있다. 의례는 갈수록 한국불교의 핵심적 부분으로 자리 잡아가고 있으며, 기도 시간을 늘리는 것이 경쟁력인양 인식되고 있다. 자성자도(自性自度)라는 조계(曹溪)의 정신을 물려받은 조계종도라면 과연 이것이 출가의 본래 목표인지 점검해 보아야 할 것이다.

셋째, 세속적 가치와 질서로부터 초연한 탈속적 승가상의 확립이다. 출가자라면 누구나 생사윤회로부터 해탈하겠다는 원대한 꿈을 가져야 하며, 세속적 가치와 질서로부터 자유로워야 한다. 그러나 현재의 승가는 세속적 가치와 성공에 목매달고 있고, 승가가 누리는 풍요는 속인들의 잣대로 보아도 도를 넘는 사례도 없지 않다. 뿐만 아니라 종단의 크고 작은 일은 물론이며, 단위 사찰에서 벌어지는 대소사마저 스스로 해결하지 못하고 세속법에 의존해야 할 만큼 계율의 권위와 구속력은 무기력해졌다. 종단을 운영하는 갖가지 제도는 세속의 체제를 이식한 것일 뿐 불교적 가치와 정신은 약화되고 있는 것이 사실이다. 어쩌면 오늘의 승가는 겉모습은 비구승이지만 그 정신세계는 봉암사결사를 통해 척결하고자 했던 구태를 고집하고 있는지도 모를 일이다.

넷째, 봉암사결사 대중은 노동과 수행을 겸수하는 선농일치(禪農一致)의 가풍으로 선정지상주의를 극복했다. 봉암사 대중은 의례를 통한 시주물과 소작료를 거부하고 탁발과 노동을 통해 자급자족하는 수행 가풍을 일구어냈다. 이는 신도들의 시주금이 없어도, 소작료가 없어도 스스로 수행할 수 있는 경쟁력 있는 수행 공동체를 구축했음을 의미한다. 하지만 오늘날 한국불교는 시주물에 의존하는 차원을 넘어 관람료가 주 수입원이 되면서 노동과 수행은 천지현격(天地懸隔)의 관계가 되고 말았다. 선방 역시 좌선만을 위한 수행 풍토를 고수함으로써 자신의 생계를 책임지지 못하는 취약한 구조가 되었다. 이런 구조라면 수행은 외부의 도움 없이는 한철도 날 수 없는 사치스러운 과정이 될 위험이 크다.

성철 스님은 '남의 밥 먹고 내일 하려는 썩은 정신으로는 만사불성'이라고 했다. 봉암사결사 60주년을 회고하면서 우리는 선농일치의 전통 회복과 선정지상주의를 극복할 대안을 고민해야 한다. 자신의 생계를 해결할 수 없는 허약한 수행 문화로는 선방 역시 대중의 간교한 요구에 취약할 수밖에 없기 때문이다. 대중이 위빠사나를 노래하면 위빠사나를 들고 나가야 하며, 대중이 명상에 목매달면 덩달아 명상을 해야 하는 광대가 되지 않을 수 없다. 따라서 진정으로 경쟁력 있는 수행이 되기 위해서는 스스로 자급자족할 수 있는 능력을 갖추어야 한다. 물론 경쟁력 있는 수행 풍토를 조성하자는 것은 경제적 능력을 키우자는 것만을 의미하지 않는다. 그것은 청빈한 삶과 자급자족하는 수행 문화를 만들자는 것이다.

올해로 봉암사결사는 회갑(回甲)을 맞이했다. 회갑이란 지나온 역사를 되짚어보며 축하하는 것이지만 어떤 의미에서 회갑은 다시 처음으로 되돌아감을 의미한다. 한국불교 역시 60년 전 봉암사 대중이 그랬던 것처럼 다시 초심으로 돌아가 새로운 결사를 조직해야 할 때가 왔다. 세상은 정보화 사회로 진입하면서 낡은 권위가 해체되고 열린사회로 변모했다. 하지만 승가는 오히려 종교적 권위가 공고해지면서 세상의 변화와 거꾸로 가고 있다. 그러나 세상을 모방해서는 세상을 따라잡을 수 없다. 불교가 세속의 변화를 따라잡는 길은 세속의 가치와 질서를 초월하여 불교만의 세계를 올곧게 지켜가는 것이다. 그것이 바로 봉암사결사가 우리에게 보여준 해답이다. 성철 스님은 급변하는 시대 상황 속에서 세상의 변화를 모방하지 않고 오히려 불교의 고유한 가치를 확립하는 데 주력했다. 세속을 완전히 초월함으로써 세속의 속도를 넘어서고자 했던 것이 봉암사결사의 정신이다. 봉암사결사 60주년을 맞이하면서 이제 조계종은 봉암사 대중이 그랬던 것처럼 세속적 가치를 초극해야 한다. 그것만이 불교를 살리는 길이며, 출가 정신을 회복하는 첩경이기 때문이다.

봉암사결사와 청담 대종사

― 내가 入山하여 본 鳳岩寺結社의 회고 ―

혜정 | 조계종 원로의원

1. 나의 恩師 青潭 스님

2. 鳳岩寺에서 出家한 내가 지켜 본 鳳岩寺結社

3. 青潭 스님의 鳳岩寺結社와 淨化運動

4. 내가 보는 鳳岩寺結社의 意義

1. 나의 恩師 靑潭 스님

　올해는 鳳岩寺結社가 60주년이 되는 뜻 깊은 해입니다. 鳳岩寺結社는 曹溪宗團의 歷史와 韓國 現代佛敎史에서 차지하는 비중이 적지 않은 것으로 알고 있습니다. 그래서 오늘과 같은 記念 세미나를 개최하는 것이 아닌가 생각됩니다.
　그런데 이 鳳岩寺結社에는 소납의 恩師이신 靑潭 큰스님도 그 主役으로 참여하셨습니다. 이런 내용은 靑潭 스님 誕辰 100주년 記念 學術發表會에서 제가 발표한 논문과[1] 近現代 佛敎의 분야에 많은 업적을 낸 김광식 교수의 글에서도[2] 잘 나와 있습니다. 靑潭大宗師는 韓國 現代佛敎界의 큰스님이면서, 曹溪宗團을 다시 堅固하게 만들었던 淨化運動을 최일선에서 이끈 스님이었음은 우리 四部大衆이 다 알고 있습니다. 그래서 오늘 저는 靑潭 큰스님의 鳳岩寺結社에 參與하게 된 背景, 課程, 內容, 意義 등을 제가 생각하는 견지에서 所見을 발표하려고 합니다.
　한편으로는 靑潭 大宗師의 鳳岩寺結社와 관련된 내용을 정리하

---

[1] 慧淨, 「靑潭의 救世思想과 履行」, 『靑潭大宗師와 現代 韓國佛敎의 展開』靑潭文化財團, 2002.
[2] 김광식, 「이청담과 불교정화운동」, 『한국현대불교사 연구』, 불교시대사, 2006.

고, 발표하는 여기에서 저는 가슴 뭉클한 소회가 있음을 밝히지 않을 수 없습니다. 이는 다른 것이 아니라 소승이 入山, 出家한 곳이 바로 鳳岩寺였다는 사실입니다. 저는 鳳岩寺結社가 한창 進行되던 1948년 봄에 鳳岩寺에서 靑潭, 性徹 두 스님을 만나 뵙고 入山하게 되었던 것입니다. 그래서 鳳岩寺結社라는 말을 듣기만 해도 저는 떨리는 가슴을 주체할 수 없습니다. 그런데 그 시간이 어언 60여 년이나 흘렀다니, 세월의 무상함을 절감하지 않을 수 없습니다.

저의 恩師이신 靑潭 스님이 저에게 일러준 말씀을 생각하니 靑潭 스님의 淨化思想, 忍辱思想의 偉大함이 새삼 가슴에 다가옵니다. 스님은 그때 저에게 "내가 너희하고 같이 갈 때에 혹시, 누가 와서 나를 두드려 패드라도, 너희는 절대 그 사람을 때리지 말고 오히려 나에게 '스님 因果를 믿으십시오'라고 말을 해야 한다"고 말씀하셨습니다. 처음 그 말씀을 들을 때에는 그 말의 참뜻을 전혀 알지 못하였으나, 저도 靑潭스님이 사셨던 세월을 넘기는 나이가 되어 보니 그 참뜻, 인과를 알고 믿는 것이 바로 불교라는 지고지상의 진리임을 알게 되었습니다. 그리고 靑潭 스님은 제 長衫을 깨끗이 다려 주시기도 하셨습니다. 저는 어쩔 줄을 몰라, 스님에게 '제가 상좌이기 때문에 다려주시는 것입니까 하고 여쭈어 보았습니다. 그랬더니, 靑潭 스님께서는 "그게 아니다, 너뿐만이 아니라 다른 사람 것도 다려 준다"고 말씀하셨습니다. 이 같은 下心, 그리고 그에게 우러나온 忍辱精神을 생각하니 제 恩師라서가 아니라 이 시대에 靑潭 스님과 같은 偉大한 大宗師를 만나고, 恩師로 모신 그 인연을 所重하게 생각합니다. 저는 忍辱이란 자기를 잊었을 때, 자기를 버렸을 때에 비로소 성립된다고 봅니다. 즉 忍辱은 成佛할 때에 성취되는 것이 아닌가 합니다. 이런 측면에서 靑潭 스님은 완전히 忍辱을 성취하신 분이 아닌가 생각됩니다.

바로 이렇게 忍辱을 통해 眞理를 깨달으신 靑潭 큰스님이 鳳岩寺結社를 前後한 時期의 佛敎淨化運動의 活動과 精神을 저는 소개하고자 합니다. 그런데 靑潭 스님의 鳳岩寺 行蹟을 소개하기 전에 제가 그곳에서 入山, 出家하였기에 저의 入山 時節의 鳳岩寺 이야기부터 말하려고 합니다.

2. 鳳岩寺에서 出家한 내가 지켜 본 鳳岩寺結社

소납은 충주 탄금대에서 출생하였습니다. 忠州의 탄금대가 바로 제 고향이지요. 그곳에서 국민학교를 다닐 적에 근처에 있는 사찰에 가서 法堂 안에 부처님께 절을 하던 기억이 나는군요. 그때에는 절을 하는 것을 남이 볼까 봐 부끄러워, 몰래 가서 절을 하고 法堂을 후다닥 나오던 모습이 불현듯 생각납니다.

그러다가 제가 고등학교 2학년 때에 우연히 鳳岩寺를 놀러가게 되었습니다. 제 형님이 日本에 가서 공부를 하고 와서는 문경의 은성鑛業所에서 資材課長을 했습니다. 그 鑛業所 所長이 형님의 妻 三寸이었기 때문이지요. 그런데 어느 날 형님이 절에 한번 구경가자고 해서 갔는데, 그 절이 바로 鳳岩寺였습니다. 鳳岩寺 절에 가보니, 스님들이 長衫을 입고, 念佛인지 독경을 하고 있었습니다. 저는 그 당시에는 佛敎를 전혀 몰랐지요. 그래서 저는 호기심이 나서 性徹 스님을 만나 뵙고 질문을 하였습니다. 절에 있는 사람들은 누구이며, 왜 이렇게 이런 이상한 옷을 입고 무엇을 하고 있는 것이며, 여기서

사는 목적이 무엇이냐는 등등을 여쭈어 보았습니다.

그러니까 性徹 스님이 자기 방으로 저를 안내하고 저는 방으로 들어갔지요. 性徹 스님은 저에게 절을 둘러본 感想을 말해 보라고 하셨어요. 그래서 저는 절 구경도 처음이고, 스님들 생활하는 것도 생전 처음 보았기에 '神仙 공부하는가' 하고 생각하였다고 말을 하였지요. 저는 모든 것이 생소하고 의아해서 그렇게 질문을 하고, 답변을 한 것입니다. 그때부터 性徹스님은 저에게 불교, 인생에 대한 여러 가지 좋은 이야기를 해 주셨습니다. 人生無常, 北邙山家를 소재로 하여서 인간이 100년도 못 살면서 千年 살 것 같은 생각을 하며 산다고 했습니다. 生死 문제가 人間에게는 제일 중요한 것인데, 가장 급한 문제를 해결하지 않고 있다고 했습니다. 그때 性徹 스님은 자기들은 바로 이를 해결하기 위하여 절에서 修行한다고 하셨습니다.

그때에 性徹 스님을 보니깐, 인상이 신비스럽게 보이고, 凡人은 아닌 것 같이 보였어요. 말씀도 잘하고 그래서, 그런 생각을 하였습니다. 그때에 性徹 스님은 저에게 日本의 歷史에 나온 스님 이야기를 해 주시기도 하였습니다. 그것은 일본 佛敎界에 최고 높은, 상당한 지위에 있는 國師가 된 어린 스님의 이야기였습니다. 國師가 된 그 스님이 自己의 어머니에게 편지를 부쳤어요. 自己가 이제는 나이가 어린 나이에 國師가 되었으니, 아들이 장하지 않느냐, 아들이 이렇게 出世하였다는 긍지를 갖고, 어머니도 自己를 칭찬해 달라는 要旨였습니다.

이런 이야기까지 해 주시면서 性徹 스님은 저에게 부처님의 말씀을 알려 주시면서, 家族 狀況을 물어보시더니 은근히 出家하라는 말씀을 하셨습니다. 그러고는 저에게 대보누각다라니를 외워 보라고 하시면서 당신은 밖으로 나가 십분 정도 있다가 들어오셨습니다. 그리고 저 보고, 그 다라니를 외워보라고 해서 저는 그것을 다 외웠더니 머리는 괜찮다고 하시면서 저에게 관심을 많이 표했습니다. 그러고는 저에게 般若心經의 講義도 해주시면서 觀世音菩薩의 의미를 일러 주셨습니다. 그리고 부처님은 成佛을 하셔서 衆生 救濟를 하는 偉大한 분이라는 점도 일러 주셨습니다. 그러나 저는 우선 집으로 돌아가서 학교를 다니면서 생각해 보겠다고 하였습니다.

그러니깐 性徹 스님은 학교는 소용이 없다고 하시면서, 집에 가지 못하게 저녁이 되어도 보내 주질 않았습니다. 그래서 형님은 먼저 집으로 가고 저는 절에 있었지요. 그래도 저는 그 다음날 집에 갔다 오겠다고 하였지요. 性徹 스님은 그러면 우선 집에 가서 이야기를 하고, "다시 절로 꼭 오너라"고 하셨지요. 집에 와서 부모님에게 性徹 스님과 나의 이야기를 하려니깐 곤란하였어요. 兩親은 儒學的인 思考 方式이 있는 분이었는데, 갑자기 佛敎 이야기를 하니 부모님은 이해할 수 없었겠지요. 그런데 제 형님은 이해해 주었어요. 형님은 日本에서 大學을 나왔기에 日本에서는 佛敎가 國敎이다시피, 대단하다면서 "네가 원하면 가라"고 그랬어요.

그래서 저는 어느 날, 절에 간다고 하면서 鳳岩寺로 들어왔지요. 그런데 제가 절에 가서 안 오니, 며칠 후에 부모님이 鳳岩寺로 저를 찾으러 오셨습니다. 부모님은 절에 오셔서 靑潭, 性徹 두 스님을 다 만나 뵈었어요. 그러고는 아들을 데리고 간다고 하셨지요. 靑潭 스님과 性徹 스님이야 모두 達辯이시니깐, 두 스님은 여기서도 공부할 수 있으니 걱정하지 말라고 부모님을 설득하셨습니다. 부모님이 보아도 두 스님이 學識과 人格이 훌륭하신 분이라는 걸 안심이 되셨는지, 제가 入山하는 것을 막무가내로 승낙하신 것 같았습니다.

이런 인연을 갖고 저는 그 후 靑潭 스님의 上座가 되어 慧淨이라는 이름을 갖고 出家를 하게 되었습니다. 당시 性徹 스님은 上座를 들이지 않는다고 해서 자연스럽게 靑潭 스님의 上座가 되었지요. 그러나 저에게는 性徹 스님도 귀한 恩人이었죠. 소납이 오늘까지 승려 생활을 할 수 있도록 因緣의 끈을 잡아 주셨기 때문이지요. 性徹 스님은 철저하게 당신의 마음에 드는 사람이 있으면 당신과 같이 함께 하려는 끈기가 있었습니다.

제가 鳳岩寺에 들어간 시점은 1948년 봄이었을 것입니다. 가서 보니깐, 우리가 흔히 말하는 鳳岩寺結社에서 斷行한 佛敎 改革이 이미 實踐되고 있었습니다. 우선 산신각, 칠성각, 신중단 等의 탱화는 다 끄집어내어서 다 없애 버렸어요. 제가 鳳岩寺에 들어가기 前에 탱화는 이미 없어진 것이지요. 우리는 부처님의 法을 배우고, 實踐하며 부처님이 되려는 사람들인데 부처님 이외에 무슨 필요가 있냐면서 그리한 것이었습니다. 그리고 木鉢盂 대신에 鐵鉢盂를 썼습니다. 木鉢盂는 帶妻僧 鉢盂이고, 부처님 法에는 木鉢盂가 없다면서 鐵鉢盂를 쓰고 있더라구요. 祭祀 때에는 位牌를 놓고 般若心經 한 편을 읽었습니다. 禮佛後에도 般若心經을 한 편, 禮佛할 때에는 108拜 懺悔를 하였어요. 그리고 능엄주를 전부 외워야 했습니다. 저는 그것을 10일 만에 다 외웠어요. 發願文은 이산선사의 發願文으로 그때에는 운허 스님의 飜譯文이 나오기 이전이라 原文 그대로 했습니다. 가사 長衫도 새롭게 해서 입었구요. 이렇게 생활에 일대 革新을 하였습니다.

또한 그 절에 있는 모든 大衆은 하루에 나무 한 짐을 하였습니다. 그런 일이 있었는데 비슷한 時期에 먼저 鳳岩寺로 入山한 저의 師兄되는 혜명 스님이 나무하는 것을 總括을 하였는데, 저는 집에 있을 때에 지게질(지금 사용되는)을 해 보지 않았기에 엄청 苦生을 하였습니다. 그래서 혜명 스님이 저를 많이 도와주었지요. 대신 저는 글씨를 잘 쓴다고 해서 종수 스님이 사무를 보라고 해서 書記도 좀 보았습니다. 그러나 저는 供養主도 하고, 채공도 하고 궂은 일은 다 겪었지요. 울력을 할 때에는 모든 스님이 다 동참을 했어요. 그것은 百丈淸規에 나온 것인데, 거기에도 一日不事면 一日不食 하지 않았습니까. 모든 大衆이 울력을 똑 같이 하였습니다.

그리고 포살도 보름마다 했어요. 포살을 할 때에는 1000배씩의 절을 하였지요. 그 1000배에는 靑潭 스님도 함께 하셨습니다. 포살도 施行하는데, 주로 자운 스님이 說하셨습니다. 食糧은 鳳岩寺 땅이 있어서 거기에서 나온 것이 도움이 되었지요. 그래서 우리가 간평을 나가기도 하였구요.

또한 수행의 일환으로 모든 大衆이 탁발을 나갔고, 靑潭 스님 性徹 스님도 탁발을 나갔습니다. 그때 저는 탁발을 나가면 탁발이 잘 되어서, 쌀이 무거워 예천 포교당에서 쌀을 주고 2/3는 돈으로 받아오기도 하였습니다. 그리고 거기는 감이 많아서, 가을에는 곶감을 倉庫에 가득 해 놓았습니다. 그런데 1949년 겨울에는 빨갱이들이 쳐들어와서 그것을 다 갖고 간 일도 있었습니다.

기억나는 것은 供養主 행자하던 혜조라는 스님이 있었습니다. 供養主를 하다 보니, 밥이 많이 눌어서 그냥 시궁창에 버린 일이 있었습니다. 그런데 그것을 性徹 스님이 보시고는 그 누룽지를 다시 다 주워서, 물에 불리고 삶아서, 전 大衆이 그를 먹은 일도 있었습니다. 이렇게 性徹 스님은 모든 일에 일일이 다 관여하셨습니다. 원주를 보신 서응산 스님은 以北에서 오신 분입니다. 이 스님은 性徹 스님보다 나이가 5살이 더 많았지만 정진을 못하였다고 性徹 스님에게 많이 맞기도 하였습니다. 그리고 향곡 스님이 어쩌다가 오시기만 하면 性徹 스님은 뭐가 신이 나는지 방과 마당에 왔다 갔다 하면서 거량을 하고 그랬습니다.

이러한 모든 生活, 革新은 共主規約이라고 하는 것에 담겨 있었습니다. 그런데 그것은 벽에 써서 붙이지는 않고, 性徹 스님이 말로서 우리에게 일러주었습니다. 그 鳳岩寺에는 20~30여 명의 大衆이 살았지만 다녀간 사람도 많았습니다. 지금 종정을 하시는 법전 스님도 오래 함께하였고, 종정을 역임한 혜암 스님과 정천 스님도 본 기억이 있습니다. 그리고 보문 스님은 키가 대단히 크고, 점잖으셨는데 鳳岩寺에는 지금 총무원장이신 지관 스님도 잠시 청담 스님과 함께 修行 生活을 하였습니다.

그 후 빨갱이에게 끌려가 銃殺을 당할 뻔하다가, 靑潭 스님의 노력으로 구사일생하였던 보경 스님도 생각납니다. 묘엄 스님 등 比丘尼 스님들도 백련암에 있으면서 성철 스님에게 자주 와서 法門도 듣고 했습니다.

그 時節 저도, 大衆 스님들과 함께 매일 새벽에 일어나서 禮佛을 올리고, 운력을 하고, 參禪하는 日課 속에서도 靑潭 스님이 저에게 "네 마음자리를 찾아라"는 말씀을 들었습니다. 아직도 저는 그 마음자리를 완전히 찾지는 못하였지만 靑潭 스님의 嚴格하면서도, 慈悲스러운 모습을 잊지 못합니다. 그런 因緣을 갖게 된 鳳岩寺는 제 마음의 영원한 故鄕임이 분명합니다.

제가 보고, 생각한 바에 의하면 鳳岩寺結社는 性徹 스님이 冊에서 百丈淸規를 보시고, 構想을 하여서, 완전히 주도하였던 것이 분명합니다. 그렇지만 빨갱이 出沒로 절이 쓸쓸해지고, 수행 風土가 破綻이 되자 性徹 스님이 장경을 갖고 떠나시고 大衆 스님들이 因緣따라 떠나게 됐습니다. 이후에는 靑潭 스님께서 決算 後半期를 책임지고, 結社의 마무리를 하신 것으로 알고 있습니다.

 靑潭, 性徹 두 스님은 結社를 시작할 당시 46세, 36세이었습니다. 그렇지만 제가 지켜보니 그 스님들은 카리스마가 대단했습니다. 지금 그 연배의 스님들과 비교해 보면 그분들은 남다른 무엇이 있었습니다. 그것이 무엇인지는 여러모로 접근, 이해해야 하겠지만 그 中心에는 佛敎淨化思想이 있었음은 분명합니다.

3. 靑潭 스님의 鳳岩寺結社와 淨化運動

 제가 鳳岩寺에 入山, 出家하였을 때에는 靑潭 스님은 주로 精進을 하였습니다. 주로 大衆과 함께 정진을 하셨지요. 그리고 주무실 때에도 大衆과 함께 큰방에서 같이 잤습니다. 같이 정진을 하고, 잠을 자다 보면 밤에는 저의 다리가 스님의 가슴에 가 있기도 하였습니다. 그럴 때이면 저의 발을 들어 원위치에다가 가지런히 해 주셨는데, 그런 것을 보고 저는 참으로 큰 감명을 받았습니다. 지금 생각해 보면, 그런 것이 바로 道人의 행동이 아닌가 합니다. 스님이기 전에 人格的으로 훌륭하다는 것을 느꼈어요. 靑潭 스님은 이렇게 모든 일을 감싸 안은 역할을 많이 하셨습니다. 鳳岩寺結社도 靑潭, 性徹 두 스님이 약속을 하여 실천한 것이었지만, 性徹 스님이 主導할 수 있도록 靑潭 스님께서 配慮하여 주었습니다. 鳳岩寺結社 以後에는 性徹 스님이 韓國佛敎, 曹溪宗團을 위해서 큰 일을 할 수 있도록 뒷받침해 주신 것도 靑潭 스님의 體質, 性格과 무관한 것은 아닙니다. 그런데 제가 예전의 큰스님들을 많이 접견해 보았더니, 예전 큰스님들

中 동산 스님이나, 금오 스님이나 효봉 큰스님들은 천진하시고, 순진하시고 그랬습니다. 그리고 鳳岩寺에서도 靑潭 스님은 빨갱이들이 밤중에 쳐 들어와서, 원주를 보던 보경 스님을 데리고 가서 銃殺시키려는 것을 막고, 그 빨갱이들 10여 명을 일일이 說得하고 부드럽게 말씀을 잘하셔서 보경 스님을 살려내기도 하였던 慈悲菩薩이었습니다.

그러면 이러한 인욕보살, 자비보살인 靑潭 스님이 어떻게 해서 鳳岩寺結社를 性徹 스님과 함께 企劃하고, 推進하였는가에 대해 알아보겠습니다.

靑潭 스님은 1925년 고성 옥천사에서 出家하셨습니다. 그러고는 당시 서울 개운사에서 박한영 스님이 강주이신 개운사 강원에 入學하여 經學을 徹底하게 理修하였습니다. 그러나 그 즈음은 韓國佛敎가 日本佛敎의 영향을 받아 점차 墮落, 戒律 破壞의 길로 가던 時節이었습니다. 특히 1926년에는 日帝가 結婚한 僧侶들도 住持 就任이 가능하도록 寺法을 개정하였습니다. 그래서 1926년에 당시 善知識으로 유명한 백용성 스님이 100여 명이 넘는 수좌들의 연판장을 받아서 그를 반대하는 建白書를 總督府에 제출하였습니다. 그렇지만 日帝는 용성 스님의 주장은 전혀 고려하지 않았습니다. 그래서 그때부터 當時 僧侶들의 大部分이 結婚을 本格化하였습니다. 修行하는 比丘僧이 겨우 500여 명에 불과하였다는 기록이 나오기도 합니다.

이렇게 佛敎의 戒律 破壞, 원융살림 破綻, 寺刹 內部에서의 자리다툼, 財産 팔아 妻子息 먹여 살리는 문제가 본격화되었습니다. 이런 情況을 좌시할 수 없었던 靑潭 스님은 같이 공부하던 개운사 강원 학인스님들에게 佛敎淨化를 해야만 된다는 당위성을 호소하였습니다. 이것이 靑潭 스님이 佛敎淨化에 나서게 된 最初의 事件이었으니, 그것은 1928년 3월의 朝鮮佛敎 學人大會로 歸結되겠습니다. 그래서 스님은 學人大會의 성사와 學人大會를 통한 佛敎淨化를 實行에 옮기기 위한 苦難의 발길을 걸었던 것입니다. 이에 대한 스님의 원력과 行步를 스님의 回顧한 아래의 글에 잘 나타나 있습니다.

> 어떻게 보면 現代 韓國佛敎史에서「淨化」와「反淨化」의 鬪爭은 가장 治熱했다고 볼 수 있다. 元來 韓國佛敎의 淨化 問題는 멀리 1920年代로 遡及된다. 日帝가 이 땅을 侵略한 이래 우리나라 佛敎界에는 여러모로 變動이 일어났다. 그 中에서도 가장 深刻한 問題는 僧侶들이 술·고기·담배를 먹고 특히 帶妻 問題였다. 原則的으로는 帶妻하지 않은 것 이것은 부처님 以後 出家 僧侶가 지켜야 할 嚴格한 戒律이다. 이것은 글자 그대로 數千年 동안 變動이 없었던 움직일 수 없는 權威를 가진 傳統이기도 했다.
> 어쨌든지 간에 淸淨해야 할 佛法門中에 毁法分子(帶妻僧)가 생겨났으니 近代 韓國佛敎僧團에서 莫行·莫食하여 妻子를 거느린 非法僧輩들이 宗權을 농단하고 敎界를 오탁케 한데서 마침내 護法 淨化의 運動이 일어난 것이다.[3]

> 내 나이 27세 되던 해이던가 나는 近世朝鮮 5백 년 동안 학대받던 佛敎를 淨化, 中興시키자는 正統 佛法守護의 기치를 들고「全國學人大會」를 열고 전국의 40여 개나 되는 강원을 찾아 행각의 길에 올랐다. 어제도 그랬듯이 오늘도 결코 우리 修行者들의 행각은 세속의 뭇 인간들이 생각하던 만큼 평탄하지는 못했다.

---

3) 〈나의 편력 119, 宗團과의 訣別〉,《매일경제신문》, 1969. 9. 3.

그토록 많은 三寶淨財가 일인 독재의 착취와 억압 앞에 이름도 자취도 흔적 없이 사라질 때 아니 3천 년 正法과 佛祖의 혜명마저 깡그리 破壞될 때 나의 義憤은 용솟음쳐 방관할 수가 없어 많은 學人들을 거느리고 正法守護를 부르짖었다.[4]

그거야 사실이지, 일제가 우리 民族精神의 구심점인 佛敎를 왜색화하기 위해 比丘들을 취처케 하는 장난질을 보면서 이래선 안 되겠다고 생각했지만 혼자 힘으로 될 일이 아니라서 남몰래 앓고만 있었지.
그때의 상황은 지금과 달랐어. 經濟的인 面이나 수적으로도 比較할 수 없을 만큼 帶妻僧들이 優勢한 狀況이고, 日帝의 政策의 배려도 있었으니, 함부로 淨化의 횃불을 올릴 수 없었지. 그렇다고 아예 포기하고 주저앉을 수도 없는 일이라서 곰곰이 생각하다가 대원불교 전문 강원에서 修學하던 젊은 比丘들에게 내 뜻을 넌지시 전했더니, 처음에 半信半疑하는 눈치였다.
그래서 確固한 내 뜻을 대처측과 복잡한 因果關係가 얽힌 몇 사람만 제외한 比丘들에게 우선 밝혔지. 모두 合流할 意思를 밝히더군. 의기투합하는 결과를 얻은 셈이지. 아마 50名쯤은 됐을 거야. 내가 지금의 우리 佛敎는 너무 世俗化되어 있으므로 우리 젊은 학인스님들이 佛敎의 正統性 회복에 앞장서야 한다고 역설했으나 뜻을 이루지는 못했어.[5]

그러나 스님이 의도한 佛敎淨化는 학인대회에서는 이루어지지

---

4) 〈나의 편력 116, 불교정화의 앞장〉, 《매일경제신문》, 1969. 8. 27.
5) 「해동불교의 거봉 청담 큰스님」, 『청담대종사전서』 권6(가까이서 본 청담 큰스님), 57쪽.

않았다고 보입니다. 다만 佛教淨化의 깃발을 높이 들었다는 歷史性만을 確認하였던 것입니다. 이후 스님은 수덕사 만공스님의 회상으로 가서 參禪修行에 전념하였습니다. 그리고 만공스님과 佛教淨化에 대한 다양한 意見을 나누고, 그 方案을 강구하였습니다.

수덕사 만공 스님 回想에서 修行을 하면서, 佛教淨化를 고민하였던 青潭 스님의 佛教淨化에 대한 고민은 점차 성숙해진 것으로 보입니다. 그는 1935년 3월 7~8일 禪學院에서 개최된 朝鮮佛教禪宗을 창종하였던 수좌대회에서 찾을 수 있습니다.[6] 1920년대 초반 禪學院을 創設하여 禪 復興을 통한 韓國의 佛教 傳統을 守護하였던 수좌들은 1930년대 초반에는 禪學院 再建을 통한 그 노력을 더욱 매섭게 하였습니다. 그 결과 1934년 12월 5일, 禪學院의 財政을 튼튼히 하려고 財團法人으로 전환시켰습니다. 首座들은 그 여세를 몰아 다음해 3월, 禪學院에서 수좌대회를 갖고 선종의 獨自的인 路線을 걸어가게 되었습니다. 이 수좌대회에서는 선종을 창종하고, 선종의 總括的인 運營 規則인 선종 宗規를 제정하고, 선의원회 規則을 비롯한 6個의 規約을 만들어 통과시켰습니다. 이러한 움직임은 佛教淨化를 기하기 위한 方案이었다고 볼 수 있습니다.

그런데 이 수좌대회는 만공 스님, 그리고 그를 輔弼하였던 青潭 스님의 淨化에 대한 意志에서 나온 것입니다. 당시 만공 스님은 이 大會를 陣頭指揮하였으며 青潭 스님은 大會順序 作成委員, 종규를 비롯한 각종 規則의 기초위원으로 활동하였습니다. 소납이 이 大會

---

6) 이 대회에 대한 전모는 그 대회 자료를 발굴하여, 대회의 개요 및 성격을 정리한 김광식 박사의 논고, 「조선불교선종과 수좌대회」(『불교근대화의 전개와 성격』 조계종출판사, 2006)에 잘 나와있다.

의 內容에서 주목하고 싶은 것은 靑潭 스님이 그 會議에서 靈山會上과 같이 叢林을 건설하자는 제안을 한 것입니다. 그 회의록에는 다음과 같이 나옵니다.

> 昔日의 靈山會上과 같은 大叢林 建設을 理想으로 하고 模範禪院 신설에 努力하기로 하자는 李元然氏 提議에 滿場一致 可決되다.[7]

여기에 제안자로 나오는 兀然은 靑潭 스님이 만공 스님에게서 받은 法號입니다. 그래서 그 즈음의 記錄에 이올연으로 나오는 文件이 있는데, 그는 곧 靑潭 스님입니다. 그 이후 상황을 보건대 靑潭 스님이 제안한 영산회상과 같은 대총림 建設을 理想으로 하는 模範禪院의 新設은 성사되지 못하였습니다. 그러나 그러한 것을 代案으로 靑潭 스님이 제안하고, 수좌계에서 만장일치로 수용하였다는 것은 대단한 意味를 갖고 있다고 저는 확신합니다. 부연하자면 1935년 當時의 그 모임에서 靑潭 스님이 提案한 그 方案은 결과적으로는 鳳岩寺結社까지 展開되었다고 보려는 것이 저의 주장입니다.

靑潭 스님은 朝鮮佛敎 禪宗을 만든 후에도 修行을 하면서 佛敎 淨化에 대한 꿈을 버리지 않았습니다. 그를 단적으로 알 수 있는 것이 1941년 3월, 禪學院에서 개최된 高僧 遺敎法會입니다. 이 法會는 1941년 2월 26일부터 10여 일간 청정승풍의 回復과 傳統佛脈을 繼承하려는 목적에서 개최되었습니다. 당시 淸淨比丘 30여 명이 참가하였고 박한영 스님, 만공 스님, 동산 스님이 『梵網經』, 『遺敎

---

7) 수좌대회 회록, 20쪽. 이 대회록은 자료를 발굴하고 대회의 성격을 논문으로 발표한 김광식 박사의 후의에 의해서 확인한 것이다. 위의 김광식 논고, 179쪽.

經』, 曹溪宗旨의 說法을 하였습니다. 이 法會의 準備와 開催에는 禪學院 首座들이 主導하였다고 보이지만 具體的인 狀況을 보여주는 記錄이 없는 것이 아쉬운 형편입니다. 다만 당시 그 情況을 證言할 열반하신 강석주 스님의 回顧에 그 편린이 전하고 있습니다.[8] 그 개요를 살피면 다음과 같습니다. 당시 이광수와 日帝의 總督府 學務局長과의 對話에서 우연히 한국의 '禪宗 高僧과의 面談의 期會'라는 언급이 있었습니다. 그래서 이광수는 그의 인척인 운허 스님과 상의하였고, 운허 스님은 원보산 스님과 상의하였다고 합니다. 이에 두 스님은 高僧法會의 개최를 염두에 두었으나, 더 이상의 진척이 없었습니다. 그후, 운허 스님은 總督府와의 연계를 단절하고 직지사에 있었던 靑潭 스님을 찾아가 그 問題를 상의하여 일이 본격적으로 추진되었던 것입니다.

요컨대 遺敎法會를 주도한 主役은 운허 스님과 靑潭 스님이었다는 것입니다.[9] 더욱이 운허 스님은 1928년에도 학인대회를 청담 스님과 함께 主導한 前歷이 있었기에 자연스럽게 진행되었을 것입니다. 이렇게 靑潭 스님은 遺敎法會를 추진하여 마침내는 法會를 성사시켰던 것입니다. 그 法會에 참석한 석주 스님은 당시 상황을 우리에게 전해 주었습니다. 당시 그 法會에 불만을 품은 反對側 僧侶들의 난동을 靑潭 스님이 단호히 對處하였다는 석주 스님의 回顧는 靑潭 스님의 淨化 精神을 확실히 알 수 있는 귀중한 內容이 아닐 수 없습니다.[10]

---

8) 이 내용은 박경훈의 글, 「총본산과 선학원의 대립」, 『불교근세백년』(중앙신서, 1980)에 전한다.
9) 〈한국불교 정화관련 인사 증언채록-칠보사 조실 석주스님-〉, 《선우도량》 11호 (1997), 230~231쪽, 250쪽.

일찍부터 靑潭 스님의 修行談을 들은 적이 많았고, 또 遺敎法會 以前에 범어사에서 說法하시는 것을 보고 크게 느낀 바 있어, 함께 일하고 싶었지만 기회가 없었는데 因緣은 因緣대로 만나지는 건가 드디어 동행의 날이 왔었다. 내가「靑潭 스님」을 직접 대면하는 것은「禪學院」에서였다. 그때「遺敎法會」관계로 집행부측에서 法力과 德이 優秀한 高僧을 10名 초빙했는데 그중에 그분과 나도 끼이게 되었다. (中略) 그 時節 國內 寺刹들의 실권을 帶妻僧들이 장악하고 있었는데, 그분(筆者 主, 靑潭)은 결코 굴함이 없었다.

"參禪을 하는 比丘들은 어디 모자라는 사람으로 인식되는 이 기막힌 풍토를 淨化하여야 합니다. 나는 이 한 벌 옷(목숨)이라도 바쳐 설움받는 참된 比丘들의 資格 回復을 위해 투쟁하겠습니다. 생각이 어떠신지요? 삿된 생각을 몰아내는 것, 그것은 진실로 불교 진흥을 위해 필요한 조처입니다."

만나기만 하면 그분은 이것을 강조하셨는데, 이 소식을 접한 帶妻僧側이 가만 있을 리 없었다. 그렇지 않아도 首座들이 사찰을 찾아가면 糧食이 부족하다는 이유를 내세워 방부를 허락지 않던 帶妻僧 得勢뿐이었으니, 살기가 등등하지 않을 수 없었다.

그런데 묘한 일은 뒤쪽에서는 그렇게 벼르고 벼르는 帶妻僧들이 막상 그분과 正面 衝突하면 氣를 못 편다는 사실이었다. 워낙 청정한 승려생활로 굳어진 분이라 帶妻僧도 감복을 하지 않을 수 없는 모양이었다.(中略)

광복 前부터 그분의 법문에는 항상 愛國 思想이 배어 있었는데 나라가 없는데 自由가 어디 있고, 自由가 보장되지 않는 마당에 宗敎가 어

---

10)〈그때 그 기억, 다시 회고해 보는 청담 큰스님〉,《여성불교》79호(1985.11) 18쪽,

디 있겠느냐는 것이었다. 이러니 帶妻僧들도 무릎을 꿇지 않을 수 없었다.[11]

즉 遺敎法會의 核心 主導者는 靑潭 스님으로 보아도 무방합니다. 遺敎法會와 靑潭 스님의 관계에서 저는 靑潭 스님이 점차 首座界의 中心 人物로 진입하였음을 느낄 수 있습니다. 더욱이 당시 대부분의 首座들은 禪房에서 수행에만 전념하는 것이 일반적인 정황이었지만, 禪學院에서의 활동과 그를 통한 禪院 및 首座들의 제반 현실을 直視할 수 있는 경험을 갖고 있었던 靑潭 스님의 理想은 특출한 것입니다. 또한 스님은 개운사에서의 공부를 하였기에 대강백인 박한영 스님과 學問的 師弟關係를 가졌고,[12] 정혜사에서는 參禪 修行을 치열하게 하여 만공 스님과도 연결되었기에 스님의 佛敎界에서의 立志는 더욱 강화된 것입니다. 즉 한영 스님과 만공 스님의 現實 意識 및 淨化 精神이 靑潭 스님에게 영향을 주었던 것입니다. 이 遺敎法會와 靑潭 스님과의 관련에서 주목할 측면은 계율 수호입니다. 이 法會는 韓國 傳統佛敎의 회복을 주로 戒律 守護에서 찾았습니다. 때문에 法會에서는 梵網經이 說法되고 淸淨 比丘僧만의 범행도 組織되었습니다. 그런데 이 같은 法會를 靑潭 스님이 주도하였다면 스님의 淨化 精神은 戒律 思想과 깊은 연관을 갖고 있다고 볼 수 있는 것입니다. 즉 靑潭 스님이 後日 佛敎淨化運動의 일선에 나선 것도 이러한 戒律 守護 精神의 持續과 연계하여 볼 수 있는 측면입니다.[13]

---

11) 강석주, 〈그때의 인욕보살〉《여성불교》 1980年 11月號
12) 청담 스님은 1929년 2월 봉선사에서 박한영으로부터 비구 및 보살계를 받았다. 이 내용은 《불교》 57호(1929.3) '불교휘보', 금강계단과 법계시험 참조.
13) 이와 관련해서 청담 스님이 淨化運動이 종료된 이후인 1969~1970년 조계사에서

이런 배경에서 소납은 靑潭 스님의 鳳岩寺結社의 참여를 보아야 한다고 강조합니다. 鳳岩寺結社는 잘 알려진 바와 같이 性徹 스님의 主導性이 두드러졌던 것은 사실입니다. 그러나 전하는 자료를 유의해서 보면 結社 이전부터 靑潭 스님과 性徹 스님은 首座들의 共同 修行의 필요성을 인식하였으며, 8·15 광복 이전에는 두 스님이 共同 修行을 한 前歷이 있었습니다.

靑潭 스님과 性徹 스님은 1942년에 禪學院에서 만나 共同 修行에 대한 약속을 하였으며, 1943년 봄에는 법주사 내의 복천암에서 그 約束을 履行하였습니다. 그러나 복천암에서의 共同修行은 靑潭 스님이 反日獨立運動家로 몰려 日本 警察에 연행되는 사건으로 인해 지속되지 못하였습니다. 共同 修行을 하자는 約束履行은 1944년 봄 무렵 대승사에서 가능하였습니다. 당시 그 대승사는 靑潭 스님과 性徹 스님 이외에도 10여 명의 首座가 修行을 하고 있었다고 합니다. 靑潭 스님과 性徹 스님은 그곳에서 총림 설립의 필요성을 절감하고 代案 강구에 주력하였다는 내용이 당시 그 측근 거리에 있었던 수좌스님들의 回顧에 나옵니다.

대승사에서는 두 분이 해인사에 가서 총림을 하면 어떻게 할 것이냐 하는 문제를 놓고 영산도를 그리는 것을 보았어요 지금 말법시대에 부

의 金剛經法會에서 戒律과 修行을 연결하여 발언한 대목은 매우 중요하다. 그 요지는 戒律을 어기면서, 막행막식이 화두 공부와 參禪에 전혀 지장이 없다고 강조하는 풍조에 대한 비판이다. 광복 前에는 그런 관행으로 견성하였다고 하는 道人이 적지 않았으며, 그 풍조는 1960년대의 일대 문제가 되었다고 지적하였다. 심지어는 1980년대의 수좌들 중에는 그런 주장(飮酒食肉無妨般若)을 하는 僧侶가 數十名이 있었다고 통분하였다. 즉, 戒律 守護는 佛法의 根本이라는 것이다. 『금강경대강좌』(보성문화사, 1977), 320~321쪽, 529~530쪽.

처님 당시처럼 재현을 해보자고 하셨지요. 부처님 당시처럼 짚신 신고 무명옷 입고 최대한 검소한 생활을 하도록 노력할 것, 그렇게 함으로써 납자풍의 참모습과 말 없는 가운데 풍길 수 있는 이런 중노릇 하자는 등의 이야기를 밤새도록 쌍련선원에서 앉아서 하셨어요.[14]

이렇게 靑潭, 性徹 스님이 광복 전에 이와 같은 叢林 建設, 佛敎 改革에 대한 진지한 대화를 하였다는 것을 보고, 저는 두 스님이 불교의 물줄기를 돌리려는 苦惱를 하였다는 것에 주목합니다.

그 후 8·15 광복이 되자 性徹 스님은 남방으로 나가셨지만, 靑潭 스님은 일단 首座 스님들과 함께 鳳岩寺로 먼저 들어갔습니다. 그 무렵, 靑潭 스님을 모시고 함께 鳳岩寺로 들어간 入寂하신 도우 스님이 그 事情을 回顧한 내용이 『여성불교』지에 나옵니다. 이를 우선 보겠습니다.

> 靑潭 스님이 계시고 홍경, 종수, 자운 스님하고 몇이 있어요. 그래가지고 조금 있으니 "우리가 여기에서 있지 말고 鳳岩寺로 가자"고 그래요. 鳳岩寺 주지가 최성업이라는 사람인데 그이가 선방하겠다고 하니 스님들이 알아서 하라고 하여. (중략)
> 그 계기는, 대승사는 이제 선방을 못하니까. "우리가 가서 우리끼리 능엄주도 하고 여법히 해보자"고 하였지요. 홍경, 자운, 종수, 청담 스님하고 다섯이 거기 들어갔어요.[15]

---

14) 위의 묘엄 스님 회고, 《고경》 10호, 32쪽. 이묘엄은 대승사 쌍련선원에서 총림을 기획할 적에 조실은 이효봉, 선방은 이性徹, 강원은 이운허·이광수, 율원은 김자운에게 맡기기로 검토하였다고 증언하였다. 『회색고무신』(시공사, 2002), 150쪽.
15) 《여성불교》 261호(2001.3), 도우 스님 회고편.

1946년 가을경, 鳳岩寺에 들어간 靑潭 스님의 일행은 參禪, 능엄주를 하면서 叢林에 대한 꿈이 부풀었다고 보여집니다. 그러나 그 꿈은 이행되지 않았습니다. 왜냐하면 당시 敎壇에서 해인사에 伽倻叢林을 만들면서 각처의 首座들을 불러 들였기 때문입니다. 그래서 靑潭, 性徹 스님도 伽倻叢林에 참여하기 위해서 서로 연락을 하여 대구에서 만나 해인사로 들어갔지요.

갖가지 혁신의 물결이 몰아칠 때, 전국적으로 총림을 여는데 해인사도 효봉 스님을 방장으로 가야총림을 연다고 하더군요. 당시 청담 스님은 홍경, 종수 스님 등과 봉암사에 계셨고, 큰스님(필자주, 이성철)은 성전에 계셨습니다. 봉암사 대중들은 사다 놓은 큰 목간통을 걸어 보지도 못하고 짐을 싸 짊어지고는 해인사로 가려고 길을 나섰습니다. 대구 수창초등학교 앞에서 트럭을 한 대 빌려 타고 해인사로 갔습니다.[16]

이렇게 靑潭 스님, 性徹 스님은 海印寺로 갔지만, 당시 해인사 주지 임환경, 교단 총무부장 최범술이 叢林을 안일하게 생각하고 經濟의 후원도 미흡하게 하는 것에 실망을 하였습니다. 그래서 性徹 스님은 海印寺에서 나와 통도사 내원암으로 갔습니다. 그러나 靑潭 스님은 그래도 교단에서 하는 것이니깐 한철이라도 나 봐야 하지 않겠나는 애종심으로 海印寺 선방에 남아 修行을 하였습니다. 靑潭 스님은 海印寺에서 선감, 선덕, 입승을 보면서 伽倻叢林 살림살이에도 정성을 다했습니다. 그리고 해인사 주변 지역뿐만이 아니라 전국을 돌아다니면서 탁발도 하고, 불교 강연도 많이 하였습니다.

---

16) 〈도우 스님을 찾아서〉, 《고경》 6호, 31~32쪽.

그러다가 1947년 여름경, 서울의 김법룡 거사가 갖고 있었던 불교 서적 수천 권을 인수하는 問題로 함께 서울로 간 靑潭, 性徹 스님의 합의에 의해서 1947年 가을경에 鳳岩寺로 入住하기로 하면서 그때부터 보통 말하는 鳳岩寺結社가 시작되었습니다. 그러나 靑潭 스님은 海印寺에서의 막중한 소임 때문에 즉시 오지는 못하였습니다. 이 사정은 性徹 스님의 아래 回顧에서 찾아 볼 수 있습니다.

봉암사에 들어 간 것은 정해년(丁亥年, 필자 주 1947년), 내 나이 그때 36세 때입니다. 봉암사에 들어가게 된 근본 동기는 열반하신 청담스님 하고 자운 스님하고 또 우봉 스님하고, 도우 스님 그리고 내 하고 넷인데, 우리가 어떻게 근본 방침을 세웠느냐 하면, 전체적으로나 개인적으로나 임시적인 이익관계를 떠나서 오직 부처님 법대로만 한번 살아보자. 무엇이든지 잘못된 것은 고치고 해서 '부처님 법대로만 살아보자' 이것이 원이었습니다. 즉 근본 목표다 이 말입니다. 그렇다면 처소는 어디로 정하나 물색한 결과 봉암사에 들어가게 되었습니다.
처음에 들어갈 때에는, 우봉 스님이 살림 맡고, 보문 스님하고 자운 스님하고, 나하고 이렇게 넷이서 들어갔습니다. 청담 스님은 해인사에서 가야 총림한다고 처음 시작할 때에는 못 들어오고, 서로 약속은 했었지만[17]

그래서 靑潭 스님은 海印寺를 주 居住處로 수행하면서도, 산철에 鳳岩寺에 들르는 형식으로 參與하였다가 1949년 2월경부터는 본격적으로 鳳岩寺로 옮겨 왔습니다.

鳳岩寺에서 靑潭스님은 처음에는 묵언을 하면서 運營의 主導權

---

17) 〈1947년 鳳岩寺結社〉,《수다라》 10집, 115쪽.

은 性徹 스님에게 위임하였습니다. 그러나 제가 오늘 발표한 내용에 나온 것과 같이 靑潭 스님은 1935년부터 이미 영산회상, 叢林을 企劃하고, 그를 佛敎淨化의 대안으로 신중하게 검토하였습니다. 그리고 鳳岩寺結社의 準備, 企劃 단계부터 性徹 스님과 같이 행동을 한 것은 분명합니다. 그렇기에 해인사 伽倻叢林에서 있다가 1년 후에 참여하였다고 해서, 結社의 主役이 아닐 수는 없습니다.

그리고 靑潭 스님은 1949년 9월 性徹 스님이 기장 묘관음사로 떠난 이후, 結社 운영과 뒤처리 등을 총괄하였습니다. 그 결과 大衆이 고성 문수암으로 移轉하도록 조치를 하고, 빨치산 등장으로 인해 修行 風土가 어지럽게 되자 인근 백련암에 있었던 比丘尼들도 안전한 곳으로 대피하도록 사전 조치를 해주었던 것으로 알고 있습니다.

1950년 3월, 鳳岩寺結社는 공식적으로 문을 닫았습니다. 靑潭 스님은 이후 大衆을 이끌고 고성 문수암으로 가셔서 후일을 대비하였습니다. 그러다가 1954년 5월 20일, 당시 李承晩 大統領이 佛敎淨化를 하고, 帶妻僧은 절 밖으로 나가라는 佛敎淨化의 담화에 의해 시작된 佛敎淨化運動의 도총섭, 總責任者로서 淨化運動을 이끌었던 것입니다. 靑潭 스님의 佛敎淨化를 이끌고, 추진하고, 그리하여 宗團을 再建한 고투 및 활동, 그 결과로 植民地 佛敎의 잔재를 청산하고, 지금의 韓國佛敎를 반석에 올려놓은 것은 너무 많이 알려져서 여기에서는 자세한 내용은 생략하겠습니다.

그리고 여기에서 부연한 것은 靑潭 스님이 鳳岩寺結社 이전에 靈山會上, 叢林 建設의 꿈을 꾸었다면 鳳岩寺에서는 그 꿈을 실천한 것이라고 보아야 한다는 것입니다. 그러나 鳳岩寺結社가 빨치산, 6·25 전쟁으로 인해 중도하차하였지만 靑潭 스님은 그 이후에도 지속적으로 叢林 建設에 대한 고민을 지속하였다는 것입니다. 즉 佛

教淨化運動을 추진하고[18], 運動이 終了된 이후에도 叢林 建設은 靑潭 스님의 佛敎淨化의 代案이었다는 것을[19] 분명히 말씀드리고자 합니다. 다시 말하면 淨化運動의 최초 모임인 1954년 8월 24일의 全國比丘僧代表者 大會에서 靑潭 스님은 靈山圖 설명을 淨化의 代案 및 교단의 未來라는 입장에서 개진하였습니다.[20] 그리고 淨化運動이 한창 전개되던 1955년 3월 서울 조계사에서 叢林 創設을 比丘僧단 首腦部가 결정한 것에도 靑潭 스님의 願力이 작용하였으며, 그것이 淨化를 추진하는 比丘僧에 수용되었다는 것도 주목할 내용이라고 보아야 합니다.[21] 1960년대 초반과 중반에는 禪學院에서 자신의 未來指向的인 교단 운영의 案을 영산도로 도해를 하여 四部大衆들에게 나누어 주었습니다. 이런 苦惱, 思想이 있었기에 靑潭 스님은 宗正으로 在任하였던 1967년에는 海印寺에 叢林을 세우기 위한 建議, 提案을 하였습니다. 그 결과가 지금의 海印寺의 叢林이었던 것입니다. 그리고 그 初代方丈으로 당신의 淨化 同志인 性徹 스님을 초빙한 것은 그 저류에 보이지 않는 靑潭 스님의 願力이 작용하였다고 저는 보고 싶습니다.

---

18) 그 무렵의 청담 스님의 일기에도 나온다. 『靑潭필영』(봉녕사 승가대, 2004), 169쪽, 213쪽
19) 이에 대해서는 김광식 교수가 〈청담의 민족불교와 靈山圖〉라는 주제의 글을 《마음사상》 4집(2006)에 기고하였다. 참고하길 바란다.
20) 민도광, 『한국승단정화사』, 42쪽
21) 민도광 저서, 345쪽. 청담 스님은 그 결정에서 叢長으로 선임되었다. 당시 조계사에는 「韓國佛敎 曹溪宗 中央叢林」이라는 간판이 부착되었으며, 중앙총림을 차릴 강당이 없어 천막으로 설치하였습니다.

4. 내가 보는 鳳岩寺結社의 意義

 소납이 參與하고 지켜본 鳳岩寺結社의 意義를 말씀드리고자 합니다. 제가 지금 생각해도 제일 감명 깊은 것은 우선, 韓國佛敎의 禪思想을 발전시키고, 고무시킨 것입니다. 물론 이것에는 성철 스님의 영향이 지대하였습니다. 다음으로는 鳳岩寺結社의 공주규약에서 제시된 것이 우리 首座들의 修行 德目, 姿勢 지켜야 할 기준으로 계승되었다는 것입니다. 首座들의 참회, 품성, 원융살림 등은 經典과 百丈淸規에 나온 것을 基準으로 한 것입니다. 그리고 그것을 정리하여 후대에 전해준 것은 대단한 뜻이 있었다고 보는 것입니다.
 이러한 의미는 靑潭, 性徹 스님의 精神에서 나온 것이지만 거기에는 結社를 주동케 한 시대성도 그를 발전시키고, 뒷받침하였습니다. 그리고 그분들에게는 카리스마가 있었습니다. 지금은 그 어디에서 카리스마를 찾을 수가 없습니다. 世上이 사이버, 情報化 사회가 된 측면에서 기인한 것도 있지만 時代性에 오염이 되어 그런지 지금은 다 道人이고, 다 指導者입니다. 指導를 받으려고도 하지 않고, 指導를 해 주려는 스님도 별로 없는 것 같습니다. 이런 풍토에서는 道人이 나오기 힘듭니다.
 저는 鳳岩寺結社가 解體된 직후에는 경을 보고 싶어서 오대산 상원사로 갔습니다. 누구에게 물어보니 탄허 스님이 경을 잘 가르친다고 추천해서 상원사로 갔습니다. 그곳으로 갔더니 방한암 스님 會上에서 잠시 修行을 하다가 바로 6·25 戰爭을 만나서 그것도 중단되었지만요. 한암 스님은 아침에 나오셔서 大衆 울력을 하는 것을 전부 보시고, 참여하였습니다. 그리고 흐르는 물이지만 물을 낭비하지 말라는 말을 하시는 것을 들었구요. 참기름 같은 것도 아껴 써야 한다고 해서서 서울에서 온 보살이 한암 스님의 지시에 따라서 쓸 만큼만 쓰도록 나누어 주는 것도 보았습니다. 6·25 전쟁이 나기 전에 그 지역 머슴들이 戰爭 날것을 미리 알았던지 자기들에게 잘 보여야 한다는 歷史의 단면도 지켜보았습니다.

戰爭이 나니깐, 한암 스님은 上座들이 권하는 남쪽으로의 避難을 완강히 거부했습니다. 그래서 한암 스님은 죽어도 안 가신다면서, 大衆은 헤어지라고 하시면서, 당신은 절을 지키겠다는 결연한 말씀을 하시는 것을 저는 생생하게 들었습니다. 그래서 戰爭이 터지자, 저는 오대산 서대로 가서 적멸보궁을 보면서 많은 기도를 하였습니다. 그 이전에 탄허 스님과 같이 비로봉도 같이 올라가 보고 그랬지요.

그 이후에는 성주사로 와서 性徹 스님의 회상에서 경전과 어록을 밤낮으로 읽으며 깨달음에서의 열정을 불태우기도 하였습니다. 그래서 跏趺坐를 틀고 앉아 화두를 붙잡고 매달리기도 하였습니다. 그렇지만 限界에 부딪혀 갖은 고민을 하였습니다. 저는 이후에 운허 스님, 오해련 스님, 관응 스님의 밑에서 경전의 전 과정을 이수하였습니다. 그러다가 佛敎淨化運動에도 참여하고 宗團에서 일을 좀 보다가 20여 년 전부터는 삼각산 文殊寺를 개축하고 수행을 하고 있습니다.

이런 저의 경험과 수행 과정을 지금 와서 생각해 보니, 우리 스님들은 각자가 自己 開發을 철저히 해서 布敎와 修行과 精進을 부지런히 해야 한다고 봅니다. 그런데 요즈음 제 주변에 있는 스님들은 時代性에 물들어 自己 과시만을 하고, 남에게 인정받으려고만 하는 현상이 너무 많습니다. 어찌 보면 말세 현상이 아닌가 하는 생각도 듭니다.

이런 상황을 볼 때에 鳳岩寺結社, 그리고 그 主役인 靑潭, 性徹 스님은 분명히 韓國佛敎에 크게 기여하셨고 큰별이 되었다고 저는 봅니다. 그리고 소납의 恩師이신 靑潭 스님은 自己를 잊고, 自己를 버린 忍辱을 성취하신 道人 스님이라고 저는 봅니다. 물론 그 當時 鳳岩寺 시절에는 제가 보기에도 어떤 때에는 얼굴이 벌게지는 것을 보았기에, 그때에는 아직 感情이 있었던 단계였지만, 이후에는 더욱 더 수행을 하셔서 인욕보살의 단계에 올라가셨습니다. 인욕이란 『金剛經』에서 말하는 四相이 타파되어야만 되는 것입니다. 一般人이 단순하게 말하는 단계와는 차원이 다른 것입니다.

거듭하여 小衲은 이 시점에서, 鳳岩寺結社 60주년을 맞는 이 자리에서 특히 우리 스님들은 뼈저린 反省을 하면서 이 시대를 指導해 나갈 수 있는 資質과 實力을 길러 부단히 精進할 重要한 시점이라는 것을 말씀드리면서 小衲의 말은 여기에서 마무리하겠습니다.

鳳岩寺結社와 慈雲 盛祐大律師

목정배 | 동국대 명예교수

1. 서언

2. 慈雲 盛祐의 한 살림

3. 자운대율사와 봉암사결사

4. 자운대율사와 한국불교의 계율

5. 결어

1. 서언

    인간은 역사를 창조하는 능력이 있다. 삶의 지남이 역사로 남는 흔적이다. 흔적을 바르게 보는 눈이 있어야 한다. 사람이 살아온 모든 것을 빠짐없이 기록하기는 어렵다. 뒷사람이 앞에 살아간 사람들의 행정을 환하게 들어내기도 하고 어떤 때는 송두리째 망각하기도 한다.
    역사 창조에 있어서 선구자적 역할을 한 인물도 있고 그 역사 사건에 참여한 사람도 있다. 보통 선구자적인 인물에 대해서는 기억하나 참여한 동참자는 기록에 있어도 망각되기가 일쑤이다. 봉암사결사에 있어서도 이러한 점이 있다. 성철 스님, 청담 스님은 일마다 회자되고 있지만 자운 스님은 예외로 넘겨지고 있음이 현실이다.
    자운 스님은 봉암사결사에 있어서 참여자임과 동시에 동참자이며, 봉암사결사에 있어서 가장 기본이 되는 공주규약 제정에 계율적 자료를 제공했다고 생각한다. 그러나 역사는 선구자에게 영광을 돌리고 동참자나 자료 제공의 인물에게는 별다른 의미를 부여하지 않는 것이 못내 유감스럽다.
    아무튼 자운 성우대율사(1911~92)는 근대 한국불교가 배출한 불세출의 율사이다. 근대 한국불교 계율의 중흥조로서 한국적인 율풍의 진작은 물론 율장에 의거한 교단의 정비에 토대를 구축했을 뿐만 아니라 현대 한국불교의 화합승가에도 큰 족적을 남겼다.

한국에 불교가 전래한 이후 삼국시대와 고려시대는 불교가 융성하였고, 정치적인 핍박을 감수해야만 했던 조선시대에는 불교 교단의 명맥을 유지할 수 없는 상황이었다. 또한 불교 교단의 생명인 율맥을 전수하는 것도 예외는 아니었다. 더욱이 일제강점기에는 계율의 정통성이 크게 훼손되어 출가·수계·수행 및 교단의 운영에 있어 율장과 청규가 무시되고 사회의 생활 법률에 따른 세속화로 황폐하게 되었다. 이런 까닭으로 말미암아 광복 이후에도 그러한 영향 하에 교단의 청정성은 혼돈으로 물들고 또한 종권 분쟁으로 점철되는 참담한 시기를 맞이해야만 했다.

이와 같은 불법의 난세에 계율을 호지하고 불조의 정법안장을 계승하려는 호법 정신이 그나마 면면하게 유지될 수 있었던 것은 몇몇 율사들의 고심어린 분투의 정진이 있었기 때문에 가능하였다. 그 가운데 자운대율사는 어지러운 불교 교단의 시대 의식을 자각하고 몸소 율풍을 진작시키기 위하여 분연히 일어선 인물이었다. 따라서 본고에서는 그러한 시대적 상황과 교단적 위기의 상황 속에서 한국불교의 정통성 회복을 위한 실천을 보여준 자운대율사의 삶과 계율의 정화 및 새로운 율풍 진작을 위한 역할에 대하여 성찰함으로써 한국불교의 교단 중흥이 현존하게 된 사실을 확인하게 될 것이다. 이미 기존 역사로 인식하는 것도 중요하지만 새로운 각도에서 불교 교단 중흥을 재탐구하는 것도 요긴한 일이 될 것이다.

2. 慈雲 盛祐의 한 살림

자운대율사는 1911년 3월 3일, 강원도 평창군 진부면 노동리[1] 41번지에서 부친 金玆玉과 모친 인동 장씨 부인 사이에서 8남매 가운데 다섯째로 태어났다. 16세 때 오대산 상원사에 들러 慧雲 敬允 스님이 들려주신 '100년 3만 6천 날이 승가의 한나절만도 못하다'[2]는 순치 황제의 출가시를 듣고 발심하였다. 이로써 이듬해 17세 때 출가할 것을 결심하고 혜운 스님을 찾아갔으나, 해인사로 옮긴 뒤였기 때문에 해인사로 내려가 八萬大藏經板殿에서 만 배의 정진을 하고, 드디어 혜운 스님을 은사로 모실 수 있었다. 거기에서 혜운 스님을 은사로 하고, 남전 한규화상을 계사로 하여 대적광전에서 사미계를 받았다. 이튿날 자운 스님은 다음과 같은 誓願偈를 지었다.

제가 이제 불전에서 사미계를 받자오니	我今佛前受禁戒
시방세계 부처님은 증명하여 주옵소서	十方諸佛作證明
지금부터 수행하여 정각 위에 이르도록	從今已後至正覺
천 번, 만 번 죽더라도 철석같이 지키리다	萬死身命終不犯[3]

이후 범어사 금강계단에서 一鳳율사로부터 보살계와 비구계를

---

1) 경국사 경내에 세운 「자운대율사율풍진작계주원명사리탑비문」에 의하면 평창군 진부면 동산리에서 태어난 것으로 기록되어 있다.
2) 百年三萬六千日 不及僧家半日閑.
3) 이 서원게는 해인사 자운대율사 영각 동쪽의 주련의 내용에 붙여졌다. 본 한글 해석은 『자운대율사 율풍진작사업 제1차보고서』, 113쪽의 내용을 그대로 인용하였다.

수지하였다.[4] 그리고 수행 경력으로는 범어사 首先 安居[5]를 비롯하여 울진의 불영사에서 6년 결사[6]를 시작하여 합천 해인사, 금강산 유점사, 묘향산 보현사, 구월산 월정사, 지리산 화엄사, 하동 칠불암, 팔공산 동화사, 태백산 각화사, 계룡산 갑사, 장성 백양사, 문경 김용사, 양산 통도사 등에서 안거를 났다. 28세 때에는 도봉산 망월사로 용성진종 대사를 참하여 납팔정진을 통하여 평소에 들었던 庭前栢樹子의 화두를 타파하였다. 이에 입실하여 법거량을 한 후에 다음과 같은 오도송을 읊었다.

푸른 산은 늘상 움직이는데 　　青山常運步
흰 구름은 영 요지부동이네 　　白雲永不動
사람이 물속을 거닐어봐도 　　人踏水底過
옷이 물에 젖어들지 않네 　　　水不着衣裳[7]

---

4) 『자운대율사 율풍진작사업 제1차 보고서』의 「자운대율사행장」(이하 『행장』으로 약칭함) 6~11쪽에는 17세에 보살계만 수지한 것으로 기록되어 있고 비구계는 24세 때 수지한 것으로 기록되어 있지만, 同書의 「전불심등홍천계율자운대율사원명탑비명」(이하 「비명1」로 약칭함) 87~95쪽 및 『자운대율사 율풍진작사업 제2차 보고서』(이하 「비명2」로 약칭함) 13~17쪽에서는 보살계 및 비구계를 함께 수지한 것이 24세라고 기록하고 있다. 여기에서는 24세의 기록을 따른다.
5) 首先安居에 대해서도 「행장」의 기록은 19세 때 범어사이고, 「비명」의 기록은 24세 때 해인사이다. 여기에서는 「행장」의 기록을 취한다.
6) 「행장」의 기록은 3년 결사로서 25~27세였다고 하였다. 그러나 6년 결사에 대하여 「비명1」의 기록에서는 25~30세이며, 「비명2」의 기록에서는 23~28세이다. 그런데 「비명1」에서는 6년 결사를 원만하게 회향했다고 하면서 28세 때 도봉산 망월사로 갔다고 기록하고 있으므로 「비명1」의 기록은 오류일 것이다. 따라서 여기에서는 「비명2」의 기록을 따른다.
7) 「행장」 1938년조.

이에 용성대사는 자운 스님의 깨침을 인가하고 의발과 함께 다음과 같은 전법게를 내렸다. 그러고는 여기에서 慈雲이라는 법호를 지어 주었다.

뜨락에 서 있는 잣나무는	庭前栢樹子
의젓한 산의 위용이로다	儼然冠山林
몸에는 감청색을 둘러댔고	身帶紺靑色
나뭇잎은 수미산을 덮었네	葉覆須彌山[8]

29세 때부터는 일제강점기의 암울한 현실을 자각하고 조국의 해방과 한국불교의 전통을 회복하고 불교 중흥을 위하여 발원하여 오대산 중대암 적멸보궁에서 하루 20시간씩 10일 정진을 시작하였다. 이때 세운 발원에 대하여 가산지관 스님은 銘文에서 다음과 같이 읊었다.

내 조국 독립 위해 이 한 몸 던지리라
오대산 중대에서 九九日 지심발원
사자탄 문수보살 계척을 전해줬고
弘律로 불법재흥 스님은 감응했네
五部律 정통한 후 傳戒한 大小乘戒
교화한 선남선녀 백팔회 십만여 명
戒定은 禪의 근본 經律은 敎의 본원
계율이 기본 되어 선교가 일치된다.[9]

---

8) 「행장」 1938년조.

정진을 시작한 지 99일째 되는 날에 마침내 푸른 사자를 탄 문수보살이 화현하여 戒尺을 전해주고는 "善哉로다. 盛祐야, 계는 성불의 기초이고 불법이 세상에 머무는 수명과 같으니 불법 중흥의 근본이 되는 율풍의 진작에 신명을 바치거라"는 수기를 내렸다. 이로부터 정진을 회향한 즉시 서울로 올라와 30세(서기 1940년) 때부터는 종로구 봉익동 대각사에 주석하였다. 당시에는 구하기 힘든 율장을 찾아 국립중앙도서관에 비치되어 있는 『만속장경』의 「오부율장」과 그 주석서를 모두 몇 년 동안에 걸쳐 서사하였다.[10] 이를 바탕으로 하여 38세 때는 봉암사에서 처음으로 7일간에 걸쳐 보살계수계법회를 개최하여 열반에 이르기까지 지속하였다. 이로부터 千華律院甘露戒壇을 설립하고 율문을 강의하였으며, 39세 때부터는 율장을 유통하기 위하여 발원을 하고 『(한문본)사미율의』, 『사미니율의』, 『범망경』, 「비구계본」, 「비구니계본」 등을 조판하여 간행하고자 하였다.[11]

---

9) 「비명1」(『자운대율사 율풍진작사업 제1차 보고서』), 95쪽.
10) 「행장」은 2년으로 기록하였고, 「비명1」 및 「비명2」에서는 모두 3년으로 기록하였다. 여기에서는 3년의 기록을 따른다.
11) '『(한문본)사미율의』, 『사미니율의』, 『범망경』의 「비구계본」과 「비구니계본」 등을 조판하여 간행'의 대목에 대하여 「행장」에서는 '紙型을 완성해놓고 출판을 준비하던 중 6·25 전쟁으로 인하여 모두 소실되어 버렸다. 그러나 1951년 부산 감로사에서 다시 준비하여 다섯 가지의 계본을 도합하여 2만 5천 권을 간행 유포하였다'고 하였다. 그러나 「비문1」에서는 위의 '한문본 사미율의, 사미니율의, 범망경의 비구계본과 비구니계본 2만 5천 권 및 한글 번역본 사미율의, 사미니율의, 범망경의 비구계본과 비구니계본 등을 3회에 걸쳐 4만 8천 권을 유포시켰다'고 하였다. 그러나 「비문2」에서는 다섯 가지 율본에 대하여 '지형을 준비해두었으나 전쟁으로 인하여 인쇄하지 못하고 지형을 서울에 남겨둔 채 부산의 감로사로 피난을 갔다. 그래서 노심초사하고 있을 부산의 대교동 전경준 거사의 주선으로 서울로 올라가서 지형을 싣고 위태로움을 겪어가면서 마침내 부산으로 옮겨 그것을 간행하여 2만 5천 권을 유포시켰다. 내지 이어서 한글본을 완성하여 3회에 걸쳐 4만 8천 권을 유포하였다.'(내용 요약)고 기록하였다. 그러나 서울로 올라가서 지

이로써 율사를 양성하고자 1953년부터 통도사에서 昔岩慧秀, 一愚宗壽, 東谷日陀, 伽山智冠 등에게 율장 연구를 지도하였다.[12] 이러한 율장에 대한 연구를 하였던 그는 8·15 광복 직전에는 문경 대승사에서 청담, 성철 등과 함께 불교정화에 대한 고뇌를 하였다. 이때부터 그들은 불교정화를 위한 불교총림을 기획하고, 그에 대한 역할 분담을 하였다. 이때 자운은 율장을 연구하였고, 성철과 청담은 후일 영산회상과 같은 총림을 세우며 율원은 자운이 담당해야 한다고 강조하였다.[13] 광복 직후 1947년 그는 해인사에 가서 계율 홍포에 대한 기도를 갖기도 하였다.[14] 자운, 성철, 청담의 불교정화를 위한 총림의 설립은 우선 1947년 가을 봉암사에서 그 출발을 보았다.[15] 이것으로 자운대율사가 봉암사결사에 참여했다는 것은 분명하다. 더욱

형을 신고 내려온 주체가 자운 스님인지 아니면 전경준 거사가 시킨 사람인지는 분명하지 않다. 그렇지만 여기에서는 상황으로 보아 자운 스님이 직접 서울로 올라간 것으로 간주하고자 한다.
12) '율장 연구를 지도하였다'는 것에 대하여 「행장」에서는 위의 네 스님이 비구계를 重受했다고 기록하였고, 「비문1」에서는 아무런 기록도 없다. 그러나 율사를 양성할 목적으로 시작했다는 점에서 여기에서는 「비문2」의 기록을 따라 율장을 지도했다는 의미로 받아들이고자 한다. 왜냐하면 伽山智冠의 경우『가산 이지관 스님 환갑기념논총』의 「가산 이지관 스님행장」에 의하면 자운 스님으로부터 1947년에 사미계를, 1951년에 보살계를, 1953년에 처음으로 비구계를 수지하였기 때문에 비구계를 重受했다는 점은 받아들이기 어렵다. 때문에 「행장」에서 비구계를 重受했다는 것은 다시 생각해볼 일이다.
13)『회색고무신』, 묘엄 스님 구술, 윤청광 엮음(시공사, 2002), 150쪽; 김광식,「백용성 계율사상의 계승의식-동산·고암·자운을 중심으로-」(『대각사상』제10집, 대각사상연구원, 2007, 138~187쪽)의 논문 재인용. 이하 동일.
14) 그는 1947년 3월 15일, 해인사 장경판전에서 계율 홍포에 대한 가호를 입기 위해 백 일간 문수기도를 봉행하였다. 이때 그는 여러 차례 신장의 가호를 받았다고 한다.(김광식,「백용성 계율사상의 계승의식-동산·고암·자운을 중심으로-」(『대각사상』제10집, 대각사상연구원, 2007, 138~187쪽) 재인용.
15) 〈1947년 봉암사결사〉,《수다라》10집, 해인승가대학, 1995, 114~127쪽.

이 다음의 내용을 보기로 하자.

> 봉암사에 들어간 것은 丁亥年, 내 나이 그때 36세 때입니다. 지금부터 36년 전입니다. 봉암사에 들어가게 된 근본 동기는, 죽은 청담 스님하고 자운 스님하고 또 죽은 우봉 스님하고, 그리고 내 하고 넷인데, 우리가 어떻게 근본 방침을 세웠느냐 하면, 전체적으로나 개인적으로나 임시적인 이익 관계를 떠나서 오직 부처님 법대로만 한번 살아보자. 무엇이든지 잘못된 것은 고치고 해서 '부처님 법대로만 살아보자' 이것이 願이었습니다. 즉 근본 목표다 이 말입니다. 그렇다면 처소는 어디로 정하나? 물색한 결과 봉암사에 들어가게 되었습니다. 처음에 들어갈 때에는, 우봉 스님이 살림 맡고, 보문 스님하고 자운 스님하고, 내하고 이렇게 넷이 들어갔습니다.[16]

즉, 봉암사결사의 주도자가 성철, 청담, 자운, 우봉 등이었음을 알 수 있다. 김자운이 봉암사결사에 참여한 것은 대승사 시절부터 불교정화, 총림 수행을 협의하였던 연고에서 나온 것이다. 자운 스님은 봉암사에서도 예전부터의 율장 연구에 여념이 없었다.

> 자운 스님은 율장 연구에 여념이 없었고, 新春이 되어 월산 스님 기타 몇몇 스님이 더 입주하였다. 나는 下記의 공주규약 초안을 대중에게 제시하고 상세한 설명을 가하였다. 고불고조의 遺勅을 완전하게 실행한다 함은 너무나 외람된 말이기는 하였지만 교단의 현황은 불조교법이 전연 泯滅되었으니 다소간이나마 복구시켜 보자는 것이 주안점이었다.

---

16) 〈1947년 봉암사결사〉, 《수다라》 10집, 해인승가대학, 1995, 115쪽.

그리고 교법 복구의 원칙하에 나의 수시 제안이 있을 것인 바, 그 제안에 오점이 발견되지 않는 한 대중은 무조건 추종할 것을 재삼 다짐하고 실천에 옮기게 되었다.[17]

이렇게 자운은 봉암사에서 율장 연구를 하면서 그에 근거한 보살계 법회를 몸소 7일간 진행하기도 하였다.[18] 당시 봉암사결사 주제는 '부처님 법대로 살자'는 것이었는데 부처님의 법에는 부처님이 제시한 율장도 포함됨은 물론이다. 이때 내세운 공주규약은 다음과 같다.

① 森嚴한 佛戒와 崇高한 祖訓을 勤修力行하여 究竟大果의 圓滿 速成을 其함.
② 如何한 思想과 制度를 莫論하고 佛祖敎勅 以外의 各自 私見은 絶對 排除함.
③ 日常 需供은 自主自治의 標幟下에 運水 搬柴 種田 把針 등 如何한 苦役도 不辭함.
④ 作人의 稅租와 檀徒의 特託에 依한 生計는 此를 斷然 淸算함.

---

17) 『고경』 제9호(성철 스님 문도회, 1998), 6쪽. 이 기록에 나오는 신춘은 1948년 봄일 가능성이 크다. 이 내용은 성철 스님의 상좌인 천제 스님이 「탄신 87주년을 기념하여, 밝은 빛으로 오소서」라는 글에서 소개한 성철의 자필 기록이다. 김광식, 「백용성 계율사상의 계승의식-동산·고암·자운을 중심으로-」(『대각사상』 제10집, 대각사상연구원, 2007, 138~187쪽) 재인용.
18) 여기에서 보살계를 받는 재가 불자에 대하여 千百億化身의 千華佛을 상징하는 의미로 천배의 절을 하게 하였으며 계첩도 새로 만들었다. 천화율원의 의미가 여기에 잘 드러나 있다. 김광식, 「백용성 계율사상의 계승의식-동산·고암·자운을 중심으로-」(『대각사상』 제10집, 대각사상연구원, 2007, 138~187쪽) 재인용.

⑤ 檀徒의 佛前 獻供은 齋來기 現品과 至誠의 禮拜에 止함.
⑥ 大小 二便 普請 及 就寢 時를 除하고는 恒常 五條 直綴을 着用함.
⑦ 出院 遊方의 際는 戴笠 振錫하고 必히 團體를 要함.
⑧ 袈裟는 麻綿에 限하고 此를 壞色함.
⑨ 鉢盂는 瓦鉢 이외의 使用을 禁함.
⑩ 日 一次 楞嚴大呪을 課誦함.
⑪ 每日 二時間 以上의 勞動에 就함.
⑫ 白月 黑月 布薩大戒를 講誦함.
⑬ 佛前 獻供은 過午를 不得하며 朝食은 粥으로 定함.
⑭ 坐次는 戒臘에 依함.
⑮ 堂內는 坐必面壁하야 互相 雜談을 嚴禁함.
⑯ 定刻 以外는 寢臥를 不許함.
⑰ 法般 物資 所當은 各自 辯備함.
⑱ 餘外 各則은 淸規 及 大小 律制에 依함.
右記 條章의 實踐躬行을 拒否하는 者는 連單共住를 不得함.[19]

그는 봉암사결사가 완전히 끝날 때까지 남아 있지는 않았던 것 같다. 왜냐하면 그 사이에 간혹 서울에 올라와서 율장 연구를 위한 자료 수집을 하였기 때문이다. 이후 45세 때는 교단 정화 이후 초대 해인사 주지에 취임하였다. 이후 50세와 60세 때 해인사 주지에 재임명되었으나 60세의 세 번째 때는 자의에 따라 취임하지 않았다. 46세 때 해인사 금강 계단의 전계화상에 추대되어 비구 및 비구니계

---

19) 「봉암사결사의 재조명과 역사적 의의」(『봉암사결사 60주년 기념 학술 세미나 자료집』 부록), 불학연구소·불교신문 주최, 2007.

산림법회를 가졌다.

이후 46세 때는 재단법인 해인학원의 이사장에 취임하였고, 이듬해는 경상남도 종무원장을 맡았으며, 48세 때는 대한불교조계종 감찰원장 및 여러 차례의 국제회의에 한국대표로 참가하였다. 그런 와중에서 한국불교의 순수한 계율 의식을 자각하고는 二部僧 제도의 단일계단을 확립하였다. 이로써 일찍이 하동 칠불암에서 大隱律師께서 瑞祥受戒한 이래로 중흥 역할을 하여 문수보살의 가피를 실천하였다. 자운대율사는 1992년 3월 3일 상좌인 가산지관에게 다음과 같은 게송으로 단일계단의 전계사를 사퇴한다는 뜻을 총무원에 전하라고 부탁하였다.

모든 유위행은 무상하고	諸行無常
삼라만법은 모두 공하다	萬法皆空
왔으면 반드시 가야하니	來者必去
나도 이제는 떠나가련다	吾將去矣[20]

그러고는 다음과 같은 辭世頌을 읊었다.

살아온 나이가 여든하나	吾年八十一
곧 고향에 돌아갈 때라네	還鄉時到來
성품이 온 법계 두루 하니	性宅周法界
어찌 왕래의 흔적 있으랴	何有往來跡[21]

---

20) 『자운대율사 율풍진작사업제1차보고서』, 가산불교문화원, 2000, 92쪽.
21) 『자운대율사 율풍진작사업 제1차 보고서』, 가산불교문화원, 2000, 93쪽.

그러고는 해인사 홍제암에서 마지막 유촉을 하고는 음력 12월 27일 밤 10시에 다음과 같은 임종게를 남기고 홀연히 입적하였다.

진성은 원명하여 본래부터 공적함이여	眞性圓明本自空
그 광명 청정하여 온누리를 밝게 비추네	光照十方極淸淨
이 세상 올 적에는 청풍 따라 소요히 왔고	來與淸風逍遙來
마지막 떠날 때는 명월 따라 자재히 가네	去隨明月自在去[22]

가산지관은 본 임종게에 대하여 「비명2」의 銘文에서

진성은 원명하여
생멸이 없는 자리
청풍이 불어올 때
명월이 비춰주네[23]

라고 읊었다.

---

22) 이 임종게는 해인사 자운대율사 영각 前面 주련의 내용에 붙여졌다. 본 한글 해석은 『자운대율사 율풍진작사업 제1차 보고서』, 113쪽의 내용을 그대로 인용하였다.
23) 『자운대율사 율풍진작사업 제1차 보고서』, 95쪽.

3. 자운대율사와 봉암사결사

　현대 한국불교에서 전통적인 가치를 계승하고 그것을 바탕으로 하여 미래불교를 향한 새로운 지평은 수행과 계율과 교학 연구를 통한 종합적인 것에서 찾아야 할 것이다. 이 가운데 대한불교조계종의 경우 수행의 전통은 기존부터 지속적으로 유지 전개되어 온 간화의 선풍을 바탕으로 한 참선 수행으로 간주할 수 있다. 한편 계율의 경우는 삼국시대에 전래된 이래로 끊어진 율맥을 바로 잇고 그것을 바탕으로 하여 오늘날까지 전승해 준 몇몇 율사들로부터 찾을 수 있을 것이다.

　한국불교에서 율의 전승은 신라시대 때 慈藏律師가 입당하여 五台山에서 瑞祥戒를 받아오기 전에도 삼국에는 각각 나름대로 계율에 대한 의의를 지니고 있었다. 자장율사가 당나라에 들어가서『화엄경』을 공부하고 또한『범망경』에 의하여 瑞祥戒를 수시했다는 것은 대승계의 특징인 心地戒의 성격을 드러내 준 것이기도 하다. 그것은 출가 승려가 있는 곳에는 반드시 그에 상응하는 출가 승단이 있어야 한다는 필요성에서 보자면 어떤 모습으로든지 구족계법의 형식이 없어서는 안 되기 때문이다. 백제의 경우는 남북조시대 벌써 남악혜사의 제자였던 현광법사가 백제에 돌아와 법화삼매법을 전수하였다. 그리고 백제의 謙益法師는 6세기 초반에 5년여 동안 직접 인도의 常伽那寺에 가서 五部律을 수학하고 인도의 倍達多三藏과 함께 귀국해 흥륜사에서 백제의 명승 28인과 함께『율장』72권을 번역하였다고 한다. 그리고 曇旭과 惠仁은『律疏』30권을 지었다고 한다.[24]

이러한 입장에서 보면 자장율사는 신라 진골 귀족 출신으로 선덕왕 5년 제자 僧實 등 10여 명과 함께 당나라 청량산 문수보살상 앞에서 기도하고 가사와 사리를 받아와 통도사를 창건하고 金剛戒壇을 세워 대중을 교화하는 데 전념하였다. 나아가서 자장율사는 왕궁에서 대승의 경론을 강설하고 황룡사에서 菩薩戒本을 설하기도 하였다. 이것은 자장율사 이래로 통도사에 부처님의 진신사리와 가사를 모시고 있다는 것으로부터 보아도 그 율학의 성격은 『범망경』의 대승심지계를 중심으로 했음을 유추할 수 있는 것이다.

한편 眞表律師는 지장보살과 미륵보살의 祥瑞를 통해 얻은 계법으로 신라 하대 혼란기에 고통받는 민중을 위로하고 희망을 심어주는 계법을 내세우기도 하였다.[25] 진표율사는 변산의 부사의방에서 14일 동안 기도하여 지장보살의 現身授戒를 얻고, 또 영산사에서 미륵보살에 기도하여 占察法을 받았다. 이후로 여러 해 동안 점찰법회를 열어 널리 대중에게 설법하고 속리산의 永深·融宗·佛陀에게 계법을 전해 灌頂을 하고, 동화사 心地和尙에게 법을 전했다.

자장율사와 진표율사는 삼국시대에 이미 율법의 계단을 세우고 율법을 새롭게 진흥한 인물이었다. 이들은 중국으로부터 계승된 구족계의 맥을 그대로 수용한 것만은 아니었다. 그것은 기도의 극치인 감응으로서의 체험이나 대승의 큰 서원을 통해서 세간에 얽매이지 않는 청정한 율법을 드러내고 중생을 제도하는 것으로 회향하려고 노력한 것이다. 고려 말기에 인도로부터 직접 건너온 指空禪師의 大

---

24) 목정배, 『삼국시대의 불교』, 동국대학교출판부, 1991년 재판, 51~53쪽.
25) 진표율사는 옛 백제땅 전주 벽골군에서 태어나서 입당하여 문수의 瑞祥을 통하여 계를 받은 선도삼장에게 법을 묻고 그것을 바탕으로 하여 『점찰선악업보경』을 받고 미륵보살과 지장보살에게 참회 기도를 하였다.

乘無生戒의 傳戒法의 경우도 그와 같은 전통으로 볼 수가 있을 것이다. 그러나 아쉽게도 이와 같은 의상과 자장 및 겸익법사의 수계 전법인 율맥은 고려시대를 거치고 조선시대에 걸쳐서 거의 유야무야 되어버린 것이 사실이다.

이후로 조선시대 중기에 大隱朗旿(1780~1841)는 조선시대 율맥을 중흥하기 위하여 크게 노력했던 한 사람으로 특기할만한 인물이다. 대은낭오는 조선시대 정조 및 순조 때 인물로서 호를 大隱이라 하였다. 朗州 사람으로 속성은 裵씨이다. 14살에 영암 월출산으로 金潭禪師에게 출가하고 그의 법을 이었다. 대은낭오는 蓮潭·白蓮·義庵·朗巖 선사들을 참하면서 더불어 교학 공부에 힘썼다. 금담선사의 원력에 의하여 대은낭오는 스승과 함께 지리산 칠불암에서 『범망경』에 의지해 기도 정진하여 서상의 빛을 받고는 끊어진 율맥을 전승할 수가 있었다. 이로써 대은낭오는 이전의 환성지안의 율맥을 잇고자 하였다.

이런 원력으로 인하여 대은율사는 피폐해진 교단의 질서를 계율에 바탕하여 정비하고 억압되고 짓밟힌 승가의 자존심과 권위를 회복하려는 마음으로 서상수계를 발원하고 그 계법을 전승할 수가 있었다. 곧 대은낭오(1780~1841)의 율맥은 스승 금담보명(1765~1848)을 통하여 초의의순(1786~1866)에게 전하고, 초의의순은 범해각안(1820~1896)에게 전하였고, 범해율사는 禪谷律師에게 전하였고, 선곡율사는 龍城律師에게 전하였고, 구한말 용성진종으로 계승되었다.[26]

---

26) 가산지관, 「한국불교계율전통」, (자운대율사율풍선양 제1차 특별심포지움 『근대한국불교율풍진작과 자운대율사』, 71쪽).

용성진종은 해인사에서 금강계단을 세우고 보살계를 설하기도 하였다. 이와 같은 용성진종의 율맥은 자운성우에게 계승되어 자운·향곡·성철·청담으로 대표되는 봉암사결사의 주역을 이끌어냈다.

자운대율사는 바로 이 결사에 주체적으로 참여하였다. 1947년 10월에 시작된 봉암사결사는 약 3년에 걸쳐 지속되었다. 그 증거는 천제 스님이 보관하고 있는 자료로서 성철의 회고록에 의하면 다음과 같다.

> 1947년(정해년) 가을에 나(성철)는 크나큰 환상을 안고 문경 봉암사로 갔었다. 우봉 스님은 운영에 대한 모든 책임을 맡았고, 보문 스님은 10년 동안 대장경의 수호에 진력하겠다고 약속을 하였다. 자운 스님과 법웅수좌도 함께 왔었다. 청안노장을 주지로 모시고 10여 명의 대중이 동거하였다.[27]

그런데 그 결사가 끝나기도 전에 정국이 어수선하여 봉암사 인근에 빨치산들이 자주 침입하여 많은 애로사항이 발생하였다. 이에 성철과 청담 등은 결사의 장소를 고성 옥천사의 말사인 문수암으로 옮기기로 결정하고 향곡 스님 등의 협조 아래 대중에게 통보하였다.

> 절대 비밀로 하여 고성 문수암으로 딱 얻어놓았습니다. 대중은 모르게 그래놓고 가을이 되고 보니 뭣인가 아무래도 심상치 않아 거기 있으면

---

27) 천제 스님이 보관하고 있는 자료인데 성철 스님이 일일달력 뒷면에 기록한 것이다. 성철 스님은 하루에 일어난 일들을 달력에 적기하였고 천제 스님이 부산 청사포 해월정사에 '유훈각'을 마련하여 성철 스님의 자료를 잘 정리하고 있다.

안 되겠다 말입니다. 딴 사람은 있어도 괜찮지만 나는 거기 있으면 안 된다 말입니다. 그래서 추석 지나고 난 뒤에 대중공사를 했습니다. '나는 여러 가지로 여기서 떠나야 되니까 그리 알고 오늘부터는 순호 스님(순호 스님이 입승을 보았거든) 입승스님한테 전부 맡기니 입승스님 시키는 대로 하시오.' 이렇게 하고 봉암사에서 나왔습니다. 그리고 나는 월례에 와서 겨울은 거기 있었습니다.[28]

성철은 이런 이유로 인하여 봉암사를 나오고 뒷일은 청담에게 모두 맡겨놓고는 부산의 묘관음사로 갔다. 그래서 남은 대중만 겨울안거에 들어갔다. 그러나 다시 빨치산들이 들이닥쳤기 때문에 여법하게 수행을 하지 못하는 상황이 발생하였다. 그래서 임시적으로 점촌 포교당으로 근거지를 옮겼다. 그 후에 1950년 동안거 후에야 비로소 문수암으로 옮길 수가 있었다. 당시 봉암사결사 현장에 행자로 있다가 출가한 진혜명도 그에 대하여 다음과 같은 기록을 남겼다.

이렇게 밤낮으로 공비와 경찰에게 시간을 빼앗기고 시달리면서 수행을 하려 해도 할 수 없다는 결정적인 상황에까지 이를 줄은 정말 몰랐다. 그래서 더 이상 머무를 수 없다고 대중 모두가 결의할 정도에 이르자 청담 스님께서 경찰서에 가셔서 강의를 하시고 군청에 가서 법문을 하시고 설득하심으로 그들의 태도가 나아졌다. 그러나 얼마쯤 지내고 나서는 더 지탱하기 어려울 지경이 되었다. 그럴 즈음 성철 스님은 본래 가지고 계신 대장경이 많았는데 기장 월례 관음사로 장경을 모시고 떠났다. 또 청담 스님도 봉암사를 떠나 남쪽으로 가야한다고 하시면서

---

28) 〈1947년 봉암사결사〉, 《수다라》 10집, 해인승가대학, 1995, 126쪽.

고성 옥천사 김선홍님을 만나러 가셨다. … 우리는 걸망을 싸지고 진주 연화사로 가서 수일 쉬고는 곧 문수암으로 올라갔다. 이때 스님을 모시고 함께 온 일행은 정천 스님, 나, 작고한 혜연 스님 이렇게 셋이었다.[29]

바로 이 봉암사결사에 자운대율사는 처음부터 동참했던 것이다. 그 연원은 이전에 대승사에서 수행을 지냈던 인연으로부터 찾을 수 있을 것이다.[30] 이 무렵 청담과 성철은 봉암사결사를 위한 준비를 구상하고 있었던 것 같다. 때문에 1947년 10월 무렵에 봉암사결사를 위한 선발대가 봉암사에 들어갔다.

봉암사에 들어간 것은 정해년 내 나이 36세 때입니다. 지금부터 36년 (1983년 현재 기준) 전입니다. 봉암사에 들어가게 된 근본 동기는 죽은 청담 스님하고 자운 스님하고 또 죽은 우봉 스님하고 그리고 내하고 이렇게 넷인데, 우리가 어떻게 근본 방침을 세웠느냐 하면, 전체적으로나 개인적으로나 임시적인 이익 관계를 떠나서 오직 부처님 법대로만 한번 살아보자. 무엇이든지 잘못된 것은 고치고 해서 '부처님 법대로만 살아보자.' 이것이 願이었습니다. 즉 근본 목표다 이 말입니다. 그렇다면 처소는 어디로 정하나. 물색한 결과 봉암사에 들어가게 되었습니다. 처음에 들어갈 때는 우종 스님이 살림 맡고, 보문 스님하고 자운 스님

---

29) 진혜명, 『혜명화상회상록; 평상심시도』(혜명정사, 1996) 110~111쪽; 김광식, 「봉암사결사의 재조명」(봉암사결사 60주년 기념 학술 세미나 자료집『봉암사결사의 재조명과 역사적 의의』, 2007년 10월 18일), 21~22쪽.
30) 김광식, 「봉암사결사의 재조명」(봉암사결사 60주년 기념 학술 세미나 자료집『봉암사결사의 재조명과 역사적 의의』, 2007년 10월 18일), 24쪽.

하고 내하고 이렇게 넷이 들어갔습니다. 청담 스님은 해인사에서 가야 총림한다고 처음 시작할 때에는 못 들어오고, 서로 약속은 했지만.[31]

이처럼 자운대율사는 봉암사결사의 처음부터 함께 그것도 우봉 스님과 보문 스님이 도중에 나갔기 때문에 청담 스님, 성철 스님, 자운 스님의 세 분이 그 핵심적인 멤버였다고 할 수 있을 것이다. 그러는 가운데 점차 소문을 듣고 방부를 들인 사람이 늘어감에 따라 30명 이상이 되었다. 그렇다고 아무나 방부를 받아주는 것은 아니었다. 그런데도 계속 증가하였다. 그에 대한 내용은 가산지관의 회고를 통하여 살펴볼 수 있다.

내가 봉암사에 간 건 1949년 가을쯤이었어요. 정확한 날짜까지는 기억이 나지 않지만 그때는 이미 성철 스님을 포함해서 성수 스님 등 여러 스님이 봉암사를 떠났고, 청담 스님과 보경 스님, 응산 스님은 거기에 계셨어요. 그 밖에도 법진 스님이 계시다가 우리가 올 즈음에 나가셨어요. … 혜정 스님도 계셨죠. 또 정천 스님도 계셨고, 진혜명 스님도 계셨어요. 정천 스님은 미감이었고 혜명 스님은 원주였나 모르겠어요. 그렇게 결제를 해서 시간 지켜서 예불하고 참선하며 지냈어요.[32]

물론 여기에는 비구만이 아니라 비구니도 참여하도록 하는 데 주축이 된 사람으로는 자운 스님이 포함되어 있었다.

---

31) 〈1947년 봉암사결사〉,《수다라》 10집, 해인승가대학, 1995, 115쪽.
32) 김광식,『승가교육』 제6집, 대한불교조계종교육원, 2006, 355쪽.

당시 봉암사에 계셨던 순호, 성철, 자운 등 큰스님들은 비구니들도 제대로 공부를 시켜서 장차 이 나라 비구니계를 제대로 키워야 한다고 뜻을 모으고, 우선 여승 몇 명을 골라 이들을 철저히 수행시켜 비구니계의 지도자로 만들자는 계획을 가지고 있었다. 그래서 묘엄, 묘찬, 지영, 재영을 봉암사 백련암에 살게 하면서 철저한 공부를 시키기로 했던 것이다.[33]

이것은 다음과 같은 봉암사결사의 참여에 대하여 자운 스님의 주체적인 참여를 확인해 볼 수 있는 내용으로 당시 결사의 참여자와 각각의 역할 및 위상을 정리해 보면 다음과 같다.

- 결사기획 : 이성철, 이청담
- 결사 주도자 : 이성철, 이청담, 김자운, 이우봉, 신보문
- 결사의 이념 제공자 : 이성철
- 결사 초기 참여자 : 이도우, 김청안, 최일도, 김혜암
- 결사 단순 참여자 : 서응산, 김홍경, 최월산, 김성수, 김법전, 김향곡, 김보경, 장보안, 영신, 이정천, 김만성, 이지관, 혜안, 보일, 진혜명, 허혜정, 혜연, 혜조, 서의현
- 비구니 참여자 : 이묘엄, 지원, 재영, 묘찬, 응민, 오선, 혜민, 재용, 혜일, 원명, 지현, 묘련(혜해), 수진, 묘각, 묘명, 장일, 청련화[34]

---

33) 『회색고무신』, 묘엄 스님 구술, 윤청광 엮음, 시공사, 2002, 183쪽.
34) 김광식, 「봉암사결사의 재조명」(봉암사결사 60주년 기념 학술 세미나 자료집 『봉암사결사의 재조명과 역사적 의의』, 2007년 10월 18일) 28쪽에서 재인용함을 밝힌다.

이와 같은 봉암사결사는 위에서 성철 스님의 회고록에서 언급된 것처럼 부처님 법대로 살아보자는 취지 아래 순수 불교를 지향하는 수행이었다. 때문에 오랫동안 습속처럼 전해오던 많은 관습은 어쩔 수 없이 기존의 방식을 탈피하지 않으면 안 되는 상황이었다. 법당의 장엄과 가사 및 장삼과 계법과 울력 등에 관하여 가히 혁명적인 손질을 가하였던 것이다. 성철 스님의 회고록을 바탕으로 그 예를 살펴보기로 한다.

> 처음에 들어가서 첫 대중공사를 뭣을 했느냐 하면, 혹 이런 이야기하면 지금이라도 실천하자고 하는가 이렇게 의심할는지 모르겠지만 산 것 그대로 이야기지 지금 당장 이대로 하자는 말은 아닙니다. 법당 정리부터 먼저 하자 이렇게 되었습니다. 세상에 법당 정리를 하다니 무슨 소리인가.[35]

> 칠성 탱화, 산신 탱화, 신장 탱화 할 것 없이 전부 싹싹 밀어내버리고 부처님과 부처님 제자만 모셨습니다. … 그 다음에는 불공인데 불공이란 것은 자기가 뭣이든 성심껏 하는 것이지 중간에서 스님네가 축원해주고 목탁치고 하는 것은 본시 없는 것입니다.[36]

이와 같은 모습은 자운 스님의 의례 개혁에 대한 추진에서도 잘 나타나 있다.

---

35) 〈1947년 봉암사결사〉, 《수다라》 10집, 해인승가대학, 1995, 115쪽.
36) 〈1947년 봉암사결사〉, 《수다라》 10집, 해인승가대학, 1995, 116쪽.

월운의 증언과 다수의 고승 평전들에서 찾을 수 있다. 성철의 생전 일화를 전해주는 한 책에 따르면 성철이 문경 봉암사에 있을 때 자운의 법문에 크게 감동하여 그 설법을 실천했다고 한다. 이 일화에 의하면 자운은 '출가한 사람은 국왕 및 부모에게 절하지 않는 법이며, 귀신을 공경하지 않는 법이다. 출가한 사람은 일체 사람이 공경을 받아야 할 존재다'라고 하였다.[37]

이제 법당은 어느 정도 정리되는데 가사니 장삼이니 바릿대니 이런 것이 또 틀렸단 말입니다. 부처님 법에 바릿대는 瓦鐵입니다. 쇠로 하든가 질그릇으로 하는 것이지 나무 발우는 금지한 것입니다. 그런데 쓰고 있습니다. 가사 장삼을 보면 가사나 장삼을 비단으로 못하게 했는데 그 당시에 보면 전부 다 비단입니다. 색깔도 벌겋게 해서 순수한 색이 아니고 괴색을 해야 되는 것이니 그것도 非法입니다. 그래서 비단 가사, 비단 장삼 그리고 나무 바릿대 이것을 싹 다 모아가지고 탕탕 부수고 칼로 싹싹 자르고 해서는 마당에 갖다놓고 내 손으로 불 싹 다 질렀습니다.[38]

육환장도 새로 만들고, 요새는 안 하지만 스님은 언제든지 육환장 짚게 되어 있으니까. 삿갓도 만들었습니다. … 그러고는 아침에 꼭 죽을 먹었습니다. 공양은 사시밖에 없으니까, 오후에는 藥石이라고 있습니다. 근본적으로는 율에 보아서는 저녁공양은 없는데 청규에 약석이라고.

---

37) 송현주, 「봉암사결사의 의례적 차원 : 특징과 의의」(봉암사결사 60주년 기념 학술 세미나 자료집 『봉암사결사의 재조명과 역사적 의의』, 2007년 10월 18일) 55~56쪽.
38) 〈1947년 봉암사결사〉, 《수다라》 10집, 해인승가대학, 1995, 116~118쪽.

약이라 해서 참선하는 데 너무 기운이 없어도 안 되므로 바릿대 펴지 말고 조금씩 먹도록 되어 있습니다. 布薩도 처음으로 거기에서 했습니다. 이런 식으로 해서 제도를 완전히 바꾸었습니다.[39]

우리도 보살계 하자. 법을 세우려면 보살계를 해야 되니까. 자운 스님이 『범망경』을 익혀가지고 처음으로 보살계를 했습니다.[40]

하나씩 둘씩 재 해달라고 들어와요. 우리 법대로 금강경이나 심경을 읽어주는데 그만 재가 어떻게나 많이 드는지 … 자꾸 온다 말입니다. 자, 『금강경』은 너무 시간이 걸려서 안 된다. 심경을 하자. 심경 7편, 그것도 안 되어서 나중에는 3편씩만 해주었습니다. 그래도 스님네들 법대로만 해달라는 것입니다.[41]

나무를 하는데 식구 수대로 지게를 스무 남게 만들었습니다. 그래놓고 나무를 하는데 하루 석 짐씩 했습니다. 석 짐씩 하니 좀 고된 모양입니다. 나무하다 고되니까 몇이나 도망가 버렸습니다.[42]

나무 발우, 칠성, 산신 탱화 그런 것들은 불교에 귀의한 산신이나, 칠성이라는 것도 우리나라에 옛날부터 민속신앙으로 있어왔긴 한데, 참선 정진해서 부처가 되겠다는 사람들이 산신이아 칠성각에 기도를 하고, 그걸 팔아서 밥을 먹고살아서 되겠느냐. 그러니까 산신 탱화, 칠성 탱

---

39) 〈1947년 봉암사결사〉, 《수다라》 10집, 해인승가대학, 1995, 118쪽.
40) 〈1947년 봉암사결사〉, 《수다라》 10집, 해인승가대학, 1995, 119쪽.
41) 〈1947년 봉암사결사〉, 《수다라》 10집, 해인승가대학, 1995, 123쪽.
42) 〈1947년 봉암사결사〉, 《수다라》 10집, 해인승가대학, 1995, 125쪽.

화, 독성 이런 건 싹 없애고 오로지 부처님이나 대승보살님을 모시고 살아야 되지 않겠느냐. … 우리가 영산회상을 하려면 이런 주변 정리, 이런 삿된 것부터 없애야 한다 하고서 나무 발우, 칠성 탱화, 산신 탱화 이런 것들을 봉암사 마당에 놓고 불을 질러서 다 태워버렸어.[43]

이처럼 봉암사결사에는 부처님 법대로 살아보자는 취지 아래서 특히 계보살계의 경우 자운대율사의 『범망경』에 근거한 수계법회를 진행시켰음을 알 수 있다. 또한 식차마니계에 대한 수계 의식도 자운대율사였음은 다음에서 엿볼 수 있다.

어느 때부터인지 명확하지는 않지만 조선시대 불교의 쇠락과 왜색불교의 영향 등으로 대처승이 생기면서 승가를 지키던 청정계율이 허물어지고 있었다. 율은 소수의 수좌들에 의해서만 그 명맥이 이어져오고 있을 뿐이다. 그러한 승단에서 율을 본격적으로 연구하여 중흥시킨 부흥조가 바로 율사인 자운 스님이시다. 당시 봉암사에는 부처님 당시처럼 영산회상을 실현시켜 보겠다는 뜻을 가진 스님들이 모여 있었다. 순호 스님은 이미 대승사에서 영산회상도를 직접 작성하여 성철 스님을 비롯한 대중들에게 밤을 세워 설명하기도 하였다. 그 영산회상도에는 율원에 대한 구상도 포함되어 있는데, 율사로서 그것을 구체적으로 실천한 사람이 곧 자운 스님이다. 자운 스님은 율원의 설립을 꿈꾸며 千華律院이라는 명칭을 미리 만들어 두었다. 묘엄 스님은 자운 스님을 계사로 하여 식차마니계를 받던 당시를 다음과 같이 회상하고 있다.

---

43) 김용환, 「묘엄 스님과 한국 비구니강원」, 『세주묘엄 주강오십년기념논총』, (봉녕사승가대, 2007), 60~61쪽.

'그래 자운 스님이 육법을 설해서 식차마니계를 받고, 그것도 대한민국에서 식차마니계를 제일 처음 받았을 것이야. 식차마니가 뭔지도 모를 때거든, 시대가. 그 스님들은 경전을 널리 봤기 때문에 부처님 당시처럼 서서히 한다고 비구니 견습생인 식차마니를 설하고 실천에 한 가지 한 가지를 옮긴 거야.'[44]

이처럼 자운대율사는 비구·비구니인 이부승제도의 확립을 위한 작법으로 식차마니계를 시설하여 실제로 근대 불교 교단사에 일찍이 없었던 비구니의 예비승 제도를 확정한 것도 계율로서 개안이 된 자운 스님의 안목이었다. 이런 것도 봉암사결사 정신을 확대하여 볼 수 있는 자운대율사의 면모를 발현할 수 있는 것이라 할 수 있다. 그러므로 봉암사결사가 한국 불교사에서 지니고 있는 위상과 역사적 의의를 기존 연구 등을 종합해서 보면 다음과 같이 정리할 수 있을 것이다.

첫째는 결사의 배경과 성격은 일제강점기의 불교 잔재의 극복이다. 불조교법의 파탄, 승풍의 타락, 승려의 위신이 추락하였던 일제강점기 불교를 청산하고 한국 전통 불교의 복원을 추구하였다.

둘째는 결사의 규칙, 정신, 지향에서 근본 불교적인 불교개혁운동을 지향하였다. 식민지 불교의 극복에 대한 다양한 노선이 제기되었으나 이 결사에서는 근본불교적 방향이 분명하게 드러났다. 불조의 교법을 준수하고 계율을 준수한다는 것을 기치로 내걸었다. 그리고 그것은 현대

---

44) 김용환, 「묘엄 스님과 한국 비구니강원」, 『세주묘엄 주강오십년기념논총』, (봉녕사승가대학, 2007), 58쪽.

불교개혁운동의 발판의 의의를 갖게 되었다.

셋째는 결사의 정신은 불교정화의 이념적 모태가 되었다. 1954년부터 본격화된 불교정화운동 추진의 정신적 기반이 되었다. 이 결사에 동참한 수좌들 대부분이 정화운동을 주도하거나 합류하였다. 정화운동의 이념을 제공한 봉암사결사는 조계종단 내부에서는 중요한 역사성을 갖게 되었다.

넷째는 결사에서 실행되었던 의식, 의례, 규칙 등은 이후 조계종단에서 관행화되었다. 장삼, 가사, 반야심경 독송, 승려에게 3배 등의 보편화는 그 실례이다. 이는 조계종단 재건의 기초가 되었다.

다섯째는 결사의 규약, 이념, 실천 등은 조계종단 승가의 정신사에 있어서 하나의 신화로 자리 잡고 있다. 조계종단에서는 이 결사에서 추구한 것을 인식, 계승, 재생산하려는 일련의 의식이 보편화되어 있다.[45]

라고 송현주는 정리하고 있는데 수긍되는 논리이다. 이러한 논리가 유추되는 데 있어서 자운대율사가 봉암사결사에 미친 영향은 대단히 중요한 사항인데 선구적 자리에서 후향하고 있는 것은 자운율사의 인간적 도덕성이 계율적으로 회향하고 있기 때문인 것이다.

---

45) 송현주, 「봉암사결사의 의례적 차원 : 특징과 의의」, (봉암사결사 60주년 기념 학술 세미나 자료집 『봉암사결사의 재조명과 역사적 의의』, 2007년 10월 18일), 53쪽.

4. 자운대율사와 한국불교의 계율

　이러한 한국불교 교단 정화의 이념을 제공한 봉암사결사라는 역사의 한가운데서 보이는 자운대율사의 활동상은 곧 자운대율사는 한국 현대불교 계율 중흥조로서의 위상을 여실히 보여주는 것이다.[46] 자운 성우에게서 피폐해진 계율의 진작, 중흥을 위해 계율서의 발간 및 보급, 자생적인 천화율원 감로계단의 설치, 단일계단 설립의 추동, 2부승제의 복원 등의 행적에서 찾아볼 수 있다. 때문에 언제나 자운대율사는 율맥의 전승에 대한 원을 지니고 있었음을 알 수 있다. 그래서 봉암사결사 이전 대승사 시절부터 시작되어 봉암사결사에 그대로 이어지고 있다.

　자운 스님은 율장 연구에 여념이 없었고, 신춘(新春)이 되어 월산 스님 기타 몇몇 스님들이 더 입주하였다. 나는 하기(下記)의 공주규약 초안을 대중에게 제시하고 상세한 설명을 가하였다. 고불고조의 유칙(遺勅)을 완전하게 실행한다함은 너무나 외람된 말이기는 하였지만 교단의 현황은 불조교법이 전연 민멸(泯滅)되었으니 다소간이나마 복구시

---

[46] 자운 스님의 삶 및 율풍진작에 관한 전모는 2005년 10월 15일 경국사에서 개최된 '자운대율사율풍선양 제1차 특별심포지움'에서 발표된 내용이 있다. 종진, 「한국불교의 계법수행과 자장율사」; 혜총, 「천화율원감로계단 설치와 대중교화」; 법혜, 「자장대율사의 화합승가와 역경불사의 원행」; 무관, 「한국불교 조계종단과 자장율사」; 태원, 「계정겸수와 대중교화」; 이자랑, 「한국불교 계단에 있어서 이부승제의 복원의」, 그리고 2007년 11월 대각사에서 발표된 한보광, 「대각사 창건 시점에 관한 제문제」; 학담, 「용성진종선사의 원돈율 사상과 선율겸행의 선풍」 등이 참조가 된다.

켜 보자는 것이 주안점이었다. 그리고 교법 복구의 원칙하에 나의 수시 제안이 있을 것인 바, 그 제안에 오점이 발견되지 않는 한 대중은 무조건 추종할 것을 재삼 다짐하고 실천에 옮기게 되었다.[47]

그런 한편 보조 장삼을 새롭게 만들어 입기 위하여 송광사까지 가서 그 치수를 재어 오기도 하였다.[48] 이것은 불교정화가 등장하기 이전으로서 이후 불교정화운동의 이념이 되기도 하였다. 주지하는 바와 같이 불교정화운동은 1954년 5월이었다. 자운대율사는 8월 24~25일 선학원에서 개최된 전국비구승대표자대회에 참석하였다. 그는 대회에서 실무적인 정화를 추진하는 대책위원(15명)에 피선되었다.[49] 그러나 자운대율사는 투쟁적, 대립적인 불교정화의 운동에는 깊숙이 관여하지 않았다. 대신 그는 불교정화의 이념의 정비 및 그 기반 조성에 대하여 관심을 기울였다. 이것은 불교정화가 나온 결정적인 계기가 승려의 결혼, 원융살림의 파괴, 수행 가풍의 혼미였는데 이는 곧 계율의 파탄 그 자체였기 때문이다. 그래서 자운대율사는 근원적인 문제 해결을 계율 정신의 회복 및 강화에서 찾고 그를 위해 계율의 보급 및 율풍을 진작하는 데 더욱 힘을 기울였던 것이다.

그리고 그 실천의 한 모습으로서 자운대율사는 1956년에는 해인

---

47) 이 내용은 성철의 상좌인 천제가 「탄신 87주년을 기념하여, 밝은 빛으로 오소서」라는 글에서 소개한 성철의 자필 기록이다.(『고경』 제9호, 성철 스님문도회, 1998, 6쪽)
48) 「묘엄 스님을 찾아서」, 『고경』, 성철 스님문도회, 1998, 35쪽.
49) 김광식, 「전국비구승대표자대회의 시말」, 『근현대불교의재조명』(민족사, 2000), 446~453쪽.

사 금강계단 전계화상에 추대되었다. 이에 그는 1956년 3월 15일, 해인사 금강계단에서 비구 및 비구니계 산림을 거행하였다. 이때부터 그는 1981년 단일계단이 등장하기 이전까지 전국 각처의 개별 사찰 단위의 계단에서 수많은 수계를 하였다. 그럼에도 불구하고 그가 일제 말기부터 고심한 승풍 및 율풍의 진작은 여의치 않았던 것으로 보인다. 당시 이와 관련한 자운대율사의 1976년 규정원장 취임 소감을 제시한다.

> 지난날의 교단정화, 승단정화, 신도정화, 사회정화 등등 각 분야에서 노력했지만 이상의 모든 목표가 뜻과 같이 십분 성취하였다고는 할 수 없는 현 실정입니다. 종래의 감찰원이 그 명칭이 불교에 맞지 않다 하여 규정원으로 개칭되었지만 僧團의 紀綱은 어디까지나 誨諭, 矯導, 豫防에 노력하여야 하고 비위를 적발하여 처벌하는 것만 능사가 아니라고 생각합니다. 그러므로 감찰원이니 규정원이니 하는 것이 곧 과거의 律院을 말하는 것입니다. 율중에는 수행에 어긋나는 잘못을 저질렀을 경우 羯磨 즉 大衆決議에 의하여 항상 和合을 위주로 해결하였던 것입니다. 불교가 흥왕 발전하는 것은 여러 가지 길이 있지만 무엇보다도 우리 종도들이 자기의 할 일을 충실히 수행하는 데 있다고 하겠습니다. 다시 말하면 불교가 흥왕하려면 불자 본연의 임무인 修行에 철저하여야 하고, 실추된 僧團의 위신을 회복하려면 戒律을 엄수하는 것이 최선이라고 생각됩니다.[50]

이렇게 그는 불교정화 및 승단의 기강 해이를 극복하기 위한 대

---

50) 《대한불교》 제631호, 1976년 1월 4일자 내용.〈규정원장 신년사〉

책을 율풍의 진작, 대중 결의에 의한 화합 위주의 살림, 철저한 수행, 계율 준수에서 찾았다. 더욱이 백용성의 유지를 계승하기 위해 설립된 대각회가 1976년에 등장하고, 그 초대 이사장에 자운대율사가 취임한 것도 그 일환으로 볼 수 있다.

그러한 활동 모습에 대한 자운대율사의 말을 옮겨보면 아래와 같다.

> 1951년에 「(한문본)비구계본」을 출간하였고 그 뒤 1957년에는 「(번역본)비구계본」을 발행한 바 있으나 이들은 이미 切本된지 오래다. 오늘날 사부대중 사이에 戒律을 도외시하는 경향이 짙으니 앞날을 내다볼 때, 참으로 걱정하지 않을 수 없다. 부처님은 成道最初에 이미 보리수 밑에서 보살계를 설하시었으며, 마지막 열반에 드시는 순간에도 "佛子들이여! 마땅히 戒律을 존중하라. 계율을 잘 지니면, 마치 어두운 데서 불빛을 만난 듯, 가난한 이가 보배를 얻은 듯, 환자가 쾌차해진 듯, 갇혔던 죄수가 풀려나온 듯하리라."고 말씀하셨다. 이와 같이 末法佛子들에게 계율 사상의 고취가 절실히 요청되므로 이번 필자가 초판본의 번역을 대폭 수정하고, 한문본에 토를 달아 合本하여 발간하게 되었기에 몇 字 적어 冊尾에 붙여두는 바이다.
>
> 불기 2524년 3월 3일 常懺愧 慈雲 盛祐[51]

이와 같은 계율 중시, 위상 정립의 의지는 후에 단일계단법으로 나타났다. 그 결과 종단은 승단의 기강을 직접 관장할 수 있는 계기를 잡았는데 이는 곧 율장의 복원을 의미하는 것이기도 하였다. 그것

---

51) 「跋文」, 『사분비구계본』, 대각회출판부, 1980년.

은 1976년 규정원장에 취임하면서 밝힌 계율엄수에 대한 그의 소신을 밝힌 아래의 언설에서 잘 나타나 있다.

> 종래의 감찰원이 그 명칭이 불교에 맞지 않다 하여 규정원으로 개칭되었지만 승단의 기강은 어디까지나 회유, 교도, 예방에 힘써야 하고 비위를 적발하여 처벌하는 것만이 능사가 아니라고 생각합니다. 그러므로 감찰원이니 규정원이니 하는 것이 곧 과거의 율원을 말하는 것입니다. 율중에는 수행에 어긋나는 잘못을 저질렀을 경우 갈마 즉 대중 결의에 의하여 항상 화합을 위주로 해결하였던 것입니다. 불교가 흥왕 발전하는 데는 여러 가지 설이 있지만 무엇보다도 우리 종도들이 자기의 할 일은 충실히 수행하는 데 있다고 하겠습니다. 다시 말하면 불교가 흥왕하려면 불자 본연의 임무인 수행에 철저하여야 하고 실추된 승단의 위신을 회복하려면 계율을 엄수하는 길이 최선이라고 생각됩니다. 그러므로 부처님께서 열반에 드시기 직전 아난존자가 '부처님께서 열반에 드신 후에는 누구를 스승으로 삼으리까' 라는 물음에 부처님께서는 '계로써 스승을 삼으라'고 하셨으며, 담무덕 비구는 비니법을 연설함은 정법이 오래 머물게 하기 위함이라 하였으며, 견월독체 율사는 계가 청정하므로 진승이 나타난다고 하였고, 희안대사는 승가의 수행이 향상되면 사회가 불법을 존중하게 되고 스님들이 일반으로부터 경시되면 불교 또한 무시를 당하지 않을 수 없으므로 불교의 흥쇠가 스님들의 경중에 달려있다고 하였으니 승중즉법중하고 승경즉법경이란 말이 재삼 절감된다.[52]

---

52) 《대한불교》 제631호, 1976년 1월 4일자.

이것은 여법한 수행을 통하여 불교의 위상을 드높이고 나아가서 불조의 혜명을 계승하려는 의지로서 처벌보다는 교도와 회유와 예방에 힘쓰겠다는 율원장으로서의 소명을 밝힌 것이다. 이것은 자운대율사의 면모를 잘 드러낸 것이면서, 또한 봉암사에서부터 부처님 법대로 살아보자는 자운 스님의 의지이고, 나아가서 정법을 위한 승가의 종풍을 제대로 진작하는 행위이기도 하다. 이에 관하여 혜총은 자운대율사의 계율관을 다음과 같이 네 가지로 정리하고 있어 자운대율사의 율에 대한 열정을 살펴볼 수 있다.

첫째, 파계와 비위를 저지르기 전에 예방하고 회유로서 교도해야 한다.
둘째, 파계와 비위가 일어났을 때에는 대중 결의에 의하여 해결해야 한다.
셋째, 불교가 흥왕하기 위해서는 본연의 임무인 수행에 철저해야 한다.
넷째, 실추된 승단의 위신을 회복하기 위해서는 계율을 엄수해야 한다.[53]

이처럼 자운대율사의 율풍진작에 대한 의지는 그 근본이 수행자의 본연의 임무를 잊지 않는 것이요, 자비심을 바탕으로 한 수행에 힘쓰는 것이며, 참법을 기반으로 하여 널리 승속에 대한 수계의 대중화에 힘쓰는 것이기도 하였다. 또한 더욱이 1981년 1월 7일, 정화중흥회의에서 관련 종법이 제정되고, 그 해 2월 27일 통도사에서 자운을 초대 단일계단 전계사로 추대하여 제1회 수계산림 법회가 거행되

---

53) 혜총, 「천화율원감로계단설치와 대중교화」, (자운대율사율풍선양 제1차 특별심포지움 『근대한국불교율풍진작과 자운대율사』), 131쪽.

었다. 그는 1991년 10월 30일 범어사에서 개최된 제13회 수계산림을 마치고 전계사를 그만두었다. 이때까지 그는 제2회 수계산림 때만 제외하고 12회나 전계대화상을 역임하였다. 이로써 한국불교의 계율은 전통을 새롭게 한 걸음 발전시킬 수 있었다.

5. 결어

자운성우대율사의 삶의 궤적은 '세존께서 열반에 즈음하여 遺教하시기를 내가 열반한 후에는 계율을 스승삼아 수행하라' 라고 계본 서문에서 밝힌 바와 같이 석가세존의 가르침을 올곧게 행한 수행자의 한 사람이다. 또한 불교에 입문한 수행사문이 걸어야 할 正則인 律行에 한순간도 어긋남 없이 실천 수행한 律師이다.

그러한 자운성우대율사의 생애를 반추한다면 그의 삶은 율행의 실천자이며, 흐트러진 한국불교의 계율을 정형화시켜 후세에도 불법이 유전되고 율맥이 이어지게 하는 계율의 중흥자이다. 이와 같은 계율을 점지하여 실천하기 위하여 일본강점기 당시 국립도서관을 출입하면서 율부를 서사한 것은 참으로 갸륵한 행업이었다. 이러한 율법이 한국 교단에 수립되기 위하여 봉암사결사 때에도 그 역할이 중요한 것이었다.

그러므로 '부처님 법대로 살자'라는 시대적, 교단적 사명 의식을 갖고 결행된 1947년 봉암사결사에 있어 그 시작 단계부터 참여하여, 성철·청담 스님 등과 함께 새로운 교단의 기강 확립의 틀을 정립하는데 앞장선 선구자의 한 사람이다.

이러한 자운율사의 모습을 끝으로 정리 요약함으로 본고를 갈무리 하고자 한다.

자운 성우대율사의 활동상은 크게 두 가지 부분으로 나누어서 그 의의를 정리할 수 있다. 첫째는 한국 계율의 중흥자로서의 역할이며, 둘째는 그 이외의 한국불교의 격동기에서 실천하는 사문의 모습을 보인 부분이다.

한국 계율의 중흥자로서의 활동상은 다음과 같은 몇 가지 측면으로 대변할 수 있다. 하나는 5종(『범망경』, 『사미율의』, 『사미니율의』, 「비구계본」, 「비구니계본」)의 율서를 조판, 간행, 배포한 것이다. 둘째는 千華律院 甘露戒壇의 설립이다. 셋째는 단일계단법의 제정이다. 넷째는 수계의식의 정비에 있다. 다섯째는 식차마니계의 시행에 있으며, 여섯 번째는 二部僧制의 복원에 있다.

다음으로 봉암사결사에 참여하여 '부처님 법대로 살자'라는 수행 납자의 본원적 삶을 실천하고자 한 면, 戒淨一致의 수행관을 갖고 행한 면, 그리고 역경과 삼장의 간행유포에서 한국불교의 격동기의 교단 정립과 수행 풍토 일신의 실천자로서의 활동 모습을 확인해 볼 수 있다.

이러함에도 불구하고 자운대율사는 항상 역사의 뒤켠에 좌정한 모습으로 보였다. 이것이 지율 수행의 두타행이 아닌가 한다. 수행은 들어냄이 아니라 안으로 닦아짐을 의미하지만 역사적 기술에 있어서는 밝혀내는 것이 후인들의 안목이다. 이러한 스승의 뜻을 이어받음인지 해인사·경국사에 세워진 자운성우대율사비명에도 봉암사 기록이 드러나지 아니한 것도 두타율행을 비밀한 것인가.

그러하였다 하더라도 이 소론에서는 역사는 선구자만의 것이어야 하고 동참자는 개의치 않는다는 논리를 따르지 않고 이 동참자가 있었기에 선구자의 빛이 더욱 드러난다고 볼 수 있다. 동참자의 그림자가 뚜렷할 수 있다면 동참자로 인한 선구자의 역할도 빛날 것이다.

그러므로 동참자와 선구자는 하나임을 밝히는 것이므로 자운성 우율사는 봉암사결사의 대율 광명을 높이든 횃불이라고 보아야 할 것이다.

부록 1

성철 스님 법문을 통해서 본
1947년 봉암사결사

이 글은 1995년 발행된 《수다라》 10집에 수록된 글입니다. 봉암사결사를 이해하는 중요한 글이어서 부록으로 게재합니다. — 편집자 주

해방 직후 사회 내외적으로 혼란한 상황에서 불교계는 1947년 문경 희양산 봉암사에서 성철 스님을 필두로 청담, 우봉, 보문, 향곡, 일도, 자운, 월산, 혜암, 성수, 도우, 법전 스님 등이 '부처님 法답게 살자'는 목표로 공주규약(共住規約)을 제정하고 결사(結社)를 하기에 이르렀다.

비록, 이 결사가 6·25전쟁의 발발로 말미암아 중단되고 말았으나, 오늘 우리 종단이 개혁의 바람을 타고 새롭게 출범하는 시점에서 '봉암사결사'를 재조명해봄은 큰 의미가 있다고 본다.

더욱이 작년에 열반을 보이시어 오히려 우리들에게 더욱 분발심을 일으키게 하셨던 성철 큰스님께서 주도하셨고, 또 다행히 1982년(임술년 음력 5월 15일) 상당법문(上堂法門) 하셨던 내용을 현대적인 어법과는 상당히 어긋나지만, 당시의 상황을 고려하여 큰스님 육성 그대로 싣게 되었다.

개혁이 제도를 고치고 사람을 바꾸는 일도 좋지만, 진정한 의미에서 불교개혁은 '부처님 法대로 여법(如法)하게 사는 데 있다'고 본다.

그러한 의미에서 이 자리를 빌어 큰스님께 다시금 청법(請法) 해 보며 당시 봉암사결사의 현장감(現場感)을 느껴보도록 하자. 아울러 지면관계상 부득불 약간의 생략된 부분도 있음을 양해 구한다.

오늘은 법문이라기보다는 지나간 이야기를 하나 하겠습니다. 딴 것이 아니고 예전 봉암사에 살던 얘기입니다. 요새 와서 봉암사 살던 것을 묻는 사람들이 많이 있고, 또 지금 봉암사에서 잘해 보겠다고 사람이 일부러 와서 묻기도 하고, 딴 사람들도 이야기 좀 해 주었으면 하는데, 사실 보면 봉암사에 여럿이 함께 살았지만은 내가 주동이 되어 가지고 한 만큼, 내가 그 이야기하기는 곤란하지만, 여러 형편으로 봐서 조금 이야기하겠습니다.

불법대로 살아보자는 것이 근본 목적

봉암사에 들어간 것은 정해년(丁亥年), 내 나이 그때 36세 때입니다. 지금부터 36년 전입니다.

봉암사에 들어가게 된 근본 동기는, 죽은 청담 스님하고 자운 스님하고 또 죽은 우봉 스님하고, 그리고 내 하고 넷인데, 우리가 어떻게 근본 방침을 세웠느냐 하면, 전체적으로나 개인적으로나 임시적인 이익 관계를 떠나서 오직 부처님 법대로만 한 번 살아보자. 무엇이든지 잘못된 것은 고치고 해서 '부처님 법대로만 살아보자' 이것이 願이었습니다. 즉 근본 목표다 이 말입니다.

그렇다면 처소는 어디로 정하나? 물색한 결과 봉암사에 들어가게 되었습니다.

처음에 들어갈 때는, 우봉 스님이 살림 맡고, 보문 스님하고 자운 스님하고, 내하고 이렇게 넷이 들어갔습니다. 청담 스님은 해인사에서 가야총림(伽倻叢林)한다고 처음 시작할 때는 못 들어오고, 서로 약속은 했었지만, 그 뒤로 향곡(香谷), 월산(月山), 종수(宗秀), 젊은 사람으로는 도우(道雨), 보경(寶境), 법전(法傳), 성수(性壽), 혜암(慧菴), 종회 의장 하던 의현(義玄)이는 그때 나이 열서너댓살 되었을까? 이렇게 해서 그 멤버가 한 20명 되었습니다. 살기는 약 3년 살았습니다.

법당에는 부처님만 모시고

처음에 들어가서 첫 대중공사(大衆公事)를 뭣을 했느냐 하면, 혹 이런 이야기하면 지금이라도 실천하자고 하는가? 이렇게 의심할는지 모르겠지만, 산 것 그대로 이야기지 지금 당장 꼭 이대로 하자는 말은 아닙니다. 법당 정리부터 먼저 하자 이렇게 되었습니다. 세상에 법당 정리를 하다니 무슨 소리인가?

우리 한국불교는 가만히 보면 간판은 불교 간판을 붙여 놓고 있지만, 순수한 불교가 아닙니다. 칠성단(七星壇)도 있고, 산신각(山神閣)도 있고, 온갖 잡신(雜神)들이 오복이 들어앉아 있습니다. 법당에 잡신들이 들어앉을 수는 없는 것이니 법당 정리부터 먼저 하자, 그리하여 부처님과 부처님 제자 이외에는 전부 다 정리했습니다.

칠성 탱화, 산신 탱화, 신장(神將) 탱화 할 것 없이 전부 싹싹 밀어 내 버리고 부처님과 부처님 제자만 모셨습니다. 자세히 이야기하려면 여러 날 해야 되니 자세히 다는 이야기 못 하겠고, 그다음에는 불공(佛供)인데, 불공이란 것은 자기가 뭣이든 성심껏 하는 것이지 중간에서 스님네가 축원해주고 목탁치고 하는 것은 본시는 없는 것입니다.

꼭 부처님께 정성 드리고 싶은 신심 있는 사람이 있으면 자기가 물자를 갖다놓고 자기 절하란 말입니다. 우리가 중간에서 삯군 노릇은 안 한다 이것입니다. 그래 놓으니 불공은 그만 싹 다 떨어져 버렸습니다.

대개 절에 칠성 신도가 많은데, 칠성 안 해줄 뿐만 아니라 부처님 앞에서라도 목탁치고 축원은 안 해주니 누가 불공하러 오겠습니까. 그만 신도 싹 다 떨어져 버렸습니다.

그리고 영혼 천도(薦度)가 문제 되는데, 부처님 말씀에 누구 죽어 7·7재를 지낼 때에 부처님 경을 읽어 주라고 했지 "어—"하면서 뭐 두드리고 하라는 말씀 없거든요. 마침 들어가니 49재 하는 사람이 있는데, 3재쯤 되었어요. 쭈욱 이야기하고는

"당신네가 꼭 해달라고 하면 경은 읽어주겠지만 그 이외에는 해줄 수 없소."

"그러면 재 안 할렵니다. 그런데 스님들은 어떻게 살지요?"

"우리 사는 것은 걱정 마시오. 산에 가면, 소나무 솔잎 꽉 찼고, 개울에 물 출출 흘러내리고 있고, 우리 사는 것 걱정하지 말고 당신들이나 잘하시오."

이래서 불공 막아 버렸지. 천도해 주는 것 막아 버렸지.

어떻게 할 것이냐? 우리 무기는 따로 없습니다.

동냥하는 것뿐입니다. 동냥해서 사는 것입니다.

이제 법당은 어느 정도 정리되는데, 가사니, 장삼이니, 바릿대니 이런 것이 또 틀렸다 말입니다.

가사, 장삼, 바릿대를 새로 만들다

부처님 법에 바릿대는 와철(瓦鐵)입니다. 쇠로 하든지 질그릇으

로 하지 목(木)바루는 금한 것입니다. 그런데 쓰고 있습니다.

가사(袈裟) 장삼을 보면, 가사나 장삼(長衫)을 비단으로 못하게 했는데, 그 당시에 보면 전부 다 비단입니다.

색깔도 벌겋게 해서, 순수한 색이 아니고 괴색(壞色)을 해야 되는 것이니 그것도 비법(非法)입니다.

그래서 비단 가사, 장삼, 그리고 목바릿대, 이것을 싹 다 모아 가지고 탕탕 부수고 칼로 싹싹 기리고 해서는 마당에 갖다 놓고 내 손으로 불 싹 다 질렀습니다.

그러고서 시작했습니다.

가사는 그 전(前) 해에 대승사(大乘寺)에서 조금 만든 것이 있었으나 완전히 된 것이 아니고, 봉암사에서 근본적으로 출발했습니다. 비단으로 안하고, 또 괴색으로 우리가 물을 들였습니다. 바릿대가 없어서 처음에는 양재기를 펴다가 나중에 옹기점에 가서 옹기를 맞추어서 썼습니다. 장삼은 법대로 된 예전 장삼이 송광사(松廣寺)에 한 벌 있었습니다. 예전 보조(普照) 스님께서 입던 장삼인데, 전에 우리가 송광사에 있을 때 보았습니다.

그래 자운 스님이 쫓아가서, 자운 스님이 양공(양복장이)이거든, 보고 와서는 이전 장삼은 버리고 새로 만들었습니다.

지금 입고 있는 장삼 그것입니다.

육환장(六環杖)도 새로 만들고, 요새는 안 하지만 스님은 언제든지 육환장 짚게 되어 있으니까. 삿갓도 만들었습니다. 삿갓을 만들어 놓으니 이것은 이조(李朝) 5백 년 동안에 스님네 압박하려고 만든 것인데 왜 내놓느냐고 양사방에서 공격이 많이 들어왔습니다.

그건 모르는 소리야. 일본도 지금 선승(禪僧)들은 삿갓 쓰고 있고, 예전 중국에서도 보면 법문에 삿갓이야기 많이 나오고, 청규(淸

規)에 삿갓 쓰도록 다 있어.

그리고 아침에는 꼭 죽을 먹었습니다. 공양은 사시(巳時)밖에 없으니까, 오후에는 약석(藥石)이라고 있습니다. 근본적으로 율(律)에 보아서는 저녁공양은 없는데, 청규에는 약석이라고, 약(藥)이라 해서 참선하는 데에 너무 기운이 없어도 안 되므로 바릿대 펴지 말고 조금씩 먹도록 되어 있습니다.

포살(布薩)도 처음으로 거기서 했습니다.

이런 식으로 해서 제도를 완전히 바꾸었습니다. 일종의 혁명인 셈이지요. 이런 중에서 제일 어려운 것이 무엇이냐 하면 무엇이든지 우리 손으로 한다는 것입니다.

전부 우리 손으로 한다

밥해 먹는 것도 우리 손으로 한다. 나무하는 것도 우리 손으로 한다. 밭 매는 것도 우리 손으로 한다. 일체 삯군, 일꾼은 안 된단 말입니다. 이것이 一日不作, 一日不食의 청규, 근본정신이니까 그래서 부목(負木)도 나가라, 공양주도 나가라, 전부 다 내보내고, 우리가 전부 다 했습니다. 쉬운 것 같지만 실제는 이것이 가장 어렵습니다.

곡식도 전부 다 우리 손으로 찧고, 나무도 우리 손으로 하고, 밭도 전부 우리가 매고, 이것이 실제 어려운 것입니다. 이런 식으로 살았습니다.

신도관계는 어찌 되어 있느냐 하면

스님네 보고 '야야', '자자'하지 '스님' 소리하는 것이 없습니다. 이런 소리, 나이 많은 사람은 다 알 것입니다. 스님이 뭣이야. 자기 종 취급인데, 나도 처음 승려 되어 그런 소리 들어봤습니다.

스님께 절시키다

우리도 보살계를 하자. 법을 세우려면 보살계(菩薩戒)를 해야 되니까. 자운 스님이 『범망경(梵網經)』을 익혀 가지고 처음으로 보살계를 했습니다.

보살계 한다는 소문이 이리저리 나가지고, 서울로, 부산으로, 대구로, 진주, 마산, 저 먼데로부터 사람들이 많이 왔어요. 그 심심산골에 수백 명이 왔어요. 방에 꽉 앉혀 놓고 말했습니다.

"당신네가 여태까지 절에 다니면서 부처님께는 절했지만, 스님네 보고 절 한 일 있나? 생각해봐, 스님은 부처님 법을 전하는 당신네 스승이고 신도는 스님한테서 법을 배우는 사람이야, 당신네는 제자고, 스님은 스승인데, 법이 거꾸로 되어도 분수가 있지 스승이 제자 보고 절하는 법이 어디 있어. 이조 5백 년 동안에 불교가 망하다 보니 그렇게 되었는데 그것은 부처님 법이 아니야.

부처님 법에는 신도는 언제나 스님네한테 절 세 번 하게 되어 있어. 그러니 부처님 법대로 하려면 여기 다니고, 부처님 법대로 하기 싫으면 오지 말아. 그렇다고 꼭 우리 말대로 하라 이 말도 아니야. 하기 싫은 사람은 나가 나가란 말이야."

한 사람도 안 나가요.

"그럼 부처님 법대로 하겠다는 말인데, 꼭 부처님 법대로 하려면 일어서서 절 세 번씩 하란 말이야. 그것이 부처님 법이니까. 억지로 하라는 것 아니야. 하기 싫은 사람은 나가."

그랬더니 전부 일어나서는 절 세 번씩 했습니다. 절을 다하고 난 후에 말했습니다.

"이것은 부처님 법이니 어디서든지 스님들을 만나면 꼭 절 세 번씩 해야지. 그렇지 않으면 신도가 아니야."

신도가 스님네 보고 절한 것, 근세에는 이것이 처음입니다.

그리고 나서 보살계를 합니다.

당시에 들으니 보살계첩 한 장에 천원 받는다 하는데, 40년 전 천원이면 큰돈입니다. 내가 말했습니다.

우리나라에 불사(佛事)는 많은데 흔히 불사, 불사하지만 불사하는 것 나는 하나도 못 봤어. 전부 장사하지 장삿속이란 말이야. 우리는 불사 좀 해보자. 장사는 하지 말고.

불사하지 장사 안 해

그때 계첩을 모두 새로 만들었습니다.

그래 놓고는 이제 시작입니다. 보살계를 받으려면, 천화불(千化佛)이라 해서 천 번은 절을 해야 되는데, 밤새도록 절을 시킵니다. 그 중에 한(약) 70살 되는 늙은이가 뻗정다리입니다.

"스님 저는 다리가 이래서…."

"다리 그러면 계 안 받으면 될 것 아니야. 절 안 하면 안 된단 말이야."

또 한 80살 되는 늙은이가 말했습니다.

"스님 저는 아파서 일주일 동안 미음만 먹다가 왔습니다. 여기 보십시오. 미음단지."

"절 못하면 보살계 안 받으면 될 것 아니야. 나가, 나가."

나중에 보니 그 늙은이들이 더 절을 잘해요. 뻗정다리가 절하는 걸 보니 가장 걸작입니다. 그렇게 절을 시켰습니다. 천 배 절을 시킨 후에 보살계를 하는데 미리 큰 죽비를 많이 만들었습니다. 두들겨 팰 려고.

그전에 계살림 하는 것 보니까. 한쪽으로는 법상에서 뭐라고 뭐라고 해쌌는데 한쪽으로는 이야기하는 사람, 자는 사람 등등 별별 사람이 꽉 찼습니다. 이렇던가 저렇던가 간섭 안 한다 말입니다. 왜 그러냐 하면 계첩만 팔아먹으면 그만이니까. 듣던가, 안 듣던가, 잠을 자든가 뭘 하든가 상관있나 계첩만 팔아먹으면 그만인데 우리가 잘 봤거든요.

그래서 '앉을 때는 꼭 꿇어앉아라', '합장해라' 그래놓고, '잘못 꿇어앉아도 때려주라', '합장 잘못해도 때려주라', '졸아도 때려주라', '이야기해도 때려주라' 이 네 가지를 범하는 사람은 무조건하고 큰 죽비로 죽도록 때려준다 말입니다.

젊은 사람이 군데군데 서 가지고 턱턱 때려준다, 그건 때려 주어야 자비지, 안 때려주면 자비가 아니니까. 여기서 철썩, 저기서 철썩, 몇 번을 깜짝깜짝 놀라더니 그만 아무도 조는 사람이 없습니다. 걸어다닐 때도 어디 기를 펴고 다녀, 숨도 크게 못 쉬는 판인데. 그리하여 계살림을 사흘간 원만히 잘했습니다.

그렇게 하고 난 후에 원주를 불렀습니다.

"그래도 쌀 좀 남았지? 남은 쌀 전부 밥 다해라."

"허! 그걸 어쩔려구요?"

"어쩌든지 내가 알아 할 터이니 밥 다해라."

남은 쌀로 전부 밥을 해서는 주먹밥을 만들어서 한 덩이씩 안겨주었습니다. 지금도 살아 있는 80, 90살 되는 사람이 더러 있는데,

그때, 그것 사흘 동안 한 것 보담도 몇 줌 남은 쌀 그것까지 싹싹 긁어 가지고 밥해서 한 주먹씩 안기는데 그만 하늘이 무너지는 것 같더랍니다. 그래놓고 보니 7천 원이 빚졌다고 해요. 40년 전 7천 원이면 큰돈입니다.

우리는 또 동냥 나다닙니다. 총무원장 하다가 수도암에 가 있는 법전 스님, 자운 스님, 따라다니면서 동냥한다고 어떻게나 욕을 봤던지. 지금도 이야기한다고 해요. 참 동냥한다고 욕 봤어요.

석 달 안에는 어디고 기침 소리도 한군데 나는 데가 없었습니다. (석 달 안에는 대중공양 안 받기로 한 때문)

석 달이 지나고 나니 대중공양이 들어오는데 딱 벼르고 있었던 모양입니다. 양 사방에서 대중공양이 들어오는데 감내를 할 수 있어야지. 여기서도 공양이 들어오고, 저기서도 공양이 들어오고, 돈도 들어오고, 장삼 하자, 가사 하자, 뭣도 하자, 막 불사가 벌어지는데 그만 장사를 여러 수십 배 해버렸습니다.

그래서 내가 말했습니다.

"우리가 장사를 하나, 농사를 짓나, 뭣하나, 결국은 신도 것 먹고 사는데, 신도 것 얻어먹어도 법답게 얻어먹고, 신도가 절에 다녀도 신심으로 갖다줘야 되지. 이것 뭐냐. 신도가 오면 돈 몇 푼 그것 먹으려고 발밑을 슬슬 기고, 그것은 보통 사람도 할 짓이 못되는데, 우리가 부처님 제자라 하면서 그래서야 되겠느냐고, 앞으로 법답게 들어오는 것은 받으면 안 되느냐고."

스님은 법대로

신도가 바늘 하나를 가져와도 대중으로 들여와야지, 어느 스님 개인으로는 안 됩니다. 한 번은 마산에서 어느 신도가 걸망을 하나 지어 보냈습니다. 청담 스님 드리라고, 그때는 법명이 순호 스님이지.

"우리는 개인적으로 지정하는 것은 안 받기로 했어. 가져가."

"그러면 대중으로 들여놓으면 안 됩니까?"(심부름하는 이의 말)

"이것이 당신 걸망이야?"

쫓아 버렸습니다. 그 걸망이 마산으로 돌아가 가지고 대중에 들여 놓는다고 다시 돌아왔어요. 그래 이제 걸망을 모두 다 조사를 했습니다. 옷 하나라도 제일 떨어진 사람에게 맨 첨 주기니까, 돌아보니 순호 스님 걸망이 가장 떨어졌어.

"이 걸망은 순호 스님이 주인인가 보다."

바늘 한 개, 양말 한 짝, 뭣이든지 대중으로 들여놓아야지 개인을 지정해서는 쫓겨가는 판입니다. 그래 가지고, 약도 들어오고, 삼(參)도 들어오고, 삼은 전부 다 삼차를 해서 한 컵씩 쭈욱 둘러 먹고 하였습니다. 잘 살던가 못 살던가 똑같이 평등하게 살자 이것입니다. 이렇게 하며 살다 보니 스님네 같다는 생각이 들었던 모양입니다.

절하는 것을 예로 들면, 향곡은 좀 늦게 참여했습니다. 거기 들어가 살면서, 자운 스님 잘 아느만, 내가 편지를 냈습니다. 엽서로, 우리가 여기 사는데 공부하러 오란 말이야. 안 오면 내가 가서 토굴에 불을 질러 버린다고, 그 편지 받고 당장 쫓아 왔어요. 이렇게 도반(道伴)을 생각할 수 있느냐고 하면서, 집 지키는 사람을 구해놓고 후년 봄에 오겠다 하더니, 그래 해놓고 오는데, 오는 날 마침 점촌에서 신도들이, 나이 많은 노인들이 깨끗한 옷을 입고 왔어. 그 전날 비가 왔어요.

내가 마당에 서 있는 걸 쳐다보더니 진 구렁 거기에서 절을 넙죽 세 번 하거든, 그걸 보고 깜짝 놀라 버렸다고 해요 아무리 절을 하지만, 비 온 뒤 진 구렁에서 넙죽넙죽 절을 세 번이나 하니, 향곡이 어 떻게 보겠어. 그런데 알고 보니 그이가 전진한(全鎭漢)씨 어머니라. 그때 사회부 장관 했지요. 장관 어머니라는 사람이 스님보고 진구렁에서 절을 세 번이나 해놨으니 참 이상했던 모양입니다. 두고두고 향곡이 그 이야기를 했습니다.

천도(薦度)하는 것도, 처음에는 아까도 이야기했듯이 재(齋)가 하나 들었다가 가 버렸는데, 가만히 보니, 사는 사람들이 스님 같고 귀신을 맡기면 천도가 될 것 같은 생각이 들었던 모양입니다. 하나씩, 둘씩 재 해달라고 들어와요. 우리 법대로 『금강경(金剛經)』이나 심경(心經)을 읽어 주는데, 그만 재가 어떻게나 많이 드는지, 왜 그런가 들어보니, 무슨 탈이 나가지고 무당을 데려다 굿을 한다, 별 짓을 다 해도 천도가 안 되는데, 봉암사에만 잡아넣으면 그만이다. 이것입니다. 자꾸 온다 말입니다. 자, 『금강경』은 너무 시간이 걸려서 안 된다. 심경을 하자. 심경 칠 편, 그것도 안 되어서 나중에는 삼 편씩 해주었습니다. 그래도 '스님네들 법대로'만 해달라는 것입니다.

봉암사는 특별 수도원이야

처음에 봉암사에 가 있으니 동국대학교에서 사람이 와서는 각 사찰의 산판을 2할씩 떼가기로 종단에서 정식 결의했으니 내놓으라는 것입니다. 동국대학교 이사장이 김법린(金法麟)인데 우리 잘 아는 사람이라.

동국대학교가 봉암사보다 뭘 더 잘해 산다고 우리 봉암사 것 달라고 해. 못 주겠다. 꼭 받아가고 싶으면 이사장이 직접 오라고 해.

그러고는 그만 안 주었어요. 온들 주나. 김법린이 내 성질 잘 아는 사람인데.

산판, 봉암사 산판이 얼마나 좋으냐 말입니다. 산림계(山林係), 군(郡), 도 경찰서, 본산(本山), 종무원, 총무원으로 해서 짜고는 봉암사 산판 베껴 먹으려고 자꾸 산판을 하자 합니다. 한 번은 한 40~50명이 트럭으로 막 왔어요.

협박을 할 참이라, 산판 하자고, 큰방에 모두 앉혀 놓고 쭈욱 이야기를 했습니다. 우리가 봉암사에 그냥 이렇게 사는 것 같아도 앞으로 큰 수도원(修道院)을 세울 것인데 집을 지으려면 이 나무들이 다 쓰일 터이니 산판을 할 수 없다고, 그랬더니 도 산림국장이라는 사람이 "스님네가 그런 좋은 이상을 가지고 있다면 어떻게든지 봉암사 산판은 책임지고 못하도록 하겠습니다." 도 산림국장이 책임지고 산판 막겠다고 하니 딴 사람들은 아무 말도 못하지!

한번은 군인들이 빨갱이 토벌대라 하면서 70~80명 와서 절에서 잤는데, 나는 그때 생식할 때라 그 옆 극락전에 있으니 순호(淳浩) 스님이 왔어요. 군인들이 싸움하러 가면서 밥해 달라고 하는데 밥 안 해줄 수 있느냐는 것입니다.

그것은 말이 되는 소리거든요. 싸움하러 가면서 밥해 달라는데 어떻게 하느냐 이것이라. 안 된다고 했지요. 그러고는 그 대장을 불렀습니다.

"당신들은 군율(軍律)이 안 서면 싸움할 수 없는 것이고, 우리 절에도 법이 있어, 우리가 여기 들어온 뒤로 여태 한 번도 아침에 밥해 먹은 적이 없어. 당신네들이 들어서 우리가 여태까지 죽 끓여 먹던 법을 깨어 되겠어?"

"그래서는 안 되지요."

"그럼, 어떻게 해야 되겠어?"

"글쎄, 군인들을 죽 먹여서는 싸움하기 곤란하고."

"여기서 동네가 십 리가 되나 백 리가 되나, 조금만 돌아가면 동네 아니야. 거기 가서 밥해 달라고 하면 얼마든지 해줄 것 아니야."

하! 참 그렇다고 하면서 동네에 가서 밥해 먹고 싸가지고 싸움하러 갔다는 것입니다.

한번은 며칠 간을 어디 좀 갔다 오니 밭이 환해서 밭고랑 밑에 개미가 보일 만하고 떡이 떨어지면 주워 먹어도 괜찮을 만큼 밭이 훤합니다.

내 없을 때 삯군 대 가지고 밭을 매어 버렸습니다.

"원주 스님 오라 해봐라."

"우리 원주 스님이 보살이야. 대중 데리고 밭 매느라고 참 욕봤어. 그동안에 어떻게 저 많은 밭을 다 맸어."

가만히 보니 일이 틀린 모양이거든. 뭐 어쩌고 어쩌고 해싸요.

"이 도둑놈아! 누가 삯군 대라고 했나? 삯군 안 대기 안 했나, 왜 봉암사 규율을 깨버렸어?"

그만 당장 가라고 소리 질러 버렸지요. 그 이튿날 아침에 보니까 새벽에 달아나 버리고 없어요. 그렇게 좀 지독하게 했습니다.

나무를 하는데 식구 수대로 지게를 스무 남게 만들었습니다. 그래 놓고 나무를 하는데 하루 석 짐씩 했습니다. 석 짐씩 하니 좀 고된 모양입니다. 나무하다 고되니까 몇이가 도망을 가버렸습니다.

"이러다간 대중 다 없어져. 나뭇짐을 내려야 돼. 두 짐씩만 해."

"뭐 어째? 그러면 어떻게 우리가 살 거야? 사람 하나 가면 한 짐씩 올릴 참이야. 하루 석 짐 하는데 사람 하나 도망가면 넉 짐하고 둘 도망가면 다섯 짐하고 살 거야."

"그러면 안 돼. 도망 다 가버려."

"그러면 자운 스님하고 내하고 둘이 남을 것 아닌가."

"에잇, 나도 갈 참이야."

참! 자운 스님, 처음부터 시작해서 끝까지 참으로 고생 많이 했습니다.

이런 식으로 봉암사에서 살았습니다. 그러면 왜 여태까지 살지 않았나?

6·25 사변으로 봉암사 떠나

가만히 보니 시절이 좀 잘못 돌아간다 말입니다. 그만 나무를 베다가 켜서는 책이 좀 있었는데 나무로 궤짝을 짜 가지고 책을 모두 괘 속에 넣었습니다. 그래 놓고 향곡을 시켜서 트럭을 하나 가져오라 해서는 책을 밤중에 실어다가 향곡 토굴(寺)인 월내(月來)에 갔다놓았습니다. 6·25 사변이 일어나기 바로 일 년 전입니다. 그래놓고 청담 스님 보고 말했습니다.

"아무래도 우리가 여기 못 사는데, 후년에 결국 이사를 해야 되니 통영 근방에 절하나 얻을 데 없나?"

"내가 옥천사 중인데 고성 문수암이 참 좋아. 가면 당장 줄 거야."

"절대 비밀이야. 대중 알면 안 돼."

절대 비밀로 하여 고성 문수암(文殊庵)을 딱 얻어 놓았습니다. 대중은 모르게 그래놓고 가을이 되고 보니, 뭣인가 아무래도 심상치 않아. 거기 있으면 안 되겠다 말입니다. 딴 사람은 있어도 괜찮지만 나는 거기 있으면 안 된다 말입니다. 그래서 추석 지나고 난 뒤에 대중공사를 했습니다.

"나는 여러 가지 관계상 여기서 떠나야 되니까 그리 알고, 오늘부터는 순호 스님(순호 스님이 입승 봤거던), 입승 스님한테 전부 맡기니 입승 스님 시키는 대로 하시오."

이렇게 하고 봉암사에서 나왔습니다. 그리고 나는 월래에 와서 겨울은 거기 있었습니다.

결제(結制)해 놓고 얼마 안 있어서 그만 빨갱이가 달려들어 버렸다 말입니다. 오던 길로 나를 찾더라 해요. 한 20명이 총을 메고 달려들었는데 굉장했다고 해요. 보경이가 그때 죽을 뻔하고, 내 대신으로 보경이를 죽인다고 탑거리로 끌고나가고 빨갱이한테 탕탕 다 털리고, 월래로 쫓아왔어. 어떻게 할까 묻더군요. 그렇지만 산림중이니 멀리 옮길 수 있습니까.

점촌 포교당으로 옮겨라 했습니다. 그렇게 있다가 해제(解制)하고서 고성 문수암으로 싹 다 옮겼습니다. 그때 법전이 이런 사람들이 스무남살 먹었는데 지금은 60객이 다 됐지요. 그러자 뭐 여름이 되니 그만 툭 터지는데, 6·25 사변이 났어. 비행기가 진주 폭격하고 하는 것, 고성 문수에서 다 보았습니다.

그 뒤에 내내 봉암사 주변 사람들이 이상하게 생각하더랍니다. 그 스님이 뭣 좀 아는가 하고, 미리 싹싹 다 피해 버려놨으니, 그것이야 소발에 쥐잡기로 어쩌다 그렇게 된 것이지 내가 알고 한 것은 아닙니다. 이래서는 안 되겠다 싶어서 미리 그렇게 했는데 만약 1년 전에 책을 안 옮겼으면 책은 모두 다 불타버리고, 우리 대중도 그때 큰 욕을 봤을 겁니다.

봉암사 지내온 것은 대충 이런 식인데 지금에 남은 것은 무엇이냐 이것입니다.

지금 남은 것은?

지금 남은 것이 무엇이냐 하면 가사가 남았고, 장삼도 남았고 바릿대도 남았는데, 바릿대는 요새 들어볼라치면 흔히 목(木)바루가 더러 나온다고 하는데, 그것은 부처님이 금한 것이니 안 써야 됩니다.

지금 보면 여러 가지 남은 것이 좀 있는데, 남고 안 남고 그것이 문제가 아닙니다. 우리가 법을 세워서 전국적으로 펼려고 한 것도 아니었고, 그 당시 우리가 살면서 부처님 법 그대로 한다고 하면 너무 외람된 소리지만, 부처님 법에 가깝게는 살아야 안 되겠나 그것이었습니다.

이제 중요한 것은 대충 이야기한 셈인데, 우리가 신심으로 부처님 법을 바로 지키고 부처님 법을 바로 펴서 신도들을 교화하면 이들이 모두 신심을 내고 하여 우리 스님네들이 잘 안 살래야 잘 안 살 수 없습니다.

천상천하 유아독존. 가장 잘 사는 것이 승려다 이 말입니다.

우리가 언제든지 좋으나 궂으나 할 것 없이 이해를 완전히 떠나서 신심으로 부처님만 바로 믿고 살자 이것입니다. 우선은 좀 손해 간다 싶어도 결국에는 큰 돈벌이가 되는 것입니다. 그걸 알아야 됩니다.

봉암사에 살 때 이런 이야기 많이 했습니다. 먹고 살 길이 없으면 살인강도를 해서 먹고살지언정 저 천추만고에 거룩한 부처님을 팔아서야 되겠느냐고.

우리가 어떻게든 노력해서 바른길로 걸어가 봅시다.

부록 2

봉암사결사 참고문헌

— 〈성철스님 법문을 통해 본, 1947년 봉암사결사〉, 《수다라》 10집, 1995년
— 『혜명화상 회상록』(혜명정사, 1996년), 73~82쪽
— 『보봉 도우스님 전법문집』(신일출판사, 1997년), 1~8쪽
— [고경](성철스님 문도회)의 '불면석'(성철스님 회고) 시리즈의 인터뷰 기사(혜암, 법전, 일타, 도우, 인홍, 묘엄 스님 등)
— 〈20세기 한국불교를 회고한다; 도우 스님〉, 《불교신문》; 1999. 12. 28
— 송현주, 〈근대 한국불교 예불의 성격에 관한 연구〉(서울대 박사학위논문, 1999년), 129~131쪽, 134~137쪽
— 김광식, 「복천암에서 봉암사결사까지」, 『아! 청담』(화남, 2004년)의 도우스님 편
— 김광식, 「봉암사결사의 전개와 성격」, 〔한국현대불교사연구〕 (불교시대사, 2006년)
— 김광식, 「이청담과 불교정화운동」 상동
— 김광식, 「이성철의 불교개혁론」 상동
— 김종인, 「1960년대 한국불교와 성철의 활동; I 봉암사결사와 해인총림」

『백련불교논집』16, 2006년

— 원택, 〈봉암사결사〉, 《법회와 설법》 2007년 3월호

— 조성택, 〈봉암사결사를 다시 생각한다〉, 《불교평론》 2007년 봄호의 권두언

— 신규탁, 「성철선사의 개혁정신」, 『범어사와 불교정화운동』 2007년

— 《불교신문》 2007.1.1 〈봉암사결사와 현대 한국불교의 과제〉

  〈봉암사결사 60주년 역사와 참여자〉

  2007.2.14 〈결사가 태동하기까지〉

  2007.2.21 〈봉암사 수행가풍〉

  2007.2.28 〈봉암사결사 무엇을 남겼나〉

  2007.3.7 〈성철스님 맏상좌 천제 스님, 부천대 김광식교수 특별대담〉

봉암사결사와 현대 한국불교

1판 1쇄 펴냄 2008년 5월 23일
1판 2쇄 펴냄 2008년 6월 13일

지은이 대한불교조계종 불학연구소

발행인 이혜총
펴낸곳 조계종출판사

출판등록 제 300-2007-78호
등록일자 2007년 5월 1일
주　소 서울시 종로구 수송동 5번지 동일빌딩 8층
전　화 02-733-6390
팩　스 02-720-6019
E-mail inyeon@buddhism.or.kr

ⓒ대한불교조계종 교육원, 2008
ISBN 978-89-86821-88-8 03220

※책값은 뒤 표지에 있습니다.